갈등을 극복하고 공동체를 세우는
# 평화 형성 서클

한국 아나뱁티스트 출판사 Korea Anabaptist Press는 기독교 신앙을 아나뱁티스트 관점에서 소개하는 문서 선교 사역을 합니다. 특히 그리스도인의 신앙과 삶의 기초를 재세례 신앙의 제자도·평화·공동체를 통해 발견하며, 하나님 나라를 이루어가는 성경적 비전을 회복하고자 노력합니다. 한국 아나뱁티스트 출판사가 발행하는 도서는 각 분야별 시리즈로 구성됩니다.

• 갈등을 극복하고
  공동체를 세우는

# 평화 형성 서클

케이 프라니스·배리 스튜어트·마크 웨지 지음 | 백두용 옮김

## Peacemaking Circles

### From Conflict to Community

Peacemaking Circles : From Conflict to Community
Copyright ⓒ 2003 by Kay Pranis, Barry Stuart, and Mark Wedge All rights reserved.
Originally Published in the USA by Living Justice Press.
Korean Translation Copyright ⓒ 2016 by Korea Anabaptist Press

이 책의 한국어판 저작권은 Korea Anabaptist Press가 소유하고 있습니다.
출판사의 승인 없이 이 책의 내용이나 표지 등을 복제·인용할 수 없습니다.

## 서클에 대한 바인 델로리아 주니어의 생각

이 책 《평화 형성 서클》을 읽다 보니 아메리카 대평원 원주민의 흔한 분쟁 해결 방식이 떠오른다. 원주민들은 부족 회의를 소집해서 당면 문제, 즉 범죄를 놓고 그 성격을 논의했을 것이고 아무도 빠지지 않고 한마디씩 의견을 밝혔을 것이다. 그러면 부족원로는 도를 넘는 흉악한 범죄가 아닌 이상 며칠을 두고 깊이 고민한 후에 결국 해결점을 찾아냈을 것이다. 원로들은 물론 변함없이 둥그렇게 모여 앉았을 것이고, 이는 누구나 평등하고 모두가 참여할 수 있다는 사실을 의미한다. 이것이 아마도 대부분 부족들이 사용했던 틀이 아닐까 생각한다. 몇몇 선택된 사람들만이 모여 어떤 분쟁인지 듣고 난 후 조급하게 판단을 내리면 공동체에 심각한 분열이 일어나게 마련이다.

서클에서는 공적 제도에서 어떤 강제institutional coercion를 받는다는 불편한 느낌은 사라지고, 해를 당한 사람, 즉 피해자가 스스로 상처를 치유할 수 있다. 진정성integrity을 가지고 자신이 추구하는 가치에 따라 자신뿐만 이니라 남에게도 솔직하려면, 가해자 또한 공동체가 요구하는 규범을 따라야만 한다. 서클은 누구에게나 배움의 기회를 제공한다. 서클과 현행 사법 절차를 비교해 보라. 피해자 가족은 가해자가 유죄 판결을 받은 후에라도 가해자를 마음껏 저주한다. 뿐만 아니라 피해자 가족은 가해자가 벌을 받았다고 해서 복수가 모두 이루어진 것은 아니라고 아무 거리낌 없이 공개적으로 밝히기까지 한다. 이런 곳에서 누가 무엇을 배우겠는가? 복수는 공식 제도로 인정받으며, 법정은 그런 복수를 위해 서로 치고받는 싸움터가 될 뿐이다.

---

위대한 사상가이자 콜로라도 대학교의 역사 및 종교학 명예교수인 바인 델로리아 주니어 Vine Deloria, Jr.는 문화 비평과 변혁, 전환을 통합하는 가장 폭넓은 의미의 정의를 탐구하는 일에 평생을 바쳤다. 델로리아 교수는 아메리카 원주민 사회와 문화를 연구하고 그들의 삶과 역사에 관한 책을 썼다. 저서로는 《한 영혼을 기리며 노래한다 Singing for a Spirit》, 《영혼과 이성 Spirit and Reason》, 《신은 붉다 God is Red》, 《이 대지를 위하여 For This Land》, 《붉은 지구 Red Earth》, 《하얀 거짓말 White Lies》, 《커스터는 너희가 지은 죄를 대속하기 위해 죽었다 Custer Died for Your Sins》 등이 있다.

### 서클에 대한 서클 참여자들의 생각

폭력을 견뎌낸 내게 서클은 처음으로 진정한 울림을 주었다.
– 어느 피해자

별것 아닐 것이라고 우습게 여겼다. 교도소에 가기는 싫었고 서클에 참여하면 유리한 형을 받겠거니 생각했다. 하지만 서클은 전혀 만만치 않았다. 내가 지금 이렇게 변화한 것은 모두 서클 덕분이다. 교도소에 갔더라면 나는 변하지 못했을 것이다. 서클 참여가 그렇게 힘든 줄 알았다면, 정말로 알았다면 그냥 재판을 받고 교도소에 가버렸을 텐데, 그랬다면 지금 내 모습이 어떨까 생각하니 너무 무섭다.
– 어느 가해자

서클이 제대로 움직이도록 사람들이 모두 함께 힘을 모으는 이유는 서클이 삶을 긍정한다는 의미를 담고 있기 때문이다. 공동체를 가장 깅렬하게 경험히는 방식이 바로 서클이다. 서클에 참여할 때면 공동체와 내가 어느새 하나로 이어진 듯 느껴진다. 사람들이 서로 알든 모르든 별 상관이 없어 보인다.
– 어느 자원봉사자

흑인, 동양인, 히스패닉과 같이 피부색이 백인과 다른 사람들은 서클에서 자신들도 힘을 가졌음을 경험한다. 서클 과정은 가장 심한 억압을 받는 사람들에게 제일 효과가 높기 때문이다. 서클에서 사람들은 선택권을 쥐고 공동체 안에서 변화를 만들어낸다. 서클은 치유가 일어나기 시작하는 곳이다.

- 미네소타 주 미니애폴리스에서 활동하는<br>서클 전문 강사 그웬 챈들러 리버스

우리 경찰이 근무하는 지역 공동체에 줄 수 있는 가장 큰 선물은 공동체 구성원 스스로가 자신의 문제를 해결할 수 있는 기회다.

- 미네소타 주 세인트폴 경찰국에 근무하는 경찰관 폴 슈넬

서클은 본질적으로 사회 민주주의를 실천하는 길이다.

- 미네소타 주 세인트폴 남부 지역에서 회복적 정의 위원회를<br>처음 설립한 대럴 버슬러

○ 차례

머리말 *11*
볼품없는 깃털: 서클의 실제 활동 사례 *18*

### 제1장 서클: 범죄 대응에 관한 패러다임의 변화 ·················· *27*
네 가지 기본 변화 *28*
변화 만들기: 서클 접근법의 개요 *35*
갈등은 기회 *40*
사법 제도에 서클 적용하기: 몇 가지 사례 *44*
재통합 의식 *50*

### 제2장 서클을 이루는 안 틀 ························································ *56*
가치 선택 *59*
서클을 떠받치는 원칙: 서클을 구성하며 가치를 실현하기 *82*
서클의 세계관: 균형과 온전함으로 이끄는 주술원 *107*
다름은 물리쳐야 할 대상이 아닌 살펴볼 대상 *118*

### 제3장 서클을 이루는 바깥 틀 ···················································· *125*
서클 진행: 대화를 위한 안전한 공간 마련 *127*
대화 소품: 사색을 위한 적절한 속도와 농능한 의견 제시 보상 *142*
지침: 바람직한 길을 따라 함께하기로 동의 *156*
의식: 더 깊은 곳으로 인도 *171*
합의에 기반을 둔 의사 결정 *179*

제4장 **서클 과정과 서클 모임** ········································ *187*
    서클 과정의 개관 *188*
    서클 모임의 일반 짜임새 *191*

제5장 **범죄에 대응하는 전체 서클 과정** ································ *216*
    1단계, 적합성 결정: 서클은 언제, 누구에게 적당한가 *222*
    2단계, 양형 서클 진행을 위한 준비 *239*
    3단계, 참여하기로 동의한 사람들을 양형 서클에 불러 모으기 *250*
    4단계, 후속 조치: 성공 보장을 위한 책임과 합의 이행 *279*

제6장 **한 발 물러서야 보이는 서클의 성과** ···························· *293*

제7장 **변화를 위해 사람들의 힘을 끌어내기** ·························· *332*

부록 / 공동체 계획 지원: 자금 지원에 대한 배리의 생각  *340*
저자 후기 / 지난날을 되돌아보고 앞날을 내다보며  *347*
역자 후기 / 평화 형성 서클, 회복적 사법의 가능성  *350*
참고문헌  *354*

## 머리말

저자들은 사법 제도 안에서 '평화 형성 서클Peacemaking Circle'을 어떻게 활용하면 좋을지에 대해 포괄적으로 살펴본 이 책을 쓰면서 그동안 갖가지 범죄와 위기 상황을 다루었던 수많은 서클을 통해 얻은 깨달음을 나누고자 했다. 하지만 서클의 효용이 사법 제도에 국한되는 것은 아니다. 서클은 심각한 폭력으로 얼룩지거나 죽음을 부른 사건에서도 변혁transformation을 이끌어낼 뿐만 아니라 가정과 학교, 회사, 공동체 안에서 늘 맞닥뜨리며 해결해야 할 삶의 과제에서도 마찬가지로 마법 같은 힘을 발휘한다. 이 책은 형사 사법 분야에서 활용될 수 있는 서클의 쓰임새에 초점을 맞추고 있다. 저자들이 제공하는 경험이, 전 세계에 걸쳐 치유와 개선 효력이 좀 더 높은 범죄 대응 방식을 찾고자 선구적으로 활동하는 공동체 구성원과 형사 사법 전문가에게 보탬이 되길 바란다.

**옛것을 담은 새로운 공간** 평화 형성 서클은 여러 문화에 걸쳐 서로 다른 형태로 되풀이되어 나타났던 아주 역사 깊은 공간이다. 오늘날 가족이 식탁에 모이듯이 인류 조상들은 모닥불을 가운데 두고 둥그렇게 모여 앉지 않았을까? 전문가에게 맡겨 갈등을 해결하기 오래전부터 인류는 평화를 위한 공간에 모여 다름을 해소하고 공동선common good을 향한 의견을 모았다. 미국 매사추세츠 공과대학교$^{MIT}$ 경영대학원 학장인 윌리엄 아이작스$^{William\ Isaacs}$는 자신이 쓴 책 《대화 그리고 함께 생각하는 기술$Dialogue\ and\ the\ Art\ of\ Thinking\ Together$》에서 "내가 알기로, 둥그렇게 모여 앉아 이야기하는 풍습이 없는 토착 문화는 단 하나도 없다."라고 밝히고 있다.[1] 서클의 본질은 오랜 역사를 가지고 있으며 수천 년 동안 서로 다른 문화에서 시험을 거쳤다.

원주민 공동체는 평화를 위한 공간을 그들 문화에서 삶의 일부분으로 지켜냈다. 그리고 그것을 통해 꼭 필요할 때 사람들에게서 최선을 이끌어낼 수 있는 옛 지혜를 물려주었다. 또한 원주민 공동체는 자신들의 문화를 파괴하고 이질적 문화에 강제로 원주민을 동화시키려 했던 외부 사람들과 거의 사라져가는 이런 전통을 기꺼이 나누려 했다. 원주민이 지닌 바로 그런 태도가 서클 원칙이 일깨우고자 하는 지혜를 증명한다.

이 책에서 다루는 평화 형성 서클의 과정은 어느 특정한 원주민의 전통에서 나온 것이 아니며, 그 기원이 오래된 것만도 아니다. 합의 형성$^{consensus-building}$, 대화$^{dialogue}$, 분쟁 해결$^{dispute\ resolution}$과 같은 현대적인 원칙과 실천이 서클을 이해하는 데 도움이 되었음은 물론이다. 서클 과정 자체와 그에 대한 이해는 범죄에 평화 형성 서클을 적용했던 여러 공동체가 지금껏 쌓았던 경험을 바탕으로 발전했다. 그러므로 서클은 최신 기법이나 유행에 그치는 것이 아니다. 서클은 옛 지혜와 새로운 지혜를 통합함으로써 특히 갈등이 일어났을 때 어떻게 하면 생기 있

---

[1] William Isaacs, *Dialogue and the Art of Thinking Together: A Pioneering Approach to Communicating in Business and in Life* (New York: Doubleday Currency, 1999), xvi.

고 자유롭고 유익하고 열린 인간관계를 지켜나갈 수 있는지를 잘 알려 준다.

오늘날 인류는 단절이 주는 해악과 함께 서로 교감을 나눌 때 발휘되는 치유의 힘을 직접 눈으로 바라보고 있다. 그 어느 때보다 바로 지금 인류는 서로서로에게 유익한 방향으로 연결되고, 다름을 이해하고 존중하며, 공동체를 세우는 데 담당해야 할 각자의 몫을 인식하는 길을 찾아내야 한다.

서클은 좀 더 깊은 연결을 만들어내는 공간을 제공해 주고, 그 안에서 갈등은 관계를 형성케 하는 계기가 된다. 서클은 더 나은 삶을 위해 가족과 공동체가 책임을 나누고 다름을 해소하여 모두가 인정하는 진실을 발견할 수 있도록 만드는 매개체 역할을 한다. 대립하는 이해관계에 균형을 맞추기 위해 힘과 권위에 기대는 것보다 사람들을 서클에 불러 모으는 것이 더 어렵다. 하지만 상호 이해, 믿음, 태도의 변화, 새로운 삶, 달라진 인간관계라는 성과물을 놓고 볼 때 서클의 가치는 훨씬 더 크다는 것을 알 수 있다. 서클이 가진 힘이 이런 유익한 과정을 떠받치고 있으므로 서클에 대한 연구는 계속되어야 할 것이다. 저자들은 이런 의미에서 범죄에 대응하기 위해 서클을 활용하는 북아메리카 원주민과 다른 공동체에서 배운 것을 나누고자 한다.

**독자의 이해를 위해 짚고 넘어가야 할 점** 서클은 옛 지혜와 새로운 경험이 계속해서 상호 작용함으로써 발전하기 때문에, 저자들의 생각은 최종 가르침이 아니라 책 내용을 바탕으로 독자의 지혜와 경험을 이끌어내도록 초대하는 역할을 한다. 책의 내용이 독자의 내면 깊숙한 곳에 자리 잡은 인식에 울림을 주고, 그것이 독자의 삶에 투영되길 바란다. 다만, 내용이 참된 것으로 다가오지 않는다면 한 번 더 들여다보고 그냥 넘어가면 좋겠다. 의견을 표명하는 식으로 문장을 썼더라도 책 내용은 하나도 빠짐없이 초대를 의미하지 명령을 의미하지 않는다. 범죄를 다루는 과정에서 서클을 활용할 수 있다는 가능성을 제안하고 더 많은 서클 참여를 유도하기 위해서 이 책이 저술되었다. 이 책에서 저자들은 스스로에게 진실로 다가온 것을 소개하고 있지만, 다른 이들에게 진실은 어떻게 다가오는지, 궁극적으로 모두에게 무엇이 진실인지는 알지 못한다.

서클을 향한 열정에도 불구하고 서클은 확실히 만병통치약이 아니다. 또한 모든 갈등 상황에 서클이 적절한 것도 아니다. 서클이 가진 가능성 못지않게 그 한계도 잘 알고 있어야 한다.

**용어 선택**  북아메리카 원주민을 포함한 여러 문화에서는 특별하거나 신성한 의미를 담고 있는 용어의 첫 글자를 흔히 대문자로 쓰는데 이 책에서도 그런 관례를 따르고 있다. 평화 형성 과정을 가리키는 '서클Circle'이라는 용어는 공간이나 기하학적 측면 외에도 신성함을 뜻하는 여러 의미를 담고 있다.[2]

'원주민First Nation People'은 서구 문명이 북아메리카에 발을 들이기 전부터 토착 문화를 이루고 있었던 사람들을 가리키며, 토착민들과 토착 문화가 지닌 근본적 자주성을 존중하는 용어로 정착되었다.

---

[2] 옮긴이 주) 또한 원서에서 서클을 일반명사가 아닌 고유명사로 취급해 의인화하고 주어로 나타냈으나 우리 어법에는 맞지 않기에 번역서에서는 가능한 한 서클을 의인화하지 않고 주어로 사용하는 일도 자제했다.

'가해자'라는 용어를 사용하면 여러 가지 문제가 발생하는데, 그중 하나는 이 용어가 사람이 가지는 복잡한 여러 가지 특성 중에서 오직 한 가지 측면만 한정해서 나타낸다는 것이다. 새롭게 변하려고 애쓰는 사람에게 불필요한 낙인을 찍지 않기 위해서 서클에서는 예를 들면 '신청인applicant'이라든가 '핵심 구성원core member'이라는 다른 용어를 쓰고 있다. 이런 세심한 배려를 염두에 두더라도 서클 과정에 참여하는 사람의 위치를 분명히 하기 위해 이 책에서는 '가해자'라는 용어를 그대로 사용하기도 했다. 그러나 실제로 서클을 진행하는 상황에서 대부분은 참여자들의 이름을 부르지 특정한 지위나 범주로 참여자들을 지칭하지 않는다.

'피해자'라는 용어도 비슷한 우려를 낳는데, 한 사람이 겪은 특정 측면을 그 사람의 전체적 모습으로 나타내기 때문이다. 범죄 피해를 입은 많은 사람들은 '피해자'라는 용어를 반기지 않는다. 어쩔 줄 모르고, 무기력하고 수동적이라는 의미를 지니고 있어 마음의 충격을 이겨내는 데 별로 도움을 주지 못하기 때문이다. '피해자'를 대신하여 '생존자survivor'라는 용어를 가끔 쓰기도 한다. '가해자'라는 용어를 쓰는 것과 마찬가지로 한 사람이 서클을 참여하며 어느 위치에 있는지 명확하게 나타내기 위해 마찬가지로 '피해자'라는 용어를 사용했다.

경영이나 갈등 해결 분야 전문 서적에서 '대화dialogue'라는 용어는 '논쟁debate'이나 '토론discussion'이라는 말과 비교해 특별한 의미를 지닌다. 논쟁이나 토론에서는 한쪽은 다른 쪽이 자신의 의견을 따르도록 설득하려 애쓴다. 한쪽 의견이 다른 쪽 의견을 이겨야 하는 경쟁 틀을 따르기 때문이다. 대화는 서로 다른 목표와 역학 관계를 가진다. 대화의 목표는 한쪽이 이기는 것이 아니라 양쪽 모두가 서로를 더 폭넓게 이해하는 것이다. 따라서 같은 목표를 향한 여정에 올라 모두가 자연스럽게 충만함을 느끼게 된다. 윌리엄 아이작스의 말을 빌리자면 "대화는 편 가르지 않고 중심을 잡고 나누는 이야기다." 이런 중심, 다시 말해 대화의 초점은 자신과 타인, 각자가 지닌 이해관계, 서로의 연결에 대한 폭넓은 통찰을 담고 있다. 논쟁과 토론이 어느 순간 불쑥 시작될 수 있는 반면에, 대화가 이루어지려면 모든 당사자가 좀 더 깊이 탐구할 수 있도록 준비를 갖추는 계획이 필요하다. 서클은 대화가 이루어지는 공간이다. 따라서 이 책에서 사용하는 대화라는 용어는 이런 독특한 쓰임새를 가리키는 것으로, 서클 공간에서 일어나는 대화를 의미한다.

또한 공동체 개념이 서클 과정에서 중심이 되기 때문에 공동체의 의미를 명확히 인지해야 한다. 공동체는 이해관계를 나누어 가진 사람들의 모임을 의미한다. 이해관계는 지역적 연관성을 가질 수도 있지만 그것에 한정되지는 않는다. 또한 공동체는 함께 추구하는 믿음, 학교나 직장 같은 일상 경험, 선의를 가지고 힘을 모아 고비를 넘기려는 염원, 함께 실현하고 싶은 미래상 등을 공유한다.

**현행 사법 제도에 대한 견해** 끝으로, 저자들이 서클 활용을 적극 옹호하기 때문에 사람들은 현행 사법 제도에 관한 저자들의 의견을 묻곤 한다. 저자들은 현행 사법 제도에서 충분한 경험을 가지고 있다. 배리는 상당 기간 판사로 재직했고, 케이는 10년 가까이 미네소타 주 교정국에서 회복적 사법 계획 담당자로 활동했다. 마크는 북아메리카 원주민인 카크로스/타기시 부족의 일원으로 태어나 지역 사법 기관에서 일하면서 조정관, 서클 진행자, 서클 강사로도 활동했다. 그의 활동 영역은 자신이 속한 공동체에 머물지 않고 캐나다와 미국 그리고 세계 전역에 있는 공동체를 아우른다.

이런 경험을 가지고 있기에 저자들은 모두 언제나 공적 사법 제도의 필요성을 인정한다. 공적 사법 제도는 민주적 절차의 주춧돌이며 또한 전혀 책임질 의사가 없거나 공동체가 감당하기에 너무 위험한 사람들을 다루는 유일한 수단이다.

사법 제도에서 서클을 폭넓게 활용하면 (공동체가 많은 부분 범죄 문제를 스스로 해결할 수 있을 것이고 따라서) 공동체는 더욱더 힘을 얻을 뿐만 아니라 (공적 사법 제도를 유지하고 운영하는 데 필요한 자원을 아껴) 인류 사회와 공동체의 복리에 가장 심각한 영향을 미치는 위협에 대응하여 주어진 자원을 자유롭게 쓸 수 있을 것이다. 예를 들면, 환경 파괴, 기업 범죄, 폭력적이며 약탈적인 불법 행위 predatory violence, 구조적 불공정 등은 공동체가 자체 역량으로 해결할 수 있는 문제가 아니다.

미국 미네소타 주 세인트폴에서 케이 프라니스,
캐나다 브리티시컬럼비아 주 밴쿠버에서 배리 스튜어트,
캐나다 유콘 주 화이트호스에서 마크 웨지

# 볼품없는 깃털

### 서클의 실제 활동 사례

서클에서 사람들은 겉모습 이면에 숨겨진 서로의 본모습을 함께 나눈다. 서클은 사람들이 귀 기울여 듣는 곳이다. 사람들은 내가 상대방 입장이라면 어떨까 생각하며 듣는다. 물론 상대방도 내 이야기를 들어야 한다. 내가 마음속에 간직한 이야기를 꺼내면 상대방도 그것을 마음 깊이 받아들인다. 안전한 서클 공간에서 이야기를 하다 보면 각자의 삶을 비춰주는 창문이 열려서, 사람들은 그 창을 통해 서로가 걸어왔던 길을 들여다볼 수 있게 되고 서로의 삶을 이해하고 있다는 느낌을 받게 된다. 살아온 이야기를 함께 나누는 과정에서 자연스럽게 변화가 일어난다. 말하는 이와 듣는 이 모두가 감동을 받고 변화를 겪으면서 둘 사이의 관계도 새롭게 달라진다. 다만, 서클은 억지로 변화를 만들어내는 곳은 아니다. 서클은 그저 대화의 장이며, 서클에 담긴 철학과 서클의 짜임새를 통해 마음속 깊은 곳에서부터 자연스럽게 변화가 찾아온다.

그렇다면 서클을 소개하는 가장 좋은 방법은 이야기를 함께 나누는 것이 아닐까? 비밀 유지는 서클에서 아주 중요하게 여기는 지침이다. 따라서 이 책 전체에 걸쳐 모든 실제 이름과 특정 정보를 유추할 수 있는 상황은 변경하거나 생략했다. 단, 당사자가 명확하게 의사를 밝힌 경우는 예외다. 이제 볼품없는 깃털에 얽힌 이야기로 넘어가 보자.

제이미는 고개를 푹 숙이고 팔짱을 낀 채 양다리를 쭉 뻗고 의자에 아무렇게나 앉아 있었다. 깃털은 벌써 서클을 한 바퀴 돌고 있었고, 제이미는 사람들이 하는 이야기를 가만히 듣고만 있었다. 사람들은 제이미가 어떤 사람인지, 어떤 범죄를 저질렀는지 이야기하며 화를 내기도 했지만 대부분 제이미에게 이런저런 질문을 던졌다. 왜 제이미가 그렇게 술에 절어 말썽만 일으키며 지냈는지, 어떻게 하면 스스로 바뀔 수 있을지, 피해를 당한 사람들에게 신경이나 쓰고 있는지, 벌써 스물한 살인데 언제쯤에나 철이 들어 자신의 인생을 책임질 것인지 사람들은 궁금해했다.

간혹 과거의 미담도 흘러나왔다. 몇몇 사람은 제이미가 과거에 마을 원로들에게 얼마나 공손했는지, 아이들에게도 얼마나 상냥했는지를 술회하면서 제이미에게 큰 기대를 걸었노라고 속마음을 내비쳤다. 그 말을 들은 제이미는 흠칫 놀랐는지 고개를 들었다. 다른 말이 오갈 때는 별 관심도 보이지 않고 듣고 싶지도 않다는 듯이 얼음처럼 딱딱하게 굳어 있었지만, 자신에 대해 친절하게 말해주는 사람은 은근히 쳐다보며 잠시나마 굳은 자세를 풀었다.

사실 제이미는 사람들 이야기에 귀를 기울이고 있었다. 다만 제이미는 긴장해서, 조마조마해서 어쩔 줄 모르고 있었을 뿐이었다. 이제 곧 깃털이 제이미 손에 들어오면 제이미도 뭔가 말을 꺼내야 하고 질문에 대답을 해야 했기 때문이었다. 법정에서라면 짐짓 화도 내고 적대감도 보이며 체념한 듯이 조용히 재판 절차를 따르면

휘말리지 않고 편하게 넘어갔을 텐데 서클에서는 어림도 없었다.

깃털이 제이미에게 넘어왔다. 제이미는 깃털을 들고 손바닥 안에서 몇 번 굴리더니 그대로 잠시 멈춰 섰다. "뭐라고 말해야 할지 모르겠어요. 저도 변하고 싶어요. 그래서 여기에 이렇게 있는 겁니다. 그뿐이에요."

제이미는 이렇게 말하고는 옆에 앉은 존에게 깃털을 건넸다. 제이미는 마음속으로 존이 모든 질문에 대답해 주길 간절히 바랐다. 마을 원로인 존은 사람들의 존경을 받고 있었다. 존은 제이미와 몇 주 동안 이야기를 나누며 제이미가 서클에 참여하기 위해 준비하는 것을 도와주었고, 서클에서는 제이미 편에 서 있었다. 그래서 제이미는 존이 자신을 도와주리라 믿었다.

존은 깃털을 든 채로 잠시 아무 말도 하지 않았다. 제이미는 깃털이 되돌아올까 봐 걱정스러웠다. 그런 와중에 갑자기 존이 작은 가방에 손을 넣더니 다른 깃털 하나를 쑥 꺼냈다. 독수리 깃털인지조차 알아보기 힘들 정도로 뒤틀리고 듬성듬성 잔털이 빠진 깃털이었다. 잘 간수하지 않아 아무렇게나 굴러다니다가 엉망이 된 것이 분명했다. 깃털은 전혀 신성한 물건으로 보이지 않았다. 존은 모두가 볼 수 있도록 깃털을 들어 올렸다.

"참 볼품없는 깃털이죠. 저는 이것보다 더 흉한 것은 보지 못했어요. 이 깃털을 보니 문득 거칠게 미쳐 날뛰었던 제 지난 시절이 떠오르네요. 딱 잔털이 빠져나간 깃털 신세였지요. 술이나 퍼마시고 무엇 때문에 화가 났는지 속은 뒤틀릴 대로 뒤틀렸고, 남들은커녕 제 자신도 돌보지 못했어요. 제 삶은 구멍이 숭숭 뚫려 있었고 저는 볼품없는 깃털이었습니다. 제가 말을 계속하는 동안 깃털을 한 바퀴 돌릴게요. 모두가 이 깃털이 얼마나 볼품없는지 자세히 봐주셨으면 합니다. 깃털을 잠시 쥐고 있으면서 손에 닿는 느낌이 어떤지, 제대로 돌보지 않아 얼마나 흉한지 한번 보시기 바랍니다."

깃털이 사람들 손에서 손으로 옮겨지고 있을 때, 존은 자신의 젊은 시절과 일그러진 삶에 대해 말을 꺼냈다.

"저는 점점 더 나쁜 길로 빠져들었어요. 도움이 필요했지만 어떤 도움을 받아야 할지 몰랐고 저를 돌봐줄 사람이 필요했지만 누구에게 도움을 부탁해야 할지도 몰랐어요. 그런데 그때 마을 원로였던 아그네스 할머니가 제 삶으로 들어오셨어요. 그것도 아주 천천히. 할머니는 언제나 제게 인사를 건넸고 안부도 물어주셨어요. 때로는 제게 먹을 것도 주셨고 함께 차를 마시자며 집으로 초대해 주셨죠. 우리는 함께 이야기를 나누었는데, 처음에 할머니는 제 말을 듣기만 하셨어요. 대부분은 제가 말했어요. 얼마 후에는 다른 원로를 소개해 주셨는데, 저는 그분과 함께 덫을 놓는 일도 했어요. 저는 술은 계속 마셨지만 이전보다는 주량이 줄어들었어요. 할머니가 언제나 일거리를 주셨기에 저는 늘 바빴지요.

그해 가을, 할머니 남편인 피트 할아버지가 돌아가셨어요. 할머니는 너무나 힘들어하셨죠. 할머니는 제게 도움을 요청하셨는데 전 어떻게 해야 할지 몰랐어요. 그래도 최선을 다했어요. 할머니와 함께 시간을 보냈고, 사냥이나 낚시를 해서 먹을 것을 드렸어요. 할머니가 제게 의지하셨기 때문에 저는 더욱 노력했어요.

얼마 후에 할머니의 조카딸 수전 아주머니는 학교에서 제게 몇 몇 과목을 가르쳐주셨어요. 제가 음주 운전 때문에 교도소에 갔을 때도 수업은 계속되었어요. 교도소에 들어간 것을 정말 부끄러워한 것은 그때가 처음이었어요. 전에는 교도소에 아무렇지도 않게 들락거렸거든요. 그런데 그때만큼은 달랐어요. 아그네스 할머니가 걱정스러웠어요. 누가 할머니를 위해 사냥을 할까, 누가 할머니를 자주 찾아뵐까 걱정했어요. 물론 마을 사람들이 할머니를 잘 보살폈지만요.

할머니도 마찬가지로 저를 걱정해 주셨어요. 할머니의 주선으로 마을 사람들은 교도소에 수감된 저를 많이 찾아주었고, 제가 출소했을 때는 저를 위한 저녁 식사도 마련해 주었어요. 같은 날 출소했던 몇몇 친구 녀석들과 함께 술판을 벌이려고 했지만 그 식사 자리 때문에 저는 어쩔 수 없이 빠졌어요.

할머니는 제가 옆길로 새지 않도록 지켜주셨는데, 저를 진심으로 아끼셨고 저 또한 누군가를 아낄 줄 아는 사람이 되길 원하셨기 때문입니다. 아그네스 할머니는 서로를 위하는 사람들로 제 삶을 가득 채워주셨어요. 변화는 아주 천천히 일어났지만 분명 이전과는 달라지고 있었어요."

존이 자신의 젊은 시절 이야기를 거의 마칠 무렵에 낡고 볼품없는 깃털은 어느새 서클을 한 바퀴 돌아 제자리로 왔다. 제이미는 깃털을 한동안 들고 쓰다듬다가는 존에게 건넸다.

낡은 깃털을 들어 올리며 존이 말했다. "자, 보세요. 이 낡고 흉한 깃털이 얼마나 아름답게 변했는지 다 함께 보세요."

깃털은 조금 전과 사뭇 달랐다. 아름답지는 않더라도 확실히 흉하지는 않았다. 사람들이 존이 하는 말을 들으며 깃털을 들고 있을 때 저절로 깃털을 쓰다듬었기 때문이었다. 대부분 사람들은 깃털을 잡고 있으면 저도 모르게 깃털을 쓰다듬게 된다.

여전히 깃털을 손에 든 채로 존은 말을 이었다. "제 모습은 이 깃털과 같아요. 예전에는 흉했고, 정신을 차리지 못했고, 분노로 뒤틀려 있었어요. 삶에는 여기저기 구멍이 숭숭 뚫려 있어 참된 삶을 살기 위해 필요한 많은 중요한 부분들이 사라지고 없었지요. 그때 아그네스 할머니와 다른 분들이 제 삶 속으로 들어온 겁니다. 그분들이 저를 잡아주었고, 보살펴주었고, 제 모습을 이 깃털처럼 바꾸어놓았어요. 그것이 바로 이 자리에 모인 모든 분들이 제이미를 위해 해야 할 일입니다. 우리 모두가 따뜻한 손길을 내밀어 제이미를 보듬어준다면 제이미도 이 깃털처럼 변하지 않겠어요? 세상 모든 것은 아름답고 성스럽습니다. 보살핌을 받을 때 아름다움이 드러나고 보살핌을 받는 누군가는 자신이 귀한 존재라는 사실을 깨닫게 됩니다. 우리 모두가 다른 사람들을 보살피다 보면 그들도 신성한 존재라는 사실을 깨닫는 것은 물론이고요. 이제 오늘밤 이 자리에 모인 모든 분들께 부탁드립니다. 제이미의 삶을 어루만져주고, 제이미를 보살펴줍시다. 제이미가 가진 아름다운 본모습, 성스러운 영혼을 끌어냅시다."

존은 제이미가 자신을 찾아와 도움을 청한 이야기를 들려주었다. 둘은 몇 번에 걸쳐 이야기를 나누었고 함께 땀을 흘렸으며 서로에게 자신들이 어떻게 살아왔는지 털어놓았다. "저는 이 젊은이를 믿습니다. 진실로 그가 변하려고 애쓰고 있다고 믿습니다. 우리가 믿는 사람이 신성한 가르침을 깨닫기 바라며 깃털을 주는 것이 예부터 내려오는 전통입니다."

존은 먼저 일어나 제이미도 일어서게 했다. 그리고 제이미에게 조금 전까지는 볼품없었으나 이제 말끔해진 깃털을 건넸다. "제이미, 이제 깃털은 자네 것이네. 깃털을 보며 우리가 자네를 믿고 있다는 점을 명심하게. 서클에 참여한 모든 사람들의 따뜻한 손길로 이 깃털이 아름답게 바뀐 것과 마찬가지로 자네도 우리가 속한 공동체의 모든 사람들에서 따뜻한 보살핌의 손길을 받을 걸세. 자네 자신을 존중한다면 그것이 곧 따뜻한 손길로 자네의 삶을 어루만져준 사람들을 존중하는 것이네. 이 깃털을 소중히 여기기 바라네. 깃털을 보며 자네가 가진 본모습이 과연 어떤지 사람들이 얼마나 자네를 아끼고 있는지 늘 가슴에 새겼으면 좋겠네."

공동체 안에서 사람들이 서로 교감을 나누면서 드러나게 되는 치유의 힘, 힘겹게 살아온 사람들이 가진 지혜, 서로 존중하며 듣고 말하는 과정에서 생겨나는 변화, 큰 변화를 만들어내는 보살핌과 사랑을 담은 작은 손길, 이런 것들이 사람들과 공동체가 가진 잠재력이다. 아그네스, 존, 제이미는 주변에서 흔히 볼 수 있는 평범한 사람들이다. 서클에서 사람들이 연결되고, 이런 연결로 인해 사람들은 서로가 가진 가능성을 발견하여 제이미 같은 사람이 지닌 성스러운 측면에 생명을 불어넣을 수 있다.

　서클은 각기 다 달라서 특정 모임에서 어떤 일이 일어날지 누구도 예측할 수 없다. 서클에 변치 않는 공식이 따로 있는 것도 아니고, 서클이 지닌 독특한 역학 관계를 만들어내는 어떤 특별한 요소가 있는 것도 아니다. 한 무리를 이루는 사람들이 서로를 더 잘 알게 되고, 그래서 서클에 좀 더 친숙해지면 서클을 이루는 몇몇 요소는 그 영향력을 점점 잃어간다. 공동체가 함께하는 방식에 섞여들어 결국에는 거의 눈에 띄지 않게 된다. 오랫동안 몸에 익어 습관이 되면 천성처럼 되는 것과 같다.

　그렇다고 해도 서클을 이제 막 접하고 서클을 활용하여 범죄에 대응하려는 사람들이 이런 요소를 알면 서클이 지닌 치유와 변화를 일으키는 힘을 충분히 이끌어내는 데 도움을 받을 수 있다. 서클 과정을 충분히 이해하여 더 이상 의구심이 들지 않게 되면 서클 참여자는 서클이 움직이는 대로 내버려두고 애써 그것을 어떤 특정 방향으로 움직이려 하지 않는다. 참여자들은 이해가 깊어짐에 따라 서클이 특정 상황에 맞는 요구에 반응하도록 놓아둔다. 어떤 상황도 같은 것은 없기 때문이다.

　서클은 어쩌면 역설적이며 모순적이다. 구조에 갇힌 듯이 보이지만 열려 있고, 정해진 순서를 따르기도 하지만 즉흥적이고, 일정한 틀을 갖추었으되 자유롭고, 한계가 있는 듯이 보이지만 무한하다. 이 책에서는 이런 역설의 한 측면을 살펴본다. 일정한 구조와 순서로 틀이 짜여 있는 서클을 발판으로 삼아, 참여자들은 열려 있고 자발적이며 자유롭고 무한한 가능성을 가진 방식으로 함께 모이는 것이다. 서클 자체가 주는 이런 경험을 어찌 말과 글로 표현할 수 있겠는가?

    이 책에서는 구조, 틀, 짜임새, 전체 과정과 같은 서클의 구성 요소를 다룬다. 저자들이 가진 경험을 바탕으로 서클 과정이 기본 모습을 갖추려면 어떤 요소가 필요한지 전체 윤곽을 그려준다. 더 나아가, 어려운 문제를 놓고 대화해야 하는 이해 당사자들의 필요에 맞추어 서클이 어떤 식으로든 구체적 모습을 갖추어야 할 때 그런 요소들이 어떤 역할을 담당할지 보여준다. 여기서 보여줄 수 있는 서클의 모습은 마치 해부도와 같아서, 실제로 서클에 참여하면서 갖는 경험과는 확연하게 다를 수밖에 없다. 고통을 어루만지고 치유와 변화를 이끌어내는 실제 경험은 그 어떤 말로도 담아낼 수 없다.

# 1

# 서클: 범죄 대응에 관한 패러다임의 변화

●● 사랑이 결핍되고 폭력으로 물든 사회를 치유하려면, 지배 피라미드를 허물어버리고 바로 그 자리에 평등과 존중을 담은 동그라미를 그려놓아야 한다.

— 왐파노아그 부족의 아소넷 씨족 원로, 마니톤콰트

    서클은 보편적이고 영속적인 특성을 가진다. 서클은 인간의 본성과 인간의 조건에 관한 몇 가지 기본 전제를 바탕으로 작동하기 때문이다.
    인간은 누구나 다른 사람과 좋은 관계를 맺고 싶어 한다. 이것이 서클이 기반으로 하는 첫 번째 전제다. 인간은 홀로 살아가지 못한다. 살면서 겪는 아픈 경험 때문에 서로에게 다가가고 싶은 타고난 욕망을 억누르고 움츠러들기도 하겠지만, 인간은 누구나 서로를 필요로 한다. 이는 모두가 다 아는 사실이다.
    사람들이 공유하는 핵심 가치는 좋은 관계를 맺는다는 것의 의미를 잘 보여준다. 이것이 서클 작동을 위한 두 번째 전제다. 다음 장에서 자세히 다루겠지만, 세계 어느 곳에 살든 어느 계층에 속하든 상관없이 사람들이 따르는 기본 가치는 비슷하며, 이는 좋은 관계를 맺을 수 있도록 도와주는 길잡이가 된다.

좋은 관계를 맺고 가치를 따르며 행동하는 일이 쉽지는 않다. 특히 갈등이 생길 때 더 힘들다. 이것이 서클에서 가정하고 있는 세 번째 전제다. 사람들이 추구하는 핵심 가치는 삶 속 불운에서 오는 고통에 짓눌려 있거나 다른 사람 또는 공적 기관이나 제도가 강요하는 가치에 가려 그 빛을 잃어가고 있을지도 모른다. 사람들은 가치를 따르는 것이 살아남는 데 불리하다고 결론을 내릴 수도 있다. 그 결과로, 사람들은 외로움을 느끼고 다른 사람들과 긍정적인 관계를 맺으려는 시도조차 하지 않기도 한다.

안전한 공간이 마련된다면, 사람들은 그곳에서 자신의 핵심 가치를 다시 찾아내고 내면 깊숙한 곳에서 긍정적 관계를 맺으려는 욕구를 끌어낼 수 있다. 이것이 서클의 네 번째 전제다. 핵심 가치를 찾아내는 과정과 긍정적 관계에 대한 욕구를 끌어내는 과정이 동시에 이루어질 수 있는 공간인 서클에서 사람들은 염원하는 대로 마음껏 서로에게 다가갈 수 있다. 서클은 서구 중심의 형사 사법 틀에서는 받아들여지지 않는 방식이지만, 서클에 참여한 사람들은 자신도 모르는 사이에 몸과 마음이 확 열리고 이전에는 상상하지 못했을 정도로 서로에게 연결되어 있음을 경험하게 된다.

## ● 네 가지 기본 변화

위에서 살펴본 기본 전제를 바탕으로, 서클은 사람들이 인간성의 보편적 측면에 접근하고 이를 바탕으로 갈등에 맞서 치유를 이끌어낼 수 있도록 설계되었다. 서클은 사람들이 상처에 어떻게 대응할지, 어떻게 사회 질서를 만들어낼지에 대해 철저하게 새로운 접근법을 제시한다. 구체적으로 말해서, 서클은 다음과 같은 패러다임의 변화를 촉구한다.

1. 강압에서 치유로
2. 개인의 책임에서 개인을 포함한 공동의 책임으로
3. 국가 의존에서 벗어나 공동체가 좀 더 자립하는 방향으로
4. '받은 것을 되돌리는' 정의에서 '상처를 회복하는' 정의로

### 1. 강압에서 치유로

어떻게 하면 사람들이 서로에게 해를 입히지 않으면서 더불어 살아갈 수 있을까? 그리고 범죄가 일어났을 때 어떻게 대응해야 할까? 이런 물음에 답하여 형사 사법 제도는 범죄를 방지하기 위해서는 주로 처벌하겠다고 위협하고, 실제로 범죄 행위에 처벌을 가한다. 다시 말해서, 형사 사법 제도는 외부 통제 장치를 활용해 사회 질서를 유지한다. 이것은 개인을 아래로 두고 국가 권위가 가진 힘, 다시 말해서 '군림하는 힘power over'으로 범죄에 대응하고 사회 안전을 지키려는 방식이다.

그 반면에 서글은 '힘께하는 힘power with'을 활용한다. '함께하는 힘'이란, 긍정적인 관계를 만들어내어 범죄에 대응하고, 좀 더 근본적인 원인을 밝혀내 변화를 이끌어내는 사람들과 공동체의 힘을 말한다. 범죄가 무너뜨린 관계를 치유하고 회복시키는 사람들의 잠재력에 깊이 파

고듭으로써 서클은 조화를 추구한다. 또한 서클은 자신과의 내적 관계 및 타인과의 외적 관계를 건전하게 다져, 앞으로 범죄가 다시 일어나지 않도록 막는다. 서클의 관점에서 보면 건전한 관계는 바람직한 행동을 만들어내고 나아가 공공 안전을 지키는 열쇠가 된다.

안전한 공동체를 만들어내려는 이런 접근법 덕택에 공동체는 안팎으로 여러 면에서 건강해지고 온전한 모습으로 성장한다. 서클은 상처 입고 훼손된 관계를 회복시키려 애쓴다. 서클이 이런 상호 작용을 촉진함으로써 개인과 가족, 공동체는 활기를 띠며 살아갈 수 있다. 사람들이 복지well-being에 관한 내적 관점을 공유하고 이에 따라 자연스럽게 사회 질서가 형성되면서, 외적 강압coercion이나 국가 처벌의 필요성은 점점 줄어들게 된다. 또 다른 범죄와 폭력을 낳는 고통을 보듬으며 서클은 사회 안녕을 촉진한다.

강압적 조치에서 치유로 초점을 옮기면, 범죄 대응 방안에 대한 새로운 논의점이 등장한다. 서클은 특정 범죄자에게 일반적으로 어떤 처벌을 내려야 하는지, 범죄자를 반드시 감옥에 가두어야 하는지를 묻지 않으며, 오히려 다음과 같은 문제에 집중한다.

- 어떻게 치유를 이끌어낼 수 있는가?
- 눈앞에서 벌어지는 해악을 바로잡고 앞으로 해악이 일어나지 않도록 막으려면 어떻게 해야 하는가?
- 과거 또는 현재의 어떤 고통이나 상황이 자기 자신은 물론 타인과의 건전한 인간관계 형성을 방해하는가?
- 어떤 조치를 취해야 사람들이 이런 상처를 이해하고 상처가 아물

도록 도울 수 있는가?

서클이 모든 사람들이 지닌 진정한 이해관계에 깊은 관심을 기울인다면, 가해자가 자기 행위에 책임을 지거나 태도를 고쳐 본디의 바람직한 생활로 되돌아가도록 만드는 수단으로서의 처벌은 이제 더 이상 타당성을 갖지 못한다. 또한 처벌은 피해자가 고통에서 벗어나거나 공동체가 더욱 굳건히 서는 데에도 아무런 도움을 주지 못한다.

### 2. 개인의 책임에서 개인을 포함한 공동의 책임으로

범죄에 대응하는 방식에서 서클이 만들어내는 두 번째 근본적인 변화는 "누가 책임을 져야 하는가?"라는 문제에 집중된다. 범죄 사법 제도는 어떻게든 가해자 개인이 그 책임을 지게 만든다. 그 반면에 서클은 개인이 자신이 저지른 범죄에 당연히 책임을 져야 한다고 믿는 동시에 개인과 함께 모두에게도 공동의 책임이 있다는 또 다른 차원을 제기한다. 책임에 관해서는 깊이 생각해야 할 것들이 많다. 혹시 범죄를 유발하는 사회와 문화, 인종, 경제 조건을 못 본 척 넘어가지 않았는가? 어떤 것이 반복되는 양상을 방관하는 바람에 개인이 고립되어 결국 파괴적 행위를 저지르게 만들지는 않았는가? 특정 사고방식 때문에 공동체 안에서 긴장이 생기고, 그로 인해 사람들이 서로 대립하며 파벌을 만들지는 않았는가? 달리 말해서, 가족이나 공동체 안에서 사람들은 자신의 역할을 다했는데, 그것으로 오히려 불균형과 오해, 불평등이 생겨 결국 범죄로 끝나버리지는 않았는가?

사람들은 서로 연결되어 있고 이 세상에서 함께 기대고 살아야 한다는 가정을 바탕으로 삼아, 서클은 책임에 관해 좀 더 집단적 접근법을 취한다. 집단적 접근법은 개인이 져야 할 책임을 부정하지 않는다. 가족과 공동체, 나아가 사회가 져야 할 책임과 함께 균형을 맞추려 할 뿐이다. 사람들은 가족과 공동체의 구성원으로서 발생한 문제에 어느 정도 책임이 있고 잘못을 바로잡기 위해 의무를 다해야 한다. 잘못을 저지른 사람이 책임을 지도록 도와야 하는 것은 물론이다. 사람들은 어떤 면에서 서로에게 책임이 있다.

2015년 현재 캐나다 브리티시컬럼비아 주에서 판사로 재직하는 스티븐 포인트Stephen Point는 얽히고설킨 인간관계에서 받은 느낌을 다음과 같이 정확하게 지적했다. "어떤 사람이 잘못을 저질렀다면 그 사람만 바로잡을 것이 아니라 서클도 고쳐야 한다. 우리 모두는 서클 그 자체이기 때문이다. 우리 모두가 이렇게 서로 이어져 있다니 수수께끼 같고 신비롭기만 하다."

### 3. 국가 의존에서 벗어나 공동체가 좀 더 자립하는 방향으로

서클이 추구하는 세 번째 근본적인 변화는, 공동체가 국가에 덜 의지하여 공동체 스스로의 힘으로 갈등과 범죄를 해결하는 것이다. 국가 사법 제도는 여러 측면에서 공동체에게서 갈등 해결 권한을 빼앗고 공동체가 함께 갈등을 해결하며 얻을 수 있는 상호 성장 가능성도 빼앗는다. 국가가 우위를 점할 때 공동체는 그저 구경꾼에 머물고 만다. 전부는 아니더라도 많은 범죄들이 기회를 제공할 수 있다. 공동체에 균열을 일으키는 근본 원인을 밝혀내고 지역 공동체 자원을 끌어들여 이 문제를 바로잡는 과정을 거친다면 활력 넘치고 건강한 인간관계를 키울 수 있다.

범죄가 일어난다는 것은 공동체 안에서 서로 이해하고 존중하려는 의식이 점점 약해지고 있다는 것을 의미한다. 이런 흐름을 야기하는 근본 원인을 찾아내어 그 흐름을 되돌리고 긍정적 연결을 만들어내지 못한다면 유익한 변화를 위한 풍부한 기회는 사라지고 공동체는 더욱 심각한 분열을 겪을 수밖에 없다.

서클은 대부분의 공동체에서 공유 가치와 공동 기대를 논의할 수 있는 유일한 공간이 되고 있다. 서클을 통해 서로를 이해하고, 어렵겠지만 윤리적 가치 판단을 거쳐 범죄에 대응한다면, 단순히 함께 모여 살거나 같이 일하는 사람들도 진정한 공동체로 거듭날 수 있다. 전문가와 평범한 사람들이 서클 공간 안에서 동반자 관계를 맺어 가해자에게 형을 내리는 것 이상의 그 무엇인가를 만들어낸다. 그리하여 이전과는 완전히 다른 삶이 그 모습을 드러낸다. 공동체가 주도권을 가지고 미리 범죄를 예방하거나 일어난 범죄를 해결한다면 국가가 하는 것보다 더 효과적이고 더 오래 지속되고 더 큰 변화를 만들어낼 수 있다. 적어도 서클에서는 동반자 관계가 형성되고, 이로 인해 국가에 덜 의존하여 범죄에 대응하며 사회 자본 social capital 을 형성하는 공동체의 자율성을 높일 수 있다.

### 4. '받은 것을 되돌리는' 정의에서 '상처를 회복하는' 정의로

앞서 나온 세 가지 변화로 인해 네 번째 변화가 이루어진다. 그것은 말하자면, 정의라는 개념 자체에서 일어나는 변화다.

첫째, 서클은 강압이 아닌 치유에 초점을 맞추고 있으므로, 서클이 추구하는 정의는 벌을 내리는 것보다는 변화를 이끌어내는 인간 능력을 키우는 데 좀 더 치중한다. 서클 안에서 사람들은 서로의 솔직한 본모습을 보여주고 받아들이며 다 함께 치유를 향한 여정에 오른다. 아픈 상처, 마음속에 품은 이야기, 걸어온 발자취도 드러나지만 각자가 가진 변화의 잠재력도 함께 드러난다. 그러므로 서클이 추구하는 정의의 중심은 법과 규칙이 아닌 인간에 맞춰져 있다. 그것은 서로를 존중하고 서로에게 관심과 보살핌을 베풀고 서로의 상처를 다독일 때 주고받는 인간 지향person-oriented의 정서가 깃든 정의다.

둘째, 서클은 개인 책임뿐만 아니라 공동 책임을 인정하므로, 사람들은 서클에서 완전히 다른 정의를 경험하게 된다. 누구나 책임을 공유하고 범죄가 일어나기 전부터 있었거나 일어난 후에 뒤따르는 어려운 문제를 해결하기 위해 힘을 모은다.

셋째, 서클은 기본적으로 국가에 대한 의존을 줄이고 공동체의 책임을 강화하는 변화에 박차를 가한다. 정의는 이제 권한을 위에서 아래로 행사하는 것이 아니라 평등한 관계에서 서로 주고받으며 상호 이익을 찾아가는 과정이 된다. 정의는 이제 '군림하는 힘'이 아니라 '함께하는 힘'이다. 서클 안에서 수직적 정의가 수평적 정의로 바뀌는 것이다.

다시 말해서, 정의를 이해하고 경험하는 방식은 서클을 통해서 그 근본부터 바뀐다. 전통적 사법 절차는 '받은 것을 되돌리는getting even' 방식으로 정의를 세운다. 국가가 가진 권한과 권력에 기대어 개인을 옥죄며, 개인이 다른 개인에게 하는 것이 허용되지 않는 방식으로 복수한다. 즉 '받은 것을 되돌리는' 것이다. 이런 맥락이라면 피해자와 피해자의 요구는 처벌에 정당성을 부여하는 외에 다른 의미가 없다.

반면에 서클은 '상처를 회복하는getting well' 정의를 제시한다. 해를 입은 것은 피해자이기 때문에 피해자와 피해자의 요구가 주요 관심사가 된다. 회복을 추구하는 정의는 피해자가 무엇을 겪었는지 이해하기 위해 피해자의 참여를 필요로 한다. 어떤 해악이 일어났는지, 어떻게 해악을 바로잡을 수 있는지, 무엇으로 회복에 이바지할 수 있는지 피해자에게 질문을 던진다. 하지만 피해자와 함께 영향을 받은 모든 사람들도 서클에 초대된다. 사람들은 서로 도와 자신들과 가족, 공동체가 입은 상처를 치유해야 한다. 그래야만 범죄를 둘러싸고 불거지는 여러 수준의 요구를 해결할 수 있다. 정의가 가진 의미와 정의를 실천하는 방식은 여기에서 극적인 변화를 겪는다.

## 변화 만들기: 서클 접근법의 개요

1. 강압에서 치유로
2. 개인의 책임에서 개인을 포함한 공동의 책임으로
3. 국가 의존에서 벗어나 공동체가 좀 더 자립하는 방향으로
4. '받은 것을 되돌리는' 정의에서 '상처를 회복하는' 정의로

서클에서 추구하고 있는 이 네 가지 근본적 초점의 변화에 따라 범죄에 대응하는 방식은 완전히 바뀐다. 서클은 가해자에게만 초점을 맞춘 절차가 아니며, 모든 이해관계가 영향을 미치며 움직인다. 다음 사례는 서클 안에서 어떻게 이런 일이 가능한지를 잘 보여준다.

행크는 얼마 전 경찰관 짐을 마구 때렸다. 행크가 속한 지역 공동체는 서클을 활용해서 문제를 해결하려고 했지만 경찰은 주민들의 그런 의견에 반대했다. 결국 주민들과 경찰은 서로가 반목하는 근본적 이유부터 파고들어 보자며 서클을 진행하기로 의견을 모았다. 서클 모임이 열리면서 아주 오랫동안 대립했던 경찰과 지역 공동체의 껄끄러운 관계가 수면 위로 떠올랐다. 참석자들 사이에 서로를 비난하는 말들이 오갔고, 팽팽한 긴장감이 흘렀다.

몇몇 주민들은 별로 할 일이 없어 한가한 토요일 밤이면 경찰이 마을 사람들을 철창에 가두고 흠씬 두들겨 팼다는 소문이 나돌기도 했다고 이야기를 꺼냈다. 그때 사람들은 경찰을 보면 무조건 달아났고 만약 잡히면 먼저 맞는 것이 상책이라고 생각했다고 회상했다. 경찰은 예전에도 그런 잘못된 관행은 없었지만 지금은 더욱더 없다고 반박했다. 또한 사람들이 경찰을 적으로 여기는 상황에서 공동체의 치안을 유지하는 일이 얼마나 힘든지 알아주었으면 좋겠다고 덧붙였다.

이렇게 서로 손가락질이 오가고 있을 때 경찰관 한 명이 나서서 왜 자신이 경찰관이 되었는지를 말하기 시작했다. 그 경찰관은 자신의 어린 시절 성장 과정에 대해 말하면서, 자신은 누리지 못했던 것을 청소년들에게 주고 싶었다고 토로했다. 그가 속마음을 솔직하게 털어놓자, 피해자인 짐은 자신도 비슷한 이유로 경찰관이 되었다고 말했다. 청소년들에게 도움을 주고 싶었는데 세월이 흐르면서 오히려 그들을 적으로 여기게 되었다고 고백하면서, 짐은 녹록지 않았던 경찰관의 삶을 드러냈다. 짐이 내비친 좌절감과 슬픔 속에는 도움을 애타게 기다리는 사람의 모습이 고스란히 담겨 있었다.

짐이 용기를 내서 마음을 열자, 다른 사람들도 이내 자신들의 이야기를 꺼내놓기 시작했다. 서클을 한 바퀴 돌면서 사람들은 자연스럽게 속내를 털어놓았다. 이제 그들은 행크와 짐의 관계는 물론 경찰과 공동체 전체의 관계를 어떻게 개선할 수 있을지 고민하는 쪽으로 옮겨 갔다.

마침내 모두가 서클을 활용하여 범죄 문제를 해결하기로 동의했고, 이 과정에서 행크와 짐은 서로를 좀 더 잘 이해할 수 있게 되었다. 서클은 당장 벌어진 범죄뿐만 아니라 경찰과 공동체 사이의 해묵은 갈등에 대해서도 고민하게 만들었다. 풀지 못했던 갈등을 해결하려고 노력함으로써 서클은 상호 존중과 신뢰를 떠받치는 든든한 주춧돌을 마련했다.

이 사례에서 나타나듯이, 서클은 썩은 사과를 골라서 그냥 내버리기보다는 사람들로 하여금 함께 모여 서로를 더욱 잘 이해하고 오랜 상처를 치유할 수 있도록 한다. 서클은 속히 사건의 해결점을 찾아서 마무리 짓는 것에 매달리지 않으며, 오랫동안 그물처럼 촘촘히 연결되어 서로 도와주는 관계를 만들어내는 것에 초점을 맞춘다. 그 속에서 사람들은 책임을 공유하고 문제가 생기면 서로 도와 어려움을 극복한다.

상호 의존$^{mutuality}$과 공동 책임$^{shared\ responsibility}$을 강조하는 점을 고려해 볼 때, 서클에서는 이기고 지는 것은 중요하지 않으며, 관련된 모든 사람늘이 참여하어 서로를 존중히며 문제를 해결하는 것이 중요하다. 서로 싸우기도 하고 욕하고 헐뜯으며 화를 내기도 하겠지만, 서클에서 그런 불편한 감정이 드러나야 서로가 어떤 상태인지 이해할 수 있다. 그러나 서클은 서로 적이 되어 싸우는 절차$^{adversarial\ process}$가 아니다.

서클은, 사람들 사이가 아무리 갈라져 있어도 오히려 어려운 대화를 유익한 방향으로 풀어 나갈 수 있을 만큼 안전한 공간을 제공하는 구조와 짜임새를 가진다. 서클에서는 사람들이 적의를 고조시키거나 점점 더 방어적으로 나아갈 수밖에 없는 역할에만 머물 필요가 없기에, 서클은 사람들이 공감대를 찾는 길이 된다.

고통과 적의敵意를 이겨내려면 용기가 필요하다. 서클에서 사람들은 용기를 얻어 감정과 인식, 희망, 두려움, 요구, 견해 등 자신이 가진 전체 모습을 서클 절차에 자연스럽게 드러낸다. 사람들은 법정에서는 감히 하지 못했던 말도 서클에서 자유롭게 표현한다. 서클은 사람들이 진실하게 말하고 행동하도록 용인할 뿐만 아니라 적극 권장하기까지 한다. 따라서 사람들은 서로를 어떻게 이해하고 상황을 어떻게 받아들이는지 가슴에 담긴 이야기를 솔직하게 꺼내놓는다. 몸과 마음, 정신과 영혼 중 어느 한 측면이라도 빠뜨린다면 진실성을 담은 결론에 도달할 수 없다.

서클은 특정 소수를 위한 공간이 아니며 모두에게 열려 있다. 정의를 실현하려면 누구에게나 참여를 보장해야 한다. 그것이 핵심이다. 그러므로 서클에서는 결론 도출을 단 한 사람(판사)에게 맡기지 않는다. 사람들이 모두 참여해 결정을 내린다. 어떤 견해라도 하찮게 여기지 않고, 어떤 요구나 우려도 가벼이 넘기지 않는다. 사람들은 평화 형성 대화에서 적극적으로 의견을 말한다. 사람들은 서클에서 다른 이들이 자신의 말에 귀를 기울이고, 자신이 내는 의견을 똑같이 중요하게 여긴다는 느낌을 받는다. 따라서 사람들이 최종 결과를 받아들일 가능성은 더욱 높아진다. 사람들이 여러 가지 형태로 결과 실현에 공헌함에 따라 선택의 폭은 넓어지고 바람직하고 유익한 연결 관계를 형성할 가능성도 높아진다.

서클에서 정의justice는 다음과 같은 과정을 통해 그 모습을 드러낸다. 사람들이 서로를 대하고 참여하는 방식, 관여하는 사람들, 사람들의 의견이 반영되는 정도, 결과를 도출할 때의 역할, 서로의 이야기를 듣는 방식 등 여러 요소의 영향을 받아 사람들은 자신들이 겪은 것이 정의롭다거나 그렇지 못하다는 느낌을 갖게 된다. 서클에서는 혁신적인 형벌 방안이 나오고, 서클 과정은 개인과 공동체가 심오한 변화를 이루는 데 도움을 준다. 하지만 이런 결과보다 더욱 뜻깊은 성과는 서클 과정 그 자체다. 서클에 참여하면서 사람들은 정의를 새롭게 발견하고 경험한다.

서클을 마친 후, 공동체 구성원으로서 참여했던 어떤 여성은 예상했던 것과는 매우 다른 정의를 체험했노라고 다음과 같이 말했다.

> 정의가 이루어지길 원하며 서클에 참여했는데, 그런 일은 일어나지 않았어요. 제가 참여하며 원했던 것과는 너무 달랐어요. 그런데 참 웃기게도 제가 원했던 만큼 수감 형량을 받은 것도 아닌데 "이게 바로 정의구나." 하는 느낌, 그러니까 정의가 실현된 느낌이 확 들었어요. 결과를 말하는 게 아니에요. 결과에 이르는 과정을 겪어 보니까 이게 바로 정의구나 하는 느낌이 오더군요. 제가 말하면 모두가 들어주었어요. 다들 그렇게 서로가 하는 이야기를 들었어요. 확실한 것은, 사람에 대해서도 제가 속한 공동체에 대해서도 아주 많이 배웠다는 점이에요. 이제는 사람들이 낯설지 않

고 좀 더 이어져 있다는 느낌이 들어요. 제가 공동체의 확실한 일부가 된 것 같아요. 어느 누구도 제가 이런 느낌을 받을 수 있다고 확신하지는 못했을 겁니다.

## ● 갈등은 기회

　범죄에 대응하고 정의를 세우는 데 근본적인 변화를 가져온 것처럼, 서클은 완전히 다른 견해를 가지고 갈등을 바라본다. 경영학과 지역사회 개발 분야를 개척했던 메리 파커 폴릿<sup>Mary Parker Follett</sup>은 1925년에 쓴 책 《유익한 갈등*Constructive Conflict*》에서 이렇게 지적했다. "갈등, 그러니까 차이<sup>difference</sup>가 세상에 존재하며, 그것을 피하지 못한다면 잘 활용해야 한다고 생각한다. 나쁘다고 몰아붙이지 말고 사람들에게 유익한 방향으로 작동하게 해야 한다. 그렇게 하지 않을 이유가 없지 않은가?" 차이를 해소하는 방식은 각각의 사람들과 그 가족, 공동체에 영향을 미친다. 그로 인해 사람들이 더 가까워지기도 하고 더 멀어지기도 한다. 갈등에 대응하는 방식은 사람들의 본모습을 반영하며, 삶의 바탕이 되는 공동체에 사람들이 기여하는 방식도 결정한다.

　서클에서 사람들은 갈등에 맞서 싸우거나 도망가야 하는 양자택일만 따를 필요는 없다. 갈등으로 끓어오르는 에너지는 당연히 파괴력을 가진다. 제대로 다루지 못한다면 다른 에너지도 마찬가지로 파괴력을 가진다. 서클은 갈등 자체가 파괴를 낳는다고 보지 않는다. 오히려 사람들 사이에 이해와 존중을 바탕으로 더욱 견고한 연결을 만들어내는 데 갈등이 기회가 될 수 있다고 판단한다.

서클 대화에서 일어나는 일은 여러모로 갈등의 긍정 에너지를 반영하는데, 성공회 성직자 캐럴라인 웨스터호프는 그런 긍정 에너지에 대해 깊이 파고든다. 서클에서 사람들은 서로가 얼마나 다른지를 자연스럽게 받아들이고 존중하기까지 한다. 캐럴라인은, 사람들은 자신이 다르다는 점을 존중받고 싶어 하며 그것은 사람들이 지닌 기본 욕구이고 갈등의 뿌리에는 바로 그런 욕구가 있다는 견해를 밝힌다. 신이 사람들에게 부여한 차이에서 갈등이 자라난다고 가정해 보자. 그렇다면 갈등을 겪으며 사람들은 서로가 지닌 독특함을 축하해 줄 수 있지 않을까? 여기서 신이 부여한 차이는 사람들이 모두 달라서 저마다 '독창적'이고 '필수불가결'하다는 것을 의미한다. 상대방의 다름을 받아들일 때에 사람들 각자 또한 달리 존재할 수 있는 자유를 얻는다. 캐럴라인은 다음과 같이 지적했다.

조물주가 자신의 모습대로 만드셨기에 인간 또한 창조하는 능력을 가진다. 이런 인간 본성을 지키려면 우리는 다른 사람들도 신께서 주신 나름의 모습대로 살아가도록 놓아주어야 한다. 사람들은 각자 다른 모습을 지니고 있고, 세상을 바라보는 시각도 다르며, 의견도 똑같을 수 없다. 이런 해방 liberation 이 일어나지 않는다면 그것은 억압이고 파괴이며 결국은 죽음이다.

사람들은 체념의 한숨을 쉬며 나름 신중하게 갈등은 피할 수 없다고 말하지만, 갈등을 그렇게 여길 일만은 아니다. 오히려 갈등은 신께서 품으신 계획이며 선물이다. 분열 disruption 은 신께서 의도하신 질서에 반드시 필요한 일부분이다. 갈등을 겪다 보니 어쩌다 가끔씩 에너지를 얻고 통찰력을 가지며 새로운 가능성에 눈뜨게 되는 것은 아니다. 새로움은 갈등 없이 올 수 없다. 갈등은 참고 치러야 할 대가가 아니며, 구하고 맞이하여 보살펴야 할 전제 조건condition이다.

갈등을 잘 감당하려면 그것을 내리누르지 말고 허용해야 한다. 갈등이 일으키는 시원한 바람을 맞아들이려면 우리 마음의 창과 문을 열어 젖혀야 한다. 이런 논리를 따라 최종 결론에 이르면, 폭력과 전쟁은 모든 한계를 벗어나 걷잡을 수 없는 상태에 이른 갈등이 아니며 억눌려진 갈등의 최종 결과물이 된다. 결국 폭력과 전쟁은 서로가 다르다는 사실을 인정하지 않을 때, 자신과 같지 않은 남에게 의존해서 살아야 함을 있는 힘껏 모든 수단을 통해 부정할 때 일어난다.[3]

차이가 존재하는 것은 피할 수 없고 갈등은 차이에서 비롯되므로, 서클 접근법에서는 갈등이 삶의 일부분이라는 점을 자연스럽게 받아들인다. 갈등에 어떻게 대응하느냐에 따라 갈등은 긍정적이고 유익할 수도 있고, 반대로 부정적이고 파괴적일 수도 있다. 사람들이 공손하고 정직하고 숨김없고 사려 깊게 행동하도록 격려하는 절차에 따라 갈등에 대응한다면, 사람들은 갈등을 기반으로 하여 스스로 성장하는 경험을 얻을 수 있다. 그런 성장은 다른 사람들과 깊은 교감을 만들어내며 차이를 존중하도록 돕는다.

이런 관점으로 갈등을 이해한다면, 더욱 유익한 방향으로 범죄에 대

---

3  Caroline A. Westerhoff, "Conflict: The Birthing of the New," in *Conflict Management in Congregations*, ed. David B. Lott (Bethesda: The Alban Institute, 2001), 54–61. 이 기사는 원래 〈행동 정보*Action Information*〉 잡지에 실렸다. 12, no. 3 (May/June 1986): 1–5.

응할 수 있게 된다. 사람들은 가해자뿐만 아니라 가해자의 가족과 공동체 모두의 다름을 개발하는 데 도움을 주는 방식으로 범죄를 가해자가 가진 독특한 특성을 끌어내는 기회로 다룰 수 있다. 피해자가 삶을 회복하기 위한 여정에 올라 있을 때 범죄를 그가 지닌 독특함을 끌어내는 기회로 다룰 수 있음은 물론이다. 또한 범죄를 공동체가 그 안에 있는 다름에 대응할 때 분열하지 않고 스스로의 힘을 키우는 기회로도 다룰 수 있다.

어떻게 하면 가해자가 자신의 부정적 에너지를 긍정적 에너지로 바꾸는 데 도움을 줄 수 있을까? 어떻게 하면 피해자가 고통에서 의미를 찾게끔 도와줄 수 있을까? 캐럴라인의 말을 빌리자면, "진실로, 어떻게 하면 함께한 동반자의 차이를 장려하며 (개인적) 탁월함을 끈기 있게 추구하도록 서클 참여자들을 독려할 수 있을까?"라는 질문을 던지며 참여자들은 서클 안에서 범죄에 대해 어떻게 더 유익한 방향으로 대응할지 깊이 파고든다.

이런 질문에 답하기는 어렵다. 범죄를 둘러싸고 있는 갈등은 그리 간단하지 않기 때문이다. 범죄는 겉으로 드러나는 것 이상을 품고 있으며 그 해결도 표면적인 것에 머물지 않는다. 이런 상황이 지닌 긍정적 잠재력을 이끌어내기 위해서는 갈등을 존중해야 한다. 서클에서는 시간과 노력을 들여 차이를 해소하고 가해자와 피해자와 공동체, 즉 범죄의 영향을 받은 모든 이들이 요구에 관심을 기울여, 갈등을 그 모두 복잡한 측면에서 소홀함 없이 다룬다.

## 사법 제도에 서클 적용하기: 몇 가지 사례

이런 훌륭한 갈등 접근 방식은 범죄에 대응하고 관련된 요구를 충족시키는 데 매우 효과가 크다. 서클은 양형 과정을 대체하며 캐나다에서 처음 사법 제도에 도입되었으며, 의사 결정에 모든 이해 당사자가 참석한다. 공동체 사법 서클community justice Circle은 대부분 이런 목적을 가지고 시작되었지만, 서클을 조직하는 과정에서 사람들은 곧 양형 과정sentencing이 가해자와 피해자가 떠나는 전체 여정의 극히 일부분에 지나지 않음을 깨닫게 되었다. 이 여정은 개인에게 일어난 변화를 지속시키고 범죄 예방을 위한 협력망network of support을 만드는 과정을 포함한다. 이에 따라 '양형 서클sentencing Circle'이라는 용어의 의미는 퇴색되어 더 넓은 의미를 지닌 '평화 형성 서클peacemaking Circle'로 바뀌는데, 이는 공동체를 굳건히 세워 평화를 불러들인다는 더욱 큰 목표를 반영한다.

공동체는 계속 서클을 활용하여 형량을 정하거나 가해자가 짊어져야 할 책임 사항을 정한다. 그러나 사법 제도에서 서클의 활용이 이것에 그치는 것은 아니다. 서클은 가족과 공동체가 깨진 관계를 책임 있게 개선하도록 도움을 주거나 예전과 달리 범죄 사법 분야 전문가에게 피해자 및 가해자와 함께 일할 수 있는 기회를 제공한다.

예를 들면 청소년 사법 분야에서는 이행 서클transition Circle이 가장 빠르게 성장하고 있다. 이행 서클은 소년범이 형기를 마치고 보호 시설에서 나올 때 가족 및 공동체, 학교의 품으로 되돌아가는 것을 촉진한다. 이행 서클은 보통 석방 몇 달 전부터 활동을 시작해서 석방 후 1년 정도까지도 계속한다.

"여러 가지 소년 보호 처분Juvenile Out-Of-Home Placement이 있었지만 오직 서클만 도움이 되었어요." 고등학교에 다니는 프리실라가 한 말이다. 다섯 살부터 6년 동안 배다른 오빠에게 폭력과 성적 학대에 시달린 프리실라는 약물에 빠져 상습적으로 법을 어기는 거친 문제아가 되었다. 열두 살이 되면서부터 프리실라는 공동생활 가정group home과 소년원을 들락거렸고, 미네소타 주정부는 프리실라를 위해 더 이상 아무 일을 할 수 없게 되었다. 바로 이때 '아미쿠스AMICUS'4는 프리실라에게 참여할 수 있는 서클을 주선해 주었다. 미네소타 주 쌍둥이 도시5에 근거를 둔 비영리 단체인 아미쿠스는 출소한 청소년 및 성인 범죄자를 대상으로 가족 및 공동체 참여에 많이 의존하는 여러 가지 프로그램을 운영한다. 프리실라와 가족, 변호사가 참여한 첫 서클과 뒤따라 진행된 몇 번의 서클 덕택에 프리실라는 커다란 삶의 변화를 겪었다. 서클에 처음 참여한 후 프리실라는 이렇게 말했다. "서클이 끝날 무렵 우리 모두는 흐느껴 울었어요. 그렇지만 다들 속 시원하게 있는 그대로 털어놓았고 그게 모두에게 도움이 된 것 같아요." 현재 프리실라의 생각은 다음과 같다. "서클에서 얻은 깨달음은, 누구나 변할 수 있고 계속 나쁜 사람으로 남을 필요가 없다는 사실이에요."6 비슷한 이행 서클이 성인 범

---

4 옮긴이 주) 미국 미네소타 주 미니애폴리스–세인트폴 지역에서 44년 넘게 활동해 온 비영리 단체로, 재소자와 전과자의 사회 복귀와 재활을 돕기 위해 관계 형성 프로그램과 회복적 징의 프로그램 등을 운영한다. 2015년 현재 '미국 의용군(VOA, Volunteers of America)'에 통합되어 활동하고 있다.
5 옮긴이 주) Twin-Cities: 서로 붙어 있고 밀접한 생활권을 형성하고 있는 두 도시. 이 책에서는 미니애폴리스와 세인트폴을 가리킨다.
6 프리실라의 이야기 내용을 보려면 다음을 참조하라. *AMICUS Outreach*, Winter 2001, 3. Ruben Rosario, "Abused Teenager Becomes 'Million-Dollar Kid,'" *Saint Paul Pioneer Press*, 21 and 22 April 2002.

죄자, 특히나 오랜 수형 생활을 마치고 사회에 나온 사람들을 대상으로 운영되고 있다. 다시 한 번 말하지만, 이러한 서클은 이들이 출소하기 오래전부터 활동을 시작한다.

소년 보호 시설 내부에서 일어나는 갈등을 해결하기 위해 서클을 활용하려는 시도가 차츰 늘어나고 있다. 미네소타 주 레드 윙$^{Red\ Wing}$ 청소년 교정 시설$^{Juvenile\ correctional\ facility}$에서 한 아이가 같은 시설에서 머물고 있는 동료 아이들에게 인종 비하를 담은 욕설을 퍼붓다가 강제로 끌려 나간 사건이 발생했다. 욕설을 한 아이는 징계를 받아 얼마간 격리되었다. 남은 아이들은 가슴을 찌르는 심한 욕설에 모두 화가 났고, 교도관들도 징계 조치가 끝난 후에 욕설을 한 아이와 다른 아이들이 같이 생활해야 하는 것에 난감해했다. 서클이 소집되어 숙소의 아이들은 모두 모여 이에 대해 의견을 나누었다. 결국 폭발 직전의 불안한 갈등 상황은 해소되었다.

다른 청소년 교정 시설에서는 지역 주민들이 시설의 청소년들과 함께 매주 서클을 진행한다. 서클은 어떤 이야기가 오가든 비난하지 않고 받아들여 주는 편안한 분위기의 공간을 제공해서, 아이들은 고민거리를 말하거나 그저 조용히 앉아 다른 아이들과 함께 이야기를 들을 수 있다.

미네소타 주 남부 지역에서는 서클을 활용하여 가석방 중인 상습 여성 범죄자들을 돕고 있다. 서클은 양형 과정에 관여하지 않지만, 이미 형을 받은 여성들을 대상으로 서클이 진행된다. 대개 4~6명의 지역 주민들이 매주 '핵심 구성원$^{core\ member}$', 다시 말해 가석방 중인 여성을 만난다. 주간 모임 사이에 서클 참여자들은 핵심 구성원을 찾아가 숨고르기<sup>check in</sup> 절차를 진행한다. 핵심 구성원의 생활이 점차 안정됨에 따라 서클 참여자들이 찾아가는 횟수와 소집되는 서클 모임도 줄어든다. 서클에 참여하는 자원봉사자는 1년 동안 핵심 구성원을 위해 활동한다.

재범 가능성이 높은 성범죄자를 돕기 위한 서클은 예전부터 활용되고 있다. 성범죄자가 어떻게 생활하고 있는지 서클을 통해 추적 관찰하고, 그들이 일상에서 긍정적인 관계를 형성하고 건전한 사회 활동을 함으로써 기본 요구를 충족할 수 있도록 돕는다.

캐나다 성인 교도소에 마련된 특수 생활공간에서는 회복적 정의에 바탕을 두고 갈등 해결을 통해 안전한 공동체를 만들기 위해 서클을 활용한다. 교도관과 수형자가 함께 평화 형성 서클 훈련에 참여하여 공동체가 자리 잡도록 기초를 다지는 서클 절차를 확립한다.

아직 범인이 잡히지 않은 사례에서 서클을 활용하여 피해자를 지원한 예도 있다. 어느 학교 교장은 아들을 잃은 어머니를 위해 공동체 사법 서클을 열어달라고 요청했다. 그 어머니는 열여섯 살 난 아들이 살해당해 고통을 겪고 있었다. 그 어머니와 가족, 친지들을 돕기 위한 서클이 열렸다. 서클에 참여한 피해자 가족은 슬픔과 두려움을 드러냈다. 남은 가족을 위해 도움을 주며 중심에 서 있던 어머니의 자매는 서클에서 처음으로 무거운 짐을 내려놓고 마음껏 울 수 있었.

매일 범죄를 다루어야 하는 직업을 가진 사람들을 위해 서클을 활용하기도 한다. 미네소타 주 남부 지역의 세인트폴 지방법원에서 처참하고 비통스러운 아동 학대 사건 재판을 마친 레슬리 메츤<sup>Leslie Metzen</sup> 판사는 '성모 마리아 회복적 정의 수녀회<sup>B. V. M. Restorative Justice Ministry</sup>'의 팻 살루버<sup>Pat Thalhuber</sup> 수녀에게 치유 서클<sup>healing Circle</sup>을 열어달라고 부탁했다. 아울러 메츠 판사는 그 치유 서클에 검사, 배심원, 경찰, 법원 공무원들을 참여시켰다. 메츠 판사는 그들을 주변 피해자라고 불렀다. 메츠 판사, 네 명의 배심원, 재판 서기, 속기사, 검사, 처음 현장에 출동하여 수사를 담당했던 경찰관까지 모두 아홉 명이 이 서클에 참여했다. 사건을 담당하거나 재판에 참여하는 과정에서 정신적 외상$^{trauma}$을 받고 그것을 감당해야 했던 주변 피해자들은 서클에서 심도 깊은 치유가 일어나는 경험을 했다고 이구동성으로 증언했다. 다음은 살루버 수녀의 의견이다. "그들은 서클에 참여하면서 이 사건으로 인해 자신에게 어떤 감정 변화가 일어났는지 좀 더 충분히 이해할 수 있었으며 개인 삶이나 일에서 진정 어떤 영향을 받았는지 깨달을 수 있었어요."

또한 서클은 지역 공동체에서 고위험군에 속하는 사람들이 분쟁을 해결하도록 도움을 주어 심각한 폭력 사건이 터지지 않도록 막는 역할을 한다. 매사추세츠 주 보스턴 외곽의 다문화적 풀뿌리 조직인 로카(Roca, 바위를 뜻하는 스페인어)라는 인간 및 지역 개발 단체는 시설을 찾아온 10대 아이들과 가출 청소년, 조직폭력배들을 위해 서클을 활용한다. 로카에서 운영되고 있는 '갈등 해결 서클$^{conflict\ Circle}$'은 청소년이 마주치는 폭넓은 갈등 상황에 도움의 손길을 내민다. 갈등 상황에는 청소년 사이에서 벌어지는 싸움부터 부모와 청소년 자녀 사이에 놓여 있는 긴장 상태, 폭력배들 사이에서 반복되는 해묵은 적대 행위가 포함된다. 청소년 시설에서 갑작스럽게 문제가 발생하면 예정에 없던 서클이 열리기도 한다. 그러나 대부분의 서클은 정성 들여 미리 계획되고 준비된다. 그래야만 참여하는 사람들이 모두 모이기 전에 대비를 할 수 있기 때문이다. 특히나 폭력을 저지른 사람이 대상이 되면 서클 모임 이전에 신뢰를 쌓기 위한 폭넓은 준비 과정이 꼭 있어야 한다. 이런 준비 과정은 쉽지는 않지만 그 효과는 만점이다. 리비어Revere 지역에 있는 로카에서는 개인이나 집단 사이에서 일어난 해묵은 갈등에 연루된 강력 범죄자들이 모여 정기적으로 서클을 진행한다.

갈등 해결 서클은 보통 관계 전환transformation에 초점을 맞추어 어린이와 청소년이 새로운 관계를 맺을 수 있도록 돕는다. 대부분 합의 과정을 거치는데, 예를 들면 서로 모욕하지 않기로 약속하거나 갈등에 불을 붙이는 일은 하지 않기로 의견을 모으기도 한다. 갈등 해결 서클이 한 번으로 끝나는 경우는 별로 없고 보통은 여러 번 열린다.[7]

사법과 관련 있는 사건에 서클을 활용할 때 어떤 한계가 정해져 있는 것은 아니다. 지금까지 서클 절차는 여러 분야에서 다양하게 활용되었다. 서클을 통해 지역에 사회 복귀 훈련 시설halfway house을 설치하는 문제를 논의하거나, 피해자를 지원하기도 했다. 또한 서클을 활용해서 사법 기관들이 예산 지출 문제를 해결하거나, 서로 다른 단체가 공동의 목표를 세우기도 했다. 아울러 범죄 행위가 꾸준히 늘고 있는 상황이면 그에 대처하기 위해 공동체 차원에서 계획을 세우기도 했다. 이런 여러 가지 사례는 사법 제도를 둘러싸고 일어나는 다양한 요구에 적절하게 반응하는 서클의 '민감성responsiveness'과 위기를 겪고 있는 사람들이 상처를 치유하고 유익한 방식으로 변화할 수 있도록 유도하는 서클의 잠재력을 잘 보여준다.

---

7   Dr. Carolyn Boyes-Watson, *Holding the Space: The Journey of Circles at Roca* (unpublished report, The Center for Restorative Justice at Suffolk University, Boston, Massachusetts, October 2002), 4-5. 이후로는 《로카 보고서》로 지칭함.

## ● 재통합 의식

　가해자, 피해자, 사법 분야 전문가, 공동체를 위해 활용 가능한 서클은 본질적으로 재통합 의식<sup>ceremony of reintegration</sup>이다. 범죄는 인간관계가 무너져 사람들이 서로 고립되어 있음을 의미하므로, 서클은 관계를 만들어내는 일, 다시 말해서 분열된 것을 다시 합치는 일에 초점을 맞춘다. 가해자를 가족과 공동체에서 떼어놓으면 흔히 어떻게든 가해자가 다른 사람들에게 위험이 될 가능성이 높아진다. 가해자의 수감 여부와 상관없이 서클은 가해자가 가족과 공동체로 다시 이어지도록 애쓴다. 가해자의 삶을 변화시키는 것이 매우 중요하기 때문이다. 또한 서클은 새롭게 유대를 맺는 것뿐만 아니라 끊어진 유대를 다시 연결하는 길을 찾고자 한다.

　이런 목적을 이루기 위해 서클은 겉으로 드러나는 것 이상을 추구한다. 파괴로 치닫는 상황을 유익한 상황으로 바꾸고, 이미 깨진 관계를 치유하기 위해 서클은 사람들이 마음을 열어 표면적인 것 이상으로 다른 사람들을 경험하고 느낄 수 있도록 돕는다. 범죄는 고통과 상처, 정신적 충격을 낳는다. 여기서 멈춰 선다면 상황은 전혀 바뀌지 않고 사람들도 그 상황에서 벗어나 앞으로 나아갈 수 없을 것이다.

　어떤 행위나 사건에서 처음부터 잘 드러나지는 않지만 서로 다른 사람들 또는 상황, 공동체에는 다양한 측면이 존재하며, 사람들은 모두 이런 측면을 알아차리는 능력을 가지고 있다. 서클이 지닌 재통합력은 여기에서 나온다. 서클 안에서 사람들은 서로의 가슴속 깊은 곳에 담긴 삶의 모습을 들여다본다. 예를 들어, 사람들의 이야기를 듣다 보면 그가 어떤 심정인지, 왜 그렇게 행동했는지 이해하게 되고 상처를 치유하여 더 이상의 고통이 일어나지 않도록 막는 길을 찾게 된다. 사람들과 공동체는 서클 안에서 각자의 내면에 있는 '더 중요한 무엇'을 찾아내고 그 '더 중요한 무엇'으로 새롭게 유대를 맺어 재통합을 이룬다.

서클 절차는 어떤 사람이 한 행위가 그 사람을 모두 보여주지는 못한다는 인식을 분명히 담고 있다. 한 사람이 다른 사람에게 해를 입히면 미안해하고 후회하게 마련이지만, 그렇다고 해서 다른 사람들이 당연히 그 사람을 쓸모없고 존중받을 가치가 없고 결점이 있는 사람으로 취급해도 좋다는 의미는 아니다. 이렇게 행위와 사람을 명확히 구분하면 긍정적 변화에 이르는 문이 열린다. 잘못을 저지른 사람은 더 이상 남에게 해를 끼칠 필요 없이 자유롭게 성장할 수 있기 때문이다. 이런 까닭에 서클은 가해자에게 자신이 저지른 잘못으로 다른 사람들이 어떤 해를 당했는지 깨닫고, 자신의 잘못에 책임을 지고, 손해를 어떤 식으로든 물어주고, 스스로 바뀌어 더 이상 잘못을 저지르지 않도록 요청한다. 서클이 이런 변화 과정을 뒷받침함에 따라 해로운 행동을 했던 사람은 다른 길을 선택할 수 있고, 누구에게나 있는 긍정적 관계 형성 능력을 이끌어내 가족과 공동체의 품으로 되돌아갈 수 있다.

피해자가 단순히 피해를 당한 사람일까? 그렇지 않다. 피해자는 범죄가 일어나기 전부터 타고난 재능과 강점, 독특한 자질을 지닌 존엄한 존재였고, 그 사실은 범죄 후에도 변하지 않는다. 하지만 피해자는 범죄 결과에 맞물려 있는 특정 요구$^{\text{definite need}}$를 가지며, 몸$^{\text{physical}}$, 마음$^{\text{emotional}}$, 정신$^{\text{mental}}$, 영혼$^{\text{spiritual}}$에 관련된 피해자의 요구는 반드시 충족되어야 한다. 서클은 피해자가 고통과 괴로움을 겪고 있다는 사실을 당연히 인정한다. 또한 피해자에게 일어난 일은 잘못된 것이고 피해자가 특정 요구와 이해관계를 가진다는 점도 받아들인다. 한편 서클은 피해자가 자신의 힘으로 몸과 마음의 고통을 극복하도록 돕는다. 범죄로 인한 고통 속에 머물고 있는 피해자는 서클에 참여해 종종 이전보다 덜 외롭다고 느끼고 점차 가족과 공동체의 품으로 되돌아갈 힘을 얻는다.

또한 서클은 경찰관, 판사, 검사, 변호사 같은 전문직 종사자와 공동체 사이에 놓인 벽을 허물어, 공동체는 이제 전문직 종사자가 단지 '가슴에 휘장을 달고 다니는 사람'이 아님을 알게 된다. 전문직 종사자는 임무에만 억매이지 않고 공동체에 가까이 다가가 재통합을 이룬다. 다음은 로카에서 활동했던 제임스 로시James Roche가 서클에서 처음으로 경찰관 바로 옆에 앉았던 경험을 돌이켜보며 한 말이다.

> 서클에 처음 참석했는데 바로 경찰관 옆에 앉게 되어 웃음이 났어요. 처음에는 몰랐는데 깃털이 서클을 한 바퀴 돌고 난 후에야 알았지 뭡니까? 오른쪽에 앉은 그분을 돌아보고는 제가 말했죠. "잠깐만요! 경찰관 옆에 이렇게 앉아 있다니 제 평생에 처음 겪는 일이네요." 쉽지는 않았지만 경찰관 이야기도 들어볼 만한 가치가 있었어요. 그분들도 우리가 하는 이야기를 들었고요. 마침내 뭔가 보였어요. 이것도 좋겠다, 뭐 그런 생각이 들더군요. 바로 그 서클부터 시작해 지금까지 경찰관과 함께 이야기하는 것은 효과가 있다는 생각이 들어요.[8]

---

8 《로카 보고서》, 37.

특정 지역이나 직업, 제도 같은 외부 요소로 인해 사람들이 서로 모여 산다고 해서 공동체가 이루어지는 것은 아니다. 공동체는 보이지 않지만 스스로 존속하는 생명력을 가진다. 그리고 그 생명력을 왕성하게 키울지, 아니면 시들게 내버려둘지는 사람들의 몫이다. 공동체는 사람들 삶에 선善을 이루는 원동력이 될 수 있으며, 공동체가 지닌 이런 능력을 서클 공간에서 찾을 수 있다. 예를 들면 로카에서 진행된 어느 서클 모임은 사람들이 서로를 위해 꼭 참석하는 규칙을 지켜 공동체의 이와 같은 잠재력을 보여주었다. 사람들이 서로 존중하며 함께 모이는 절차가 어떤 의식ceremony으로 자리 잡을 때, 그 의식은 재통합 효과를 지녀 사람들이 더욱 협력하도록 이끈다. 그런 의식이 없다면 사람들은 서로 협력하지 않을지도 모른다.

> 서클은 사람들을 불러 모으고, 서로에게 어떤 공통점이 있고 개인과 가족, 공동체를 위해 진정 무엇을 원하고 어떻게 목표를 향해 함께 나아갈 수 있는지에 집중할 수 있습니다. 서클은 희망을 주는 심오한 과정입니다. 제임스가 공동체 안에서 서클 체계를 세워 위기를 맞아 힘겹게 싸우고 있는 아이들을 돕고 있을 때, 제임스와 서클에 참여한 사람들은 공동체가 처음으로 적극 협력하여 서로를 돕기 위해 나서고 있다는 사실을 깨달았습니다. 서로를 위해 모임에 참석하며 드러난 **공동체의 능력**을 단지 보았을 뿐이지만 공동체가 얻은 경험은 그 자체가 강력하고 감동적이었습니다.[9]

---

9  위의 책, 40.

서클은 사람들이 모든 차원에서 각자가 가진 '더 중요한 무엇'에 접근하도록 뒷받침하며, 처음에 무기력했거나 반대로 다른 사람들에게 부당한 힘을 행사했던 사람도 그 이후에 건전한 힘의 균형을 찾아가도록 돕는다. 서클은 어떤 사람이 힘이 없다고 느끼면 그 사람이 힘을 얻어 스스로 진실을 밝힐 수 있게끔 돕는다. 반면 어떤 사람이 다른 사람에게 부당한 힘을 행사하고 있다면, 서클은 그 사람이 자신 때문에 생긴 상처를 눈으로 직접 보고 반성하고 타인을 존중하는 능력을 키우도록 돕는다. 사람들이 서로가 가진 힘을 어떻게 느끼고 받아들일지는 서로의 관계에서 나타나기 때문에 힘의 불균형을 바로잡기 위해서는 사

**재판과 서클의 비교**

| 구분 | 재판 | 서클 |
|---|---|---|
| 참여 | 제한적: 주로 전문가에 의존 | 포용적: 주로 공동체에 의존 |
| 의사 결정 | 대립하여 싸우는 방식 | 합의를 이끌어내는 방식 |
| 쟁점 | 법 위반 | 관계 손상 |
| 초점 | • 과거 행위<br>• 개인 책임<br>• 법적 요건 | • 과거 및 현재, 미래 행위<br>• 개인 및 공동 책임<br>• 모든 관련된 사람이 가진 요구 |
| 수단 | • 배제<br>• 처벌<br>• 강압 | • 재통합<br>• 치유/지원<br>• 신뢰/이해 |
| 절차 | 정해진 규정을 따름 | 유연한 지침을 따름 |
| 결과 | 승자/패자 | 모든 이익 관계를 가장 잘 반영하는 합의점 발견 |

재판은 분쟁의 해결을 추구한다. 서클은 관계를 개선하고, 겉으로 드러나지 않은 근본 원인을 밝혀내 이에 대응하고, 개인과 공동체가 자립할 수 있도록 도와주어 다툼을 해소하고자 한다.

람들이 힘을 합쳐야 한다. 서클은 인간관계 속에서 힘의 흐름을 재조정하는 역할을 한다. 의식<sup>ceremony</sup>이 사람들을 다시 하나로 재통합시키듯이, 서클은 사람들이 가족 및 공동체를 다시 짜 맞추어 그 안에서 서로 힘의 균형을 이루며 바르게 살도록 돕는다.

※

요컨대, 서클은 현행 사법 제도의 범죄 대응 방식과는 확연히 다른 범죄 대응 방식을 제공한다. 서클에서 사람들이 함께 모여 마음속 깊은 곳에서 떠오르는 인간 본연의 욕구를 보듬음에 따라, 누군가의 삶에서는 전혀 가질 수 없는 축복이겠지만 사람들은 서로에게 다가가서 서로가 좀 더 깊이 이어져 있음을 발견하는 기회를 얻는다. 경험에 비추어 볼 때 이런 극적 변화가 몰고 온 치유 가능성과 변화 가능성, 그리고 삶을 새롭게 짜 맞추는 힘은 사람들이 기대하고 상상했던 것보다 훨씬 크다.

# ❷
# 서클을 이루는 안 틀

●● 우리 모두는 관계를 맺고 있다. 그리고 그런 우리 관계
는 선하다.

— 서클 진행자로 활동하는 마크 라푸앵트

평화 형성 서클에서는 관련된 모든 사람들이 서로의 요구와 고민을 존중하며 바람직한 방식으로 갈등을 해결할 수 있다. 이를 위해서 서클은 안전한 공간이 되어야 한다. 특히 법으로 처벌을 받아야 할 범죄와 관련이 있을 때는 더욱 그러하다. 그런데 안전은 과연 무엇을 의미하는가? 그리고 서클은 어떻게 안전해지는가?

**안전은 서클의 틀과 짜임새, 절차, 참여성에서 자연스럽게 확보된다**

안전하다고 느끼려면 보호받고 있다는 느낌이 들어야 한다. 개인이 가진 본모습은 육체든 감정이든 상관없이 그대로 받아들여지고, 존중받고, 공격당하지 않아야 한다. 다시 말하자면, 개인의 가치를 인정받고 무엇을 말하든지 존중을 받는다는 느낌이 있어야 한다. 혼란스러워서 그저 한 말이든 뜻을 명확히 밝혀 한 말이든, 속상해서 한 말이든 원

통해서 한 말이든, 화가 나서 한 말이든, 그도 아니라면 침묵을 지키든, 어떤 경우에서도 마땅히 존중받아야 한다. 사람은 누구나 가능한 한 온전히 대우받길 원한다.

사람들은 안전을 원하므로, 이에 대응하여 서클은 대화 진행이 가능하도록 일정한 틀frame을 갖추고 있다. 안전한 서클 공간을 위해 필요한 여러 요소 중에서 가장 기본이 되는 두 가지 요소는 서클 안 틀inner frame과 바깥 틀outer frame이다. 이 장에서는 서클 안 틀을 살펴볼 것이다. 서클 안 틀에는 서클을 떠받치는 몇 가지 핵심 가치와 원칙, 철학적 관점이 포함되어 있다. 제3장에서는 서클 바깥 틀, 즉 좀 더 눈에 띄는 요소들, 다시 말해서 진행자keeper와 대화 소품talking piece, 지침guidelines, 의식ceremony 그리고 합의 기반 의사 결정 과정을 다룬다. 안 틀과 바깥 틀은 안전을 확보하는 그릇이라고 할 수 있다. 즉, 안 틀과 바깥 틀은 안전을 담는 그릇 역할을 하여, 대화에서 누군가가 권위를 내세우거나 복종을 요구하지 않는 안전한 공간을 제공한다.

제4장과 제5장에서는 서클 안 틀과 바깥 틀이 함께 어떻게 범죄 대응을 위한 서클의 전반적 짜임새format와 좀 더 폭넓은 절차process를 만들어내는지를 살펴본다. 서클의 짜임새와 절차는 단계마다 안정감을 부여해 주는 여러 가지 추가 기능을 가지고 있다. 예를 들어 모든 사람들이 준비를 갖추도록 하기, 진행 상황을 알려주기, 사람들의 상태 들어주기, 마음의 준비가 덜 된 상태에서 어떤 상황으로 몰아넣지 않기, 사람들이 안전하다고 느끼려면 무엇이 필요한지 알아내기 등이 있다.

이와 같은 기본 구성 요소와 더불어, 서클의 참여자들이 함께 대화를 위한 틀을 구성한다는 사실이 안전한 공간을 만드는 또 다른 원천이다. 서클의 짜임새와 절차는 누군가가 마음대로 한꺼번에 정한 것이 아니며, 대화와 동의를 거쳐 차츰차츰 그 모양새를 갖춘다. 서클에서 도출해 내는 최종 결과는 물론 결정을 내리는 과정 역시 합의에 바탕을 두어야 한다. 모든 사람들이 참여하여 함께 서클의 역학 관계를 이루는 주요 요소를 구성한다면 더욱 안전한 공간을 만들 수 있다. 그렇게 해야 사람들은 최선을 다해 절차를 지키려고 노력하기 때문이다. 합의에 따라 모두가 공감하는 가치와 지침을 세운다면 안전의 토대를 마련할 수 있다.

예를 들어, 어떤 사람이 안전하다는 느낌을 가지기 위해 이런저런 가치를 따라야 한다고 말할 때 다른 사람이 그 말에 귀 기울인다면, 또한 누군가가 어떤 가치는 없어서는 안 되며 반드시 필요하다고 말할 때 그에 맞춰 모두 함께 몇몇 핵심 가치<sup>core set</sup>를 따르기로 의견을 모은다면, 각자에게서 무엇을 기대할 수 있을지 좀 더 명확히 이해할 수 있다. 이를 기초로 하여 사람들은 직면한 사안을 다루는 과정에서 모두 최선을 다해 합의한 가치를 실천할 것이다. 누군가가 비틀거리고 넘어진다손 치더라도, 서클에 참여한 나머지 사람들은 함께 노력하여 분위기를 안전하게 되돌릴 것이다. 사람들은 한마음으로 안전한 공간을 유지하기 위해 서로 협력할 것이다.

다시 말해서, 신중하게 절차를 마련하는 전체 과정이 서클을 안전한 공간으로 만드는 것이다. 또한 서클에서는 각자가 모두 오롯이 존재할 수 있기에, 많은 서클 참여자들은 서클을 신성한 공간으로 경험한다. 사람들은 각자 자신이 지닌 최선의 자아를 끌어내어 서로 상호 작용할 수 있기 때문이다. 서클이 지닌 구조 그 자체뿐만 아니라 그 구조를 갖추기 위해 거치는 과정도 안전과 신성함이라는 특성을 생성한다. 사람들은 어려운 대화를 나누며 그 대화를 통해 얻는 경험이 유익하리라 확신할 수 있다.

## 가치 선택

서클은 인간관계에 옛 지혜를 적용함으로써 갈등을 기회로 변화시킨다. 가치가 인간 행위에 어떤 역할을 하는지 이해하는 것이 지혜의 출발점이다. 가치는 삶에서 나침반 역할을 한다. 특정 상황에 어떻게 대처하는지는 그 상황에 어떤 가치를 적용하는지에 따라 달라진다. 그러므로 어떤 갈등 상황을 다루기 전에 가치부터 명확히 해야 한다. 그렇다면 어떤 가치가 최선의 방법으로 사람들 사이의 다름을 해소할 수 있을까?

### 핵심 가치는 보편적인 가치다

세계 각지의 평화 형성 서클의 활동을 살펴보면, 사람들이 어떤 문화와 계층에 속하고 어떤 종교관을 가지든 상관없이 모두 같은 핵심 가치를 길잡이 삼아 서로 소통하며 교류하고 있음을 확인할 수 있다. 어떤 가치를 따라 행동하느냐고 물으면, 교도소 수감자나 판사, 애나 어른이나 할 것 없이, 한적한 시골에서 사는 사람이나 번잡한 대도시에서 사는 사람이나 너나없이 이구동성으로 비슷한 가치를 말한다. 설명이나 강조점이 다소 다를 수 있고 거론하는 가치의 수나 가치를 표현하는 용어는 다양하지만 가치 유형은 다르지 않다. 즉, 그것은 긍정positive, 유익constructive, 치유healing의 가치이며, 그래서 사람들이 가진 가장 선한 측면을 떠받치는 가치이다. 사람들은 "갈등을 풀어야겠지만 할 수 있는 만큼 거드름을 부려도 보고 옳으니 그르니 따져도 보고, 앙갚음은 해야겠다."라고 말하지는 않는다.

사람들은 가치와 관련하여 각자 독특한 경험을 가지고 있기 때문에 같은 가치라도 여러 가지 의미를 지닐 수 있다. 특정 가치가 지니는 의미에 대해 관련된 사람들 사이에서 공통 이해를 촉진하기 위해서는 다 함께 가치를 살펴볼 필요가 있다. 서로 다른 문화를 가지고 있는 사람들은 존경, 용기, 사랑이라는 가치를 다른 방식이나 정반대로 표현할 수 있기 때문이다.

가치를 둘러싼 사람들의 경험을 살피는 것은 서클을 소집하는 과정에서 중요한 역할을 한다. 가치 탐색은 없어서는 안 될 출발점이며, 상당히 오랜 시간이 소요되는 일이라서 한두 번의 모임만으로는 부족한 경우도 있다. "무엇이 진정한 용기인가?", "정직하려면, 그리고 서로 믿음을 가지려면 무엇이 필요한가?"라는 질문에 바로 답을 내놓기는 쉽지 않다. 하지만 용기, 정직, 신뢰라는 가치를 어떻게 이해하고 받아들이는가에 따라 행동 방식이 달라진다. 가치와 가치에서 나오는 지침(제3장에서 더 자세히 논의할 것이다.)을 두고 씨름하는 일은 로카에서는 계속 진행 중인 과정이다.

어린아이들이나 청소년들이 참여한 서클에서 (가치나) 지침을 놓고 몇 시간 동안이나 의견을 주고받는 일은 심심찮게 일어난다. 때로는 몇

날 며칠이 걸릴 수 있다. 사로이엄 퐁이 유스스타$^{YouthStar}$에서 30명의 아이들과 함께 활동한 서클의 경우, 지침 문제를 이야기하는 데만도 하루에 여섯 시간씩 꼬박 이틀이 걸렸다. 리비어$^{Revere}$ 지역의 로카에서는 범죄자들이 서클에 모여 이야기를 나눌 때면 특정한 가치에 초점을 맞춰 논의한다. 즉, "존중은 당신에게 무엇을 의미하는가?", "사랑은 무엇을 의미하는가?", "비밀 유지$^{confidentiality}$는 어떤 의미를 가지는가?" 등의 문제에 초점을 맞춘다. 지침은 이런 문제에 대한 진솔한 논의와 그런 가치들에 따라 산다는 것의 의미를 포함한다. 서클에 참여하면서 어떤 청소년들은 아마 처음으로 "존중받는다는 것은 무엇을 의미하는가?", "다른 사람을 사랑한다는 것은 무엇을 의미하는가?"라는 질문을 받았을 것이다.[10]

이 책에서는 열 가지 가치를 선택하여 서클에서 형사 처분이 가능한 사례를 다룰 때 이 가치들이 각각 어떻게 작동하는지를 보여준다. 서클 참여자들의 입에 가장 빈번히 오르내리는, 없어서는 안 될 열 가지 핵심 가치는 존중$^{respect}$, 정직$^{honesty}$, 신뢰$^{trust}$, 겸손$^{humility}$, 공유$^{sharing}$, 포용$^{inclusivity}$, 공감$^{empathy}$, 용기$^{courage}$, 용서$^{forgiveness}$, 사랑$^{love}$이다.

**존중** 키크로스/타기시$^{Carcross/Tagish\ First\ Nation}$ 부족 원로인 조니 존스는 다음과 같이 말한다. "존중은 정말 중요합니다. 존중하는 마음이 없다면 아무것도 없어요." 미네소타 주에서 활동하는 한 국선 변호인도 똑같은 의견을 표명한다. "서클에서는 존중을 가장 중요하게 여깁

---

10 위의 책, 14-15.

니다. 늘 합의점에 도달하지는 못하겠지만 언제나 서로 존중해야 합니다." 자신이 따르는 가치에 맞게 행동하면 자기 자신에 대한 존중이요, 다른 사람이 나와 같지 않더라도 권리로 인정해 주고 그 사람을 품위 있게 대한다면 타인에 대한 존중이다. 그것이 존중이 담고 있는 의미다. 존중은 말과 행동으로만 드러나는 것이 아니다. 감정과 몸짓으로도 드러난다. 존중은 내면 깊은 곳에서 창조의 모든 측면에 내재한 가치를 인정하는 것에서 비롯된다. 수많은 북아메리카 원주민이 따르는 가르침은 다음과 같다. "세상에 있는 모든 종족과 부족은 같은 초원에서 서로 다른 빛깔을 뿜내는 꽃과 같다. 아름답지 않은 꽃은 하나도 없다. 만물의 어머니, 창조주께서 낳은 자식인 그들은 모두 존중받아 마땅하다."[11]

서클에서 범죄를 다룰 때, 가해자와 그가 저지른 행위에만 집중하지 않고 가해자가 지닌 인간성humanity을 찾아내는 것이 바로 그 사람을 존중한다는 의미다. 가해 행위를 눈감아 주고 가해자의 책임을 면해 주는 것이 가해자를 존중한다는 의미는 아니다. 타인을 존중한다는 것은 초원에 핀 모든 꽃, 만물의 어머니 창조주께서 낳은 자식을 존중으로 대한다는 것과 같다.

**정직** 서로 존중할 때 사람들은 자신에게나 타인에게 더욱 정직해진다. 정직은 스스로의 생각, 느낌, 행위에 솔직한 것에서 시작된다. 사람들이 가면을 벗고 참모습을 찾을 수 있도록 한다. 의도를 숨기고 거짓

---

[11] Judie Bopp, Michael Bopp, Lee Brown, and Phil Lane Jr., *The Sacred Tree: Reflections on Native American Spirituality*, 3d ed. (Twin Lakes, Wis.: Lotus Light Publications, 1989), 80.

모습을 드러내는 대신에 마음속 세상을 보여주며 대화를 시작한다. 자신의 관점을 고집하지 않고 더 깊은 진실을 찾아내기 위해 터놓고 문제를 드러낸다.

어느 가해자가 발견한 것과 같이 정직해야만 강력한 변화가 가능하다. 조는 여러 번 문제를 일으키는 바람에 문턱이 닳도록 법원을 드나들었고, 재판을 요령껏 이길 수 있는 시합 정도로 여겼다. 그는 서클도 별반 다르지 않다고 여기고 내심 늘 써먹던 거짓말로 별 문제 없이 빠져나가려니 생각했다. 자신에게도 솔직하지 못했던 조가 다른 사람에게 솔직했을 리는 만무했다. 그는 자신의 생각이나 범법 행위에 대한 합리화에 단 한 번도 의문을 가져본 적이 없었다. 대부분 고문 변호사가 대신 작성해 주었겠지만, 조가 법정에 낸 의견은 모두 지어내거나 꾸며낸 것으로, 재판이라는 시합에서 우위를 얻으려는 수작에 지나지 않았다.

서클에 참여하여 고문 변호사가 깃털을 건넸을 때 조는 적잖이 짜증이 나서 툴툴거리며 그것을 휙 넘겨버렸다. 그러나 다른 참여자들이 정직하게 용기를 내서 서로의 진실을 말하자, 조가 마음속에 세워놓은 방어벽도 결국 무너졌다. 조는 결국 말문을 열었고, 스스로 정직했을 때 어떤 힘이 나온다는 것을 깨닫게 되었다. "제 입에서 그런 말이 나오다니 믿겨지지 않아요. 법정에서는 입을 꾹 다물고 있었거든요. (서클에서) 저나 다른 사람이 그렇게 반응하리라고는 기대도 하지 않았어요." 조는 정직한 모습을 보이며 스스로를 정화하고 자유를 찾았다. 정직은 조와 공동체가 새로운 관계를 맺을 수 있도록 기초가 되어주었다. 세월이 흐르고 이제 범죄에서 벗어난 조에게는 믿음이 생겼다. "정직은 제게 새로운 삶을 주었어요. 저를 나락에서 구해 주었죠."

**신뢰** 존중과 정직은 신뢰를 낳는다. 서로 합의하지는 못하더라도 가치를 따라 행하면 적절한 방식으로 함께 문제를 해결할 수 있다는 신뢰가 쌓인다. 신뢰는 자신에 대한 믿음, 즉 자신이 가진 그대로의 모습을 받아들이고 자신이 추구하는 가치가 요구하는 어떤 것을 끝까지 해낼 수 있다는 믿음에서 출발한다. 신뢰라는 가치 덕분에 사람들은 겁내지 않고 기꺼이 먼저 있는 그대로 자신을 보여 주고 그런 다음 다른 이에게 손을 뻗을 수 있다. 이런 모험이 어리석은가 하면 전혀 그렇지 않다. 서클은 신뢰를 쌓기 위한 주춧돌이 되기 때문이다. 결국 신뢰는 또 다른 신뢰를 낳는다. 청소년과 경찰관이 함께하는 서클에서 어떤 경찰관이 위험을 무릅쓰고 폭력 조직에 가담한 청소년에게 자신이 어떤 두려움을 가지고 있고 무엇을 바라는지 털어놓았다. 경찰관이 용기를 내서 손을 내밀자, 청소년도 마음을 열고 자신들의 이야기를 꺼냈다. 결국 한 사람의 용기가 서로의 진실한 모습을 드러내게 한다.

**겸손** 다른 사람이 지닌 독특함을 그대로 인정할 수 있다면 그것은 엄청난 선물이다. 그런데 겸손하지 못하면 다른 사람이 지닌 독특함은 눈에 들어오지 않는다. 겸손해야 다른 사람의 목소리에 귀 기울이고 선뜻 받아들일 수 있다. 상대의 목소리에 귀 기울일 때에라야 마음을 터놓을 수 있고, 비판하지 않고 그 사람 그대로의 모습을 경험할 수 있다. 그러면 상대가 어떻게 세상을 바라보는지 그 시각을 받아들여 자신의 시야를 더욱 넓힐 수 있다.

또한 자신의 한계를 인정할 때 더욱 겸손해진다. 다른 사람이 무엇을 참이라고 생각하고 어떤 일을 겪었는지 알기는 쉽지 않다. 사람들은 사람이나 상황을 평가할 때 흔히 실수하게 된다. 사람의 시야는 한정되었기에 다른 사람에게서 정보나 의견을 받지 못한다면 완벽하게 이해하기가 어렵다. 겸손이라는 가치를 통해 사람들은 먼저 요구를 내세우기 전에 더 큰 진실을 찾는 데 집중할 수 있다.

겸손하면 다른 사람의 타고난 가치와 자신의 한계를 쉽게 발견할 수 있다. 그래서 더욱 성숙해지고, 가까운 주변 사람뿐만 아니라 이웃 공동체에 더욱 가까워진다. 사람들은 마음의 문을 열고 다른 사람이 나누어 주는 것을 받아들인다. 예를 들면 사법 분야 전문 종사자가 자신의 한계를 받아들이고 다른 사람들, 특히 공동체 구성원들이 기여할 수 있도록 격려하고 환영한다면, 그들은 사생활이나 직장 생활에서 더 나은 모습을 보일 수 있다. 처음에 공동체가 주는 의견이나 정보를 물리치며 서클을 반대하던 검사가 있었다. 하지만 그도 결국 생각을 바꾸고 서클을 매우 귀중하게 여기게 되었다. "제가 실제로 했거나 할 수 있었던 그 어떤 것보다 공동체가 더 많이 기여할 수 있다는 것을 어느 순간 깨달았어요. 그리고 그 순간이 제게 얼마나 소중했는지 몰라요. 법도 물론 중요하지만 제가 이전에 생각했던 것만큼 중요하지는 않네요."

**공유** 무엇인가를 다른 사람과 함께 나누려면 자신을 그 사람에게 열어놓고 서로의 관계가 발전하는 대로 두어야 한다. 이것이 바로 공유를 의미한다. 이런 일이 일어나려면 사람과 상황을 손아귀에 쥐려는 욕망을 내려놓아야 한다. 공유라는 가치를 통해 사람들은 마음을 바꾸어 다른 사람을 통제하려고 하지 않고 다른 사람에게 어떤 이해관계가 있는지 받아들일 수 있게 된다. 그러면 진정한 나눔이 시작된다. 갈등으로 치닫는 더 큰 문제에 깊이 파고듦에 따라 서로가 서로에게 얼마나 기대고 있는지를 발견한다.

다른 사람과 공유하면 힘이 한쪽에서 다른 쪽으로 옮겨 간다. 그런 힘의 전이는 서로 주고받는 역학 관계를 통해 발전한다. 즉, 한쪽에서 자신이 가진 힘을 내려놓으면 다른 쪽에서 책임을 맡고 그 힘을 넘겨받을 수 있다. 누가 통제권을 갖는가 하는 문제는 더 이상 중요하지 않다. 공유를 하면 힘과 책임은 그것들을 행사할 수 있는 가장 좋은 위치에 있는 사람에게로 자연스럽게 흘러든다. 배리 스튜어트가 판사로서 서클에 참여하면서 얻은 경험은 이런 역학 관계를 분명히 드러낸다.

> 초기 양형 서클, 즉 지금의 평화 형성 서클에서는 참여자들이 판사인 저를 앞에 놓고 발표를 했습니다. 결론에 대해 제게 확신을 줄 필요가 있다고 느꼈겠죠. 그런데 모두가 협의하여 결론을 내려야 한다는 것이 분명해지자 몇 가지 새로운 일이 일어났어요. 양형은 합의 절차를 따라야 해서 판사인 제가 가진 권한에 의존할 수 없었거든요. 사람들은 이제 좀 더 책임을 감당하려 했고 저도 동등한 발언권을 가진 사람으로 취급했어요. 제가 이제는 놀리기도 하고 그냥 무시할 수도 있는 만만한 대상이 된 셈이죠. 대화의 초점도 바뀌었어요. 전에는 제가 사법 제도를 대표하는 판사니까 교도소는 문제 해결에 별반 도움이 되지 않는다고 주장하며 제게 양형에 대한 이의를 제기해야 한다고 공동체 사람들은 생각했

어요. 그들은 사법부 관리라면 교도소를 가장 중요한 양형 도구로 여기겠거니 믿었거든요. 그럴 만도 하고요.

게다가 가해자를 교도소에 보낼 것인가 말 것인가에 논의의 초점을 맞추다 보니 가해자와 범죄가 지닌 악한 측면은 잘 드러나지 않고 가해자가 지닌 좋은 측면만이 도드라졌어요. 그리고 사람들이 가해자의 운명만 놓고 논의하다 보니 더 이상 진전은 없고 피해자가 원하는 것이 무엇인지에 대해서 신경을 쓰지 못했어요.

그러던 것이 일단 결과에 대한 통제권을 골고루 나눠 가진다는 것에 생각이 미치자 사람들은 이제 한 판 붙어보자는 자세는 내던지고 사람들 모두가 가진 이해관계를 어떻게 다룰까 깊이 파고들기 시작했어요. 서로 동등한 사람들끼리 힘을 나누어 가짐에 따라 대화는 점점 더 마음을 터놓고 진실하게 주고받는 식으로 발전했어요. 피해자가 어떤 일을 겪었는지 그리고 무엇을 원하는지를 가장 중요하게 생각하게 되었습니다. 서클에서는 이제 예전과는 다른 질문을 던지며 가해자와 피해자를 위해 무엇을 할까 고민할 뿐만 아니라 범죄를 일으키는 근본 문제를 어떻게 해결할까 고민하기 시작했습니다.

전문가가 지닌 힘은 전문가의 개인 능력과 함께 전문가들이 담당하는 제도적 역할에서 나온다. 전문가가 서클에 참여하여 이런 힘을 나누는 것은, 전문가가 아닌 다른 사람을 포용하고 동등하게 대하며 존중하겠다는 강렬한 의미다. 하지만 전문가에게 속한 의사 결정 권한을 다른 사람들과 공유한다고 해서 꼭 전문가 개인의 본모습을 나눌 수 있는 것은 아니다. 세상은 전문가가 직업의식을 가지고 객관성을 지키길 기대하기에 전문가는 자신이 지닌 기대와 두려움을 드러내고 자신의 이야기를 나누는 데 특별한 어려움을 겪는다. 그렇더라도 이렇게 깊은 수준의 나눔이 있어야 가장 큰 변화가 일어난다.

**포용** 이해관계 당사자들을 모두 적극 끌어안으려 하는 것이 바로 포용이다. 포용의 정신에 따라, 다른 사람이 제시한 의견을 존중하고 굳이 법에서 요구하지도 않고 상황에 따라 필요 없더라도 최선을 다해 다른 사람의 관심사를 최종 결론에 포함시키려 노력한다. 서클의 통합적 holistic 특성은 포용이라는 가치로 드러난다. 포용은 누군가를 따로 떼어놓지 않고 모두 끌어안는 관용 정신이다. 19세기 말에서 20세기 초에 걸쳐 민주주의를 노래한 시인, 에드윈 마컴 Edwin Markham 은 포용이 지닌 힘을 유명한 4행시로 표현했다.

> 그 사람은 동그라미를 그려놓고 나를 가두었네.
> 그 안에서 나는 이단자, 반역자, 망할 놈
> 그러나 사랑이여, 그리고 나는 재치 있게 이겼네.
> 우리가 동그라미를 그려놓아 그가 들어왔네.

다음 사례는 포용의 가치가 공동체 형성에 기여하는 힘을 명확히 보여준다. 어느 공동체에서 서클 절차를 도입하고 준비하는 과정에서 서클 주최자들은 창립 위원회 organizing committee 에서 경찰관 한 명을 제외하려고 했다. 그 경찰관은 공동체 사법 community justice 을 그리 달갑게 여기지 않은 데다가 서클 주최자 중 한 사람은 개인적으로 그 경찰관과 안 좋은 일을 겪기까지 했다. 그때 누군가 포용의 중요성을 사람들에게 일깨워주었다. 포용이라는 가치를 놓고 대화가 이어졌고, 마침내는 그들은 그 경찰관을 창립 위원으로 초대하기로 결정을 내렸다. 몇 년이 흘러 그 경찰관이 경찰 내부에서 공동체 사법을 누구보다 열렬히 지지하게 되었을 때, 처음 그를 제외하려고 했던 과거의 일에 대해 말하면서 사람들은 즐거워했고 그런 이야기를 나누며 포용이 지니는 소중한 가치도 새삼 깨달을 수 있었다.

또한 포용은 가해자에게도 적용된다. 피해자나 공동체가 치유를 얻고 가해자가 마땅히 책임을 져야 하기 때문에 가해자는 교도소에서 복역해야 한다고 서클에서 결정을 내리더라도 그 가해자가 공동체에서 배제되는 것은 아니다. 공동체는 가해자의 가족을 돌보거나 가해자와 관계된 일을 처리하고, 수감 중인 가해자를 찾아가거나 가해자가 다시 공동체의 품으로 돌아올 수 있도록 준비하는 등 여러 가지 조치를 취한다. 캐나다 유콘 주에서 어느 가해자가 서클 합의를 거쳐 교도소에 수감되었을 때, 한 원로가 이렇게 말했다.

> 어떻게 한 사람을 공동체에서 떠나보내는가에 따라 어떻게 그 사람이 공동체로 다시 돌아오는지가 결정됩니다. 분노에 차서 그를 보내면 그는 분노를 품고 돌아올 것이고, 사랑으로 보내면 가슴에 사랑을 품은 채 돌아올 것입니다.

모두를 포용할 때 관용과 존중의 분위기가 생겨나고, 이는 건강한 공동체에 없어서는 안 될 요소다.

**공감**  헨리 워즈워스 롱펠로 Henry Wadsworth Longfellow 는 이렇게 지적했다. "적의 숨겨진 개인사에 담긴 의미를 헤아릴 수 있다면 각자의 삶에 깃든 슬픔과 고통이 드러날 것이고, 그러면 모든 적대감은 누그러진다." 이야기를 주고받으면서 서로에 대한 이해가 싹트고, 그러면 서로 가까워지고 서로를 향한 연민이 솟아난다. 각자가 걸어온 길에 대해 더 많이 알게 되면 상대를 멋대로 판단하려는 충동은 점점 사라지고 공감을 주고받는 데에서 의미를 찾게 된다.

동정 pity 은 왠지 생색이라도 내는 듯한 느낌을 주지만, 공감 empathy 은 자신과 고통을 받는 사람이 동등하다는 것을 전제로 한다. 공감에는 삶의 여정에서 각자가 겪은 고통을 받아들이고 나눈다는 의미가 들어 있다. 그리고 공감에 바탕을 둔 이런 인식은 심오한 변화를 이끌어낸다. 예를 들어 서클에 참여한 가해자는 피해자가 꺼내놓는 이야기를 들으면서 저도 모르게 공감하고 회한이 들어 범죄를 저지를 때 구실로 써먹던 자기 합리화를 싹 잊는다. 마찬가지로 피해자는 가해자가 풀어놓는 이야기를 들으면서 마음속에 쌓인 분노에서 벗어나곤 한다. 어떤 사람은 학대를 받으며 살다가 나중에는 남을 괴롭히게 된 사람에게 공감을 느끼기도 한다.

**용기**  가치를 가지고 있는 것과 그것을 삶에서 실천하는 것은 별개다. 사람은 발을 딛고 서 있는 곳 너머 더 멀리까지 내다볼 수 있다. 그러니까 가치를 따라 일관된 삶을 살고 싶어도 실제로 그렇게 살기는 쉽지 않다는 말이다. 무슨 간단한 공식이 있어 꼭 집어 이것이 가치를 따르며 사는 바른 길이라고 말할 수도 없다. 삶에서 자신의 길을 찾고 더불어 다른 사람에게도 스스로 길을 찾도록 여지를 주려면 용기가 필요하다. 가뜩이나 자신이든 남이든 쓰러질 듯 비틀거리며 걷고 있다면 더욱 용기가 있어야 한다.

버트는 공동체 평화 형성 서클 계획의 최초 성공 사례 중 하나였다. 버트와 공동체는 버트가 이루어낸 성취를 무척 자랑스럽게 여겼다. 그는 서른 가지가 넘는 전과 기록으로 얼룩진 자신의 생활 방식도 확 바꾸었고, 약물에 손도 안 대고 죄도 짓지 않은 채 6년을 무사히 보냈다. 그러다가 버트는 심각한 범죄를 또 저지르고야 말았다. 이 사건은 공동체에 큰 실망감을 안겨주었고, 사람들은 모두 충격에 휩싸였다. 교도소에 수감된 후 버트는 용기를 내어 공동체에 다시 연락했고 공동체도 용기를 되찾아 응답했다. 출소한 바로 그해에 버트는 누가 시키지도 않았는데 아주 힘든 치료를 자청해 그것을 끝마쳤다. 전에는 누구도 버트가 그런 치료를 받아야 한다고 생각하지 않았다. 버트는 스스로 가치를 따를 때 어떤 일이 뒤따를지 잘 알고 있었기에 가치가 이끄는 대로 다시 걸어갈 용기를 되찾았고, 또다시 공동체의 지원을 받을 수 있었다. 공동체는 버트를 다시 품에 안으며 삶의 여정은 끝없이 이어지고 여기저기 굴곡이 있어 때때로 길을 잃는다는 사실을 깨달았다.

두려움이 없다는 것이 용기를 의미하지는 않는다. 용기란 두려움을 받아들이고 두렵더라도 앞으로 나아가는 능력이다. 두려움을 극복하고 무관심해지지 않으려면 용기가 있어야 한다. 자신과 관련이 있든 다른 사람과 관련이 있든, 개인 삶과 관계가 있든 아니면 일과 관련이 있든, 용기가 있어야 최악의 사태를 벗어날 수 있다. 버트와 그가 속한 공동체가 모두 다시 시작하기 위해 용기가 필요했던 것과 같다.

**용서** 앞서 언급한 모든 가치(존중, 정직, 신뢰, 겸손, 공유, 포용, 공감, 용기)를 따를 때, 어느 순간 용서가 가능한 지점에 다다른다. 용서는 각 개인이 치유를 위한 여정에 오를 때 그 여정에 존재하는 역학 관계에서 나온다. 그리고 용서는 보통 자신을 어떻게 용서해야 할까 깨닫는 순간부터 시작한다. 그러나 용서는 간단치 않은 과정이다. 용서하기로 마음의 결정을 내렸다고 해서 용서할 수 있는 것도 아니고, 용서로 방향을 잡는다고 해서 용서가 되는 것도 아니고, 저도 모르게 용서해 버리고 말 수도 없다. 용서하라고 강요해서도 안 되고 용서하리라 기대해서도 안 된다. 용서는 사람들마다 독특한 행로를 따라가며 마음속 평화를 찾는 좀 더 깊은 체험에서 나온다.

자기 혐오 또는 자기 비난에서 벗어나지 못하면, 이러한 자기 부정은 흔히 지혜와 사랑, 평화로 이어지는 길을 가로막는다. 서클에서는 마음을 열고 비판 없이 들어주는 다른 사람들을 거울 삼아, 누구나 마음속에 간직한 자신의 선한 모습을 들여다볼 수 있다. 자신이 간직한 긍정적 측면을 존중하는 법을 깨달으면서 어떤 잘못을 저질렀든지 자신을 용서할 수 있게 된다. 어느 가해자는 1년 동안의 서클 과정을 마치고 그동안의 일들을 돌아보는 검토 서클 review Circle에 참석하여 자신의 경험을 다음과 같이 말했다.

이해가 가실지 모르겠지만, 제가 분노를 참지 못하고 범죄를 저지른 것은 다른 사람들을 미워한 만큼 제 자신을 증오했기 때문이에요. 잘못을 저지르고는 그 때문에 제 자신을 미워했지요. 지난 서클 과정에서 여기 계신 여러분들이 제가 스스로를 용서할 수 있도록 도와주셨어요. 아직 멀었지만 이제는 제대로 된 방향으로 가고 있어요. 그런 느낌이 들어요. 이렇게 제대로 방향을 잡은 것은 제 안에 있는 좋은 면을 알아보신 여러분들이 저를 도와주신 덕분입니다. 여러분들이 응원해 주셔서 과거에 제가 저질렀던 잘못에 대한 분노를 극복했고 그래서 더 이상 저를 미워하지 않게 되었어요.

용서로 나아갈 때 삶을 짓누르고 있던 고통은 그 힘을 잃고 만다. 가해자를 용서하면, 적어도 용서하는 사람은 심오한 관계의 변화를 경험하게 된다. 용서는 가해자와의 관계뿐만 아니라 삶을 대하는 방식도 변화시킨다. 용서를 통해서 분노와 증오가 빠져나가고 그 자리를 빛과 희망이 채운다. 암울한 구름이 걷히고 기쁨이 되돌아오는 것과 같이 새로운 삶이 나가온다.

캐시는 노년에 주거 침입 피해를 당했다. 특히나 남편이 암으로 죽어가던 상황에서 그런 일이 터져 캐시는 상당히 큰 충격을 받았다. 1년이 흐르고 나서도 캐시는 그 가해자를 생각만 해도 치미는 분노와 두려움에 시달렸다 가해자가 형기를 마치고 출소를 앞둔 상황에서 캐시는 가해자와 함께 참여하는 치유 서클을 열어달라고 요청했다. 서클 모임에서 캐시는 자신의 고통을 드러내고 공동체의 응원을 받았으며 가해자가 큰 실수를 저지른 젊은이라는 것도 깨달을 수 있었다. 가해자가

'삶에 의미를 채우려 안간힘을 쓰는 한 영혼'으로 보이자 캐시는 용서를 향한 여정에서 크게 한 걸음 더 나아갈 수 있었다. 서클 모임을 마치고 몇 달이 흐른 후에 캐시는 마음의 평온과 희망과 낙관적 태도를 되찾았다. 한동안 접었던 긍정적 활동을 다시 시작하면서 캐시의 삶도 다시 활기를 띠었다. 다음은 캐시가 쓴 글이다.

> 그날 밤 모임이 끝나갈 무렵에, 그때까지 제게 악몽과 두려움, 더욱이 근심을 안겼던 가해자가 이제 옆에 앉은 동료와 별반 다를 것이 없어 보였어요. '어떻게 해서든 삶에 의미를 채우려 안간힘을 쓰는 한 영혼'으로 보였어요. 여러 가지 면에서 제 모습과도 닮았어요. 겁먹고 패배한 영혼, 그 영혼은 삶이라는 말에 다시 한 번 훌쩍 올라타 찬란한 태양이 빛나는 곳으로 힘차게 달려가기 위해 애쓰고 있었어요.[12]

용서한다고 해서 범죄가 있었다는 사실과 기억이 싹 사라지는 것은 아니다. 범죄 원인을 바로잡을 필요성이 없어지는 것도 아니다. 하지만 용서를 통해 마음의 평화를 얻으려 애쓸 때 힘이 솟아난다. 용서를 통해서, 분노와 증오가 일으키는 자기 파괴적 결과를 피할 수 있다. 깊이 뉘우치는 사람은 당연히 쉽게 용서할 수 있지만, 용서는 맞바꿈이 아니며 타인과 자신에게 주는 선물이다. 다른 누군가가 어떻게 행동하든지 상관없이 누구든 자신의 가치에 따라 행동할 수 있으며, 용서라는 가치

---

12 Kathy Burns, "System of Justice," *Mille Lacs County Times* (Milaca, Minnesota) 25 June 1998, pp. 3, 8.

도 별반 다르지 않다.

**사랑** 사람들은 대부분 공식적으로 서로 마주한 자리에서는 사랑 표현에 어색하다. 특히나 갈등이 있을 때는 사랑 표현에 더욱 인색해지게 마련이다. 그러나 사랑이 없다면 어떤 관계도 발전하지 못한다. 겉으로는 아무리 떨어져 있어 보여도 사랑이 있으면 서로 이어져 있다는 인식은 깊어진다. 서클의 모든 가치들로 인해 사람들은 더욱 깊이 사랑할 수 있고, 반대로 사랑으로 인해 다른 가치들을 더욱 잘 따를 수 있다. 아무런 조건 없이 한결같이 온전히 사랑하기는 어려울지 모르지만 서클의 가치들을 따른다면 사랑의 힘은 점점 더 커진다. 사랑이 커질수록 삶에서 사랑이 가져다주는 치유의 힘도 커진다.

사랑이 지닌 치유의 힘은 가까운 인간관계에서뿐만 아니라 공동체나 심지어 범죄 사법 현장에서도 느낄 수 있다. 20년 전, 네 명의 청소년이 원로들이 처음 진행하는 서클로 위탁되었다. 처음부터 일이 순조롭게 진행된 것은 아니었다. 몇몇 원로는 아이들이 다른 사람들에게 피해를 입혀서 한편 부끄럽고 두렵기까지 하다고 말했다. 반면 아이들은 반항하듯 뾰로통하게 앉아 있었다. 아이들의 주장은, 마을에서는 아무 할 일도 없고 누구도 그들에게 관심을 보여주지 않는다는 것이었다. 양쪽에서 오고가는 말들이 점점 험악해졌고, 마침내는 더 이상 어찌해 볼 도리가 없어 보였다. 사건을 법정으로 되돌려 보내야 할 것 같았다.

그때 존경받는 원로인 도라 웨지가 사랑에 관해 말을 꺼냈다. 도라는 어떻게든 길을 찾아 두려움과 분노를 누르고 사랑으로 이 아이들과 이어지길 원했다. "옛날에는 아이들이 사랑받고 보살핌을 받았단다.

암, 그렇고말고. 아이들도 마찬가지로 어른을 공경하고 보살폈지. 집에 어른만 계시면 물도 길어다 주고 땔감도 날라다 주고 먹을 것도 구해다 주었단다. 그리고 어른들은 아이들에게 삶의 지혜를 담은 이야기를 들려주었지. 나뿐만 아니라 여기 모인 우리 모두는 너희들을 진심으로 사랑한다." 도라가 사랑에 대해 말을 마쳤고, 누구라도 응답하지 않을 수 없는 분위기가 지속되었다. 마침내 한 아이가 침묵을 깼다. "여기 계신 원로님들은 저희를 사랑하지 않으세요. 다른 사람들에게 저희들을 험담하시고 업신여기시잖아요. 저희들을 절대로 가만 내버려두지 않으시잖아요."

이야기가 활기를 띠면서 거의 두 시간 가까이 이어졌다. 이제야 제대로 된 이야기가 나왔다. 처음으로 서로에 대한 부정적 짐작이며 오해, 불만을 풀어내면서 많은 이야기들이 오갔다. 그들은 공동체 내에서나 서로의 관계에서 어떤 변화가 필요한지 이야기했고, 각자에게 어떤 희망이 있는지, 무엇이 두려운지 말했다. 그리고 몇 가지 약속을 정하며 저녁 모임을 끝맺었다. 약속은 "만나면 서로 인사하고 안부를 물어봅니다.", "가끔은 함께 모여 모두 같이 좋아하는 일을 합니다.", "곧 다시 만나서 이야기합니다. 그래서 어떻게 하면 예전처럼 원로와 청소년들이 좋은 관계로 뭉칠 수 있는지 생각해 봅니다." 등이었다.

청소년들이 자리를 뜨고 나서 한 원로가 소리쳤다. "이봐요, 아이들에게 뭔가 처분을 내리는 것을 깜빡했네요." 그러나 청소년들은 재판에서 받을 수 있는 그 어떤 처분보다 바람직한 처분을 받았다. 청소년들은 공동체와 원로를 존중하지 않았기에 잘못을 저질렀다며 용서를 구했고, 원로는 아이들을 나쁘게 생각하고 험담하며 아이들이 알아듣

게끔 이야기하지 않았다며 책임을 받아들였다.

사건은 재판에 넘겨지지 않았다. 몇 년 후에 한 소년은 죽음을 맞이했다. 그러나 나머지 아이들은 예전처럼 법을 어기는 어떤 심각한 말썽에도 끼어들지 않았다. 누가 시키지 않아도 소년들은 스스로 묵묵히 원로들을 돌보았다. 봄에는 딸기를 따고, 여름이면 물고기를 잡았으며, 겨울이면 집으로 가는 길에 톱밥을 뿌려주었다. 한 소년은 새로운 삶의 길로 접어들어 훗날 원로와 공동체의 추대를 받아 부족 대표가 되었다. 서클 과정은 극적 결과를 만들어냈지만, 도라가 용기를 내서 사랑에 대하여 말을 꺼내고 사랑이 가지고 있는 평화 형성 가치를 살펴보기 전까지는 전혀 효력을 발휘하지 못했다.

지금까지 살펴본 열 가지 핵심 가치는 서로 의존하고 서로 보강하는 관계에 있다. 이 가치들에 힘입어 사람들은 갈등을 일으키는 근원을 캐내고 모든 이해관계를 충족하는 해결점을 찾아내는 일에 역량을 집중할 수 있다. 모든 가치를 완벽하게 실천하기는 어렵지만, 각각의 가치는 사람들에게 길잡이가 되어주기 때문에 꼭 필요하다. 사람들이 가치의 의미를 계속해서 명확히 하는 의도는, 가치를 잘 따르지 못했다고 서로를 꾸짖기 위해서가 아니라 어떤 선택을 해야 할 때 그 선택이 가장 원하는 사람들 자신의 본모습을 반영하는 데 도움을 주기 위해서다. 로카의 지도부에서 활동하고 있는 사로이엄은 서클 가치에 맞게 행동하려고 최선을 다하던 때를 되돌아보며 다음과 같이 말했다.

일단 서클 가치를 깨닫게 되면 되돌아 나올 수 없어요. 그러니까 과거로 돌아갈 수는 있겠지만 자신이 나쁜 짓을 하면 '내가 그런 짓을 했다니 정말 형편없는 놈이었어. 이렇게 가만히 있는 것은 옳지 못해. 그러니까 되돌아가서 사과해야겠어.'라고 언제나 생각하게 돼요. 서클을 이해하기까지 우리는 참 형편없는 놈이었지요. 참 철이 없었으니까요. '뭐 어때서? 멋진데!'라고 생각했으니 말 다 했죠.[13]

하지만 가치에 따르며 살아가도록 변해야 하는 것이 꼭 개인만이 져야 할 짐은 아니다. 서클 공간에서는 어떻게 하면 가치를 따르며 한결같이 행동할 수 있을지 배울 수 있다. 케이는 서클 안과 바깥에서 자신이 아주 다르게 행동한다는 사실을 체험으로 깨달았다.

꽤 오래 서로 으르렁거리며 지내서 엉망이 되어버린 사무실 분위기를 해결해 달라는 요청을 받고 어느 교도소 사무직 직원을 도운 일이 있었어요. 수 스테이시와 낸시 맥크레이트, 그리고 저는 직원들을 모두 서클에 참여시켜 문제를 해결해 보고자 노력했어요. 그들 사이에 쌓인 불신은 어마어마했어요. 직원들을 작은 모둠으로 나누어 만나서 서클에 참여하는 문제에 대해 이야기했어요. 참여할까 말까 망설이는 직원과 일대일 면담을 했을 때는 불안해져서 저는 그녀를 설득하려 했어요. 모두가 참여하지 않은 상태에서 서클 모임을 가져봐야 별 의미가 없겠다고 생각했거든요. 결국

---

[13] 《로카 보고서》, 26.

그녀는 참여하지 않기로 마음을 굳혔어요. 그날 늦게 모임이 열렸고 다른 참여자들은 그녀가 보이지 않자 걱정을 했어요. 그러나 실제로 서클 공간에 머물러 있을 때 저는 그녀가 참석하지 않은 것에 전혀 불안감이 들지 않았고, 그녀야 자신이 옳다고 생각하는 일을 했을 뿐이라고 받아들이며 문제 삼지 않았어요. 서클 모임을 마치고 그날 모임을 되돌아본 후에, 제가 서로 다른 두 공간에서 완전히 다른 태도를 취했다는 점을 깨달았어요. 서클 밖에서는 그녀를 설득하려 했지만, 서클 안에서는 그녀의 선택을 존중하며 앉아 있었거든요. 서로 다른 두 에너지가 제게 어떻게 영향을 미쳤는지 보였어요. 서클 공간에서는 제가 따르는 가치와 조화를 이루

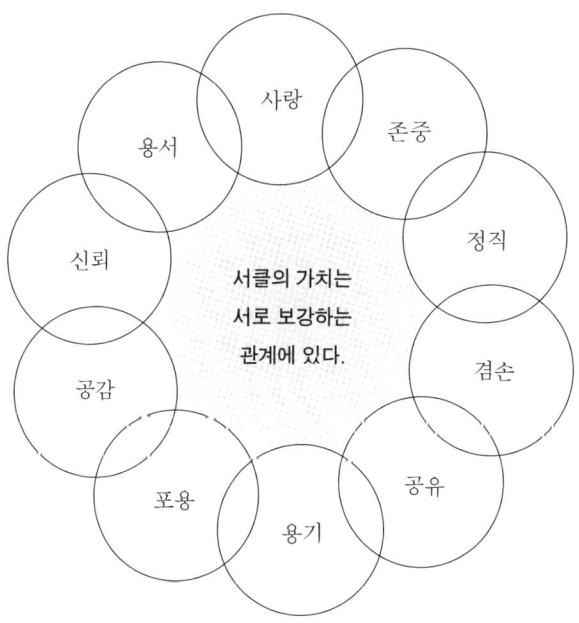

며 행동할 수 있었다는 점을 깨달았어요.

## 개인의 가치 대 갈등 양상

평화 형성의 가치는 건강한 가족과 건전한 공동체를 위한 활력소다. 사람들이 맺고 있는 관계relatedness의 겉모습은 변할지 모른다. 개개인이 변하기 때문이다. 그러나 사람들이 서로 이어져 있고 서클 가치를 따른다면 그런 이어짐은 깊은 의미를 만들어내고 사람들에게 커다란 힘이 되어준다. 갈등은 인간관계에서 중요한 전환점을 만들어내고, 변화가 한창인 순간에는 어떤 결과로 끝을 맺을지 누구도 알 수 없다. 사람들이 가치를 믿고 그것에 의지하며 다름을 해소한다면, 인간관계는 그 양태가 바뀌더라도 대부분 예전보다 나아진다. 갈등이 터져 나오는 바로 그 순간이 핵심 가치가 더 없이 큰 힘을 발휘하는 순간이다.

사람들 각자가 따르는 핵심 가치의 목록은 늘어날 수도 있고 다르게 표현될 수도 있지만, 누구도 갈등이나 압박stress 때문에 자신을 붙잡아 주던 가치를 내려놓으려 하지는 않는다. 자신이 잡고 있던 가치를 놓는다면, 그 사람은 자신의 본모습을 잃어 이기기 위해서라면 무엇이든 하려 들 것이며, 그 와중에 진정성과 당당함self-respect이 희생되고 만다. 고통을 주는 행동들은 잘 알려져 있다. 즉, 다른 사람을 멋대로 재단하고, 욕하고, 헐뜯고, 속이고, 이용하고, 화를 내고, 해치려 하고, 모른 척하고, 거드름 부리고, 들이대고, 대들고, 차갑게 굴고, 용서하지 않고, 불평한다. 이렇게 널리 받아들여지는 갈등 양상conflict norm에 따라 경쟁 속 역학 관계에 대응한다면, 인간 상호 작용은 더욱 불안해진다.

사실, 사람들이 핵심 가치에서 벗어나게 되는 것은, 그것을 원해서

라기보다는 갈등에 가장 바람직한 가치를 어떻게 적용해야 할지 모르기 때문이다. 다른 사람이 하는 행동이나 관습에 합당한 행동을 본보기 삼아, 진정 따르고 싶은 가치에서는 멀어져 갈등 속에서 자신을 지켜줄 것으로 보이는 가치를 무심결에 따르고 있다. 전투적인 갈등 상황에 놓이게 되면 사람들은 전에는 알지도 못했고 또 원치도 않았던 모습으로 탈바꿈한다. 전투를 치르는 데 알맞은 가치가 우위를 차지하고 승리를 쟁취했지만 오랜 세월 사랑으로 가득 찼던 관계는 어느새 사라지고 없다.

슬프지만 주변에서 흔히 일어나는 다음 사례를 보자. 격한 감정에 휩싸인 채 밑 빠진 독에 물 붓듯 돈을 들여 민사 소송을 끝낸 존은, 프레드를 상대해 승소했는데도 기쁘기는커녕 너무 후회스럽다고 토로했다. 존과 프레드는 평생을 함께한 친구이자 서로 돕던 동업자였다. 하지만 재판 과정에서 두 사람은 모두 부득불 사실을 왜곡하고 서로의 약점을 공격하지 않을 수 없었다. 오랜 세월 지속되었던 둘의 관계는 파탄에 이르렀고, 가족은 물론 둘 중 하나를 선택해야 했던 친구들과도 사이가 벌어졌다. 존의 입장에서는 재판에서 이겼다고 한들 인간관계를 놓쳤으니 보잘것없는 승리였다. 존은 특히나 재판을 치르며 겪어야 했던 모든 일을 통탄했다. 그 과정에서 '가장 혐오스럽고 추한 자신의 모습'이 드러났기 때문이다. 서로 대립해야 하는 재판 과정의 특성 때문에 존은 그동안 자신이 추구하던 여러 가치가 손상을 입었다는 생각이 들었다. 존은 이전과 다른 사람이 되어버린 자신이 혐오스러웠다.

서클에 영향을 미쳐왔던 옛 지혜에 따르면, 좋은 관계를 맺을 때에 필요한 가치가 바로 갈등을 해결할 때에도 반드시 활용해야 할 가치이다. 쉽지 않은 대화를 나누며 핵심 가치를 지킬 때, 대화에서 어떤 결론에 이르든 갈등은 기회가 되어 관계는 새롭게 바뀌고 점점 더 굳건해진다. 가치를 따른다는 것이 포기하거나 굴복한다는 의미는 아니며, 갈등을 다른 방식으로 다룬다는 의미일 뿐이다. 서클의 틀과 과정, 서클에서 형성되는 성스러운 공간으로 말미암아 특히나 감정이 격해지는 상황에서도 사람들은 줄곧 핵심 가치를 놓치지 않을 수 있다. 가치는 "서클을 어떻게 실행해야 하는가 how to do"가 아니라 "서클 안에서 어떻게 존재해야 하는가 how to be"와 관련이 있다. 서클 공간에서는 다른 사람이 어떻게 자신의 가치를 추구하는지 들여다볼 수 있다. 그리고 그것에 자극받아 자신도 가치에 맞게 행동하고 싶다고 생각하게 된다. 서클 가치에 따라 귀 기울여 듣고 마음속 솔직한 이야기를 하다 보면 이런저런 입장에 얽매인 생각과 전문가 역할을 어느새 훌쩍 뛰어넘어 누구나 자신이 간직한 가장 아름다운 모습을 보여주게 된다. 자신도 모르게 용기가 솟아올라 마음속 깊은 곳에서 억눌려 있던 본능, 다른 사람에게 다가가려는 욕망을 따르게 된다. 공동체의 힘으로 범죄에 대응하기 위해서는 뭔가 새로운 사법 자원 justice resources만 찾으려 할 것이 아니라 선한 방식으로 서로에게 다가갈 수 있는 방안을 찾아내야 한다.

## ● 서클을 떠받치는 원칙: 서클을 구성하며 가치를 실현하기

그렇다면 어떻게 그런 방안을 찾을 수 있는가? 어떻게 가치를 적용해야 공동 노력을 필요로 하는 서클이 제 모습을 갖출 수 있는가? 어떻게 서클 절차를 마련해야 가치를 벗어나지 않는 방식으로 상황에 따라 서로 다른 특정한 요구를 충족시킬 수 있는가?

서클을 열어야 할 필요가 있을 때마다 언제나 이런 질문이 뒤따른다. 범죄 피해를 입고도 가해자가 친구, 이웃 또는 친척이라서 형사 절차를 밟으려 하지 않는 사람도 있을 것이다. 그렇다면 형사 절차를 원하지 않는 사람 또는 그 사람 편에 있는 사람들이 어떻게 서클을 소집하여 평화롭게 문제 상황을 다룰 수 있을까? 사건이 일단 재판에 넘겨지고 난 후에 피해자나 가해자 또는 양쪽이 서클을 소집하여 재판 절차로 다루기에는 적합하지 않은 문제를 해결하고 싶어 할 수 있다. 그렇다면 어떻게 일을 진행해야 하는가? 좀 더 범위를 넓혀, 어떻게 한 공동체가 실제로 진행되고 있는 서클 계획Circle project을 정식 제도로 받아들여 가해자와 피해자, 공동체에게 이익이 되는 대안 절차를 제시할 수 있는가? 서클에 대한 이런 요구에 마주하여 서클 주최자는 "상황에 대처하기 위해 서클 과정을 발전시키면서 사람들을 위한 별도의 서클 과정이 필요한가?"라는 문제와 맞닥뜨린다.

이런 의문에 대한 답으로, 서클이 모양을 갖추는 데 필요한 열세 가지 지도 원칙이 확립되었다. 이러한 지도 원칙은 특정 상황을 해결하기 위한 서클이든, 공동체 서클 계획을 지속시키기 위한 서클이든, 아니면 창립 위원회의 활동을 위한 서클이든 간에 모든 서클에 적용된다. 이 원칙을 바탕으로 한 서클 절차에서 모든 개인은 선한 방식으로 서로를 동등하게 대한다. 이런 원칙은 사람들이 자신들이 따르는 가치에 벗어나지 않고 곤란한 문제를 함께 해결하는 데 도움이 되기 때문이다.

서클 하나하나가 독특하기 때문에 이런 원칙은 매우 유용하다. 서클은 공동체나 사건에서 나오는 특정 요구나 상황에 맞는 형식을 갖출 때에라야 제 역할을 한다. 서클을 설계하고 운영하는 데 어떤 정해진 공식이 있는 것은 아니다. 그렇지만 서클 주최자는 끊임없이 이런 원칙을 출발점으로 삼아 서클 과정을 고안해 낸다. 이런 원칙은 참여자가 자신의 가치에 어긋나지 않게 행동할 수 있는 훌륭한 서클 공간을 만들어내는 데 크게 기여하기 때문이다. 원칙은 공동체나 특정 단체가 서클 절차를 만들어내고 실행하는 과정에서 믿을 만한 기준점이 된다.

좀 더 명확하게 말하면, 원칙은, 크든 작든 어떤 서클을 시작하는 데 관여하는 사람이라면 누구나 제기하는 다음과 같은 문제에 대답하는 안내 역할을 한다.

- 서클에서 사람들은 어떤 것을 안내 삼아 행동하는가? 축구 경기든 재판 절차든, 아니면 직업 선택이든 결혼이든, 인간 사회에 존재하는 모든 절차에는 그 절차에 합당한 행동 방식이 있다. 그러면 서클에서는 어떻게 행동해야 적절한가?
- 서클에 누가 참여해야 할지, 누구를 초대해야 할지 어떻게 정할 것인가? 어떤 이해관계가 쟁점이며, 그런 이해관계를 어떻게 서클로 끌어들일 것인가?
- 서클을 소집할 때의 세부 계획logistics은 어떤 기준에 맞추어야 하는가?
- 서클에서 참여자를 어떻게 대해야 하는가? 누군가 서클 참여를 놓고 고민한다면, 그 사람에게 어떤 대우를 받는다고 확실하게 말할 수 있는가?

- 누군가가 꼭 서클에 참여해야 하는데 그 사람이 그럴 뜻이 없다면, 그 사람을 억지로 참여시키려 하는 것은 적절한가?
- 서클에서 피해자든 가해자든 나이가 많든 적든 상관없이 자신을 위해 스스로 발언할 수 있도록 허용해야 하는가? 아니면 재판에서와 마찬가지로 다른 사람이 대신 발언하도록 주선해야 하는가?
- 전체 목표라는 미래상은 서클 구성 요소를 설계하는 데 안내 역할을 한다. 그렇다면 무엇을 전체 목표로 정하고 따라야 하는가?
- 서클 절차를 설계할 때 누가 참여해야 하는가?
- 최초 서클 계획을 변함없이 굳게 지켜야 하는가? 아니면 일이 진척되는 상황에 맞게 서클 절차를 새롭게 조정해 나가야 하는가?
- 서클에서 대화를 특정 사건이나 임무, 계획에 직접 연관이 있는 쟁점에 맞추어 제한해야 하는가? 아니면 무엇이든 터놓고 이야기할 수 있도록 하는 것이 더 바람직한가?
- 서클과 참여자 사이 또는 서클과 더 넓은 환경 사이에는 어떤 관계가 존재하는가?
- 다른 공적 절차에서 요구하는 것과 같이 서클에서도 참여자는 자신의 믿음spirituality을 서클 밖에 내려놓거나 그것에 대하여 침묵해야 하는가?
- 서클 모임이 계속되는 동안이나 서클 모임이 끝났을 때 동료 참여자에게 어떤 기대를 가져야 타당한가?

이 문제들은 이전과 다른 방식으로 함께 모이려 할 때 떠오르는 쟁점인데, 이를 두 가지로 간추릴 수 있다. "어떻게 해야 온전한 구조를 갖춘 서클 절차를 마련할 수 있는가?" 그리고 "여러 요소를 맞추어 견실한 서클 절차를 만들어냈다면, 여건이 바뀔 때 어떻게 온전함을 유지할 것인가?"이다. 복잡하고 어려운 사건에서는 쉽게 길을 잃을 수도 있고 강한 성격을 소유한 사람으로 인해 쉽게 흔들릴 수 있다. 서클에 많은 시간과 엄청난 노력을 들여야 하는 불편을 피해 지름길로 가고 싶은 유혹에 쉽게 빠질 수도 있다. 게다가 갈등에 대처하는 해묵은 습관은 언제라도 슬며시 기어나와 영향을 미칠지 모른다.

이런 어려움과 마주할 때 서클 원칙은 억제 장치가 되어, 사람들은 핵심 가치를 충실히 견지할 수 있고, 마치 가파른 언덕을 내리닫다가 굴러 넘어지듯 목적을 위해 수단을 가리지 않다가 넘어지는 우를 범하지 않는다. 서클에 담긴 지혜와 경험에 따르면, 마치 서로를 비추듯 수단은 목적을 담고 있고 목적도 수단을 담고 있다. "잘못된 길을 따라가면 올바른 곳에는 영영 도달하지 못한다." 로카에서 운영 책임자로 활동하는 몰리 볼드윈Molly Baldwin에게 이 말은 마치 주문mantra과도 같아서, 서클 절차를 마련하면서 따르던 가치와 방식을 서클 절차를 운영할 때도 똑같이 따라야 하며 사람들이 최종 결과로 얻는 가치도 변함이 없어야 한다는 깨달음을 일깨워준다. 마틴 루서 킹 목사는 이렇게 지적했다. "평화는 우리가 추구하는 그저 아득한 목표가 아니라 한편 수단이고, 평화를 수단으로 평화라는 목표에 도달한다는 사실을 언젠가 우리는 반드시 깨닫게 될 것이다. 우리는 평화로운 수단으로 평화로운 목표를 추구해야 한다."

서클 원칙 덕택에 수단과 목적은 조화를 이룬다. 어떤 쟁점이 떠오를 때 서클 원칙은 "이 문제를 다룰 때 무엇이 서클에 모순되지 않는 바람직한 방식인가?"라는 문제에 답하는 데 도움이 된다. 공동체 서클을 구성하는 것에는 엄청난 책임이 뒤따른다. 자기 자신뿐만 아니라 다른 사람의 삶과 행복과 관련이 있기 때문이다. 서클 원칙 위에 설 때 서클 주최자는 서클 여정에 첫발을 디딜 때나 그 여정을 보살필 때나 늘 올바른 길에 머물 수 있다는 확신을 가진다. 가치에 발맞추어 서클을 설계하고 운영한다면 서클은 가능한 모든 힘을 발휘할 수 있다.

서클 원칙을 여러 가지 방식으로 설명할 수도 있고, 이 책에서 다루지 않는 원칙을 서클에 적용할 수도 있다. 다만 이런 원칙은 성공적인 합의 형성 실천consensus-building practice뿐만 아니라 수많은 공동체가 서클을 시작하고 운영하면서 겪은 경험에서 도출되었다.[14] 무엇보다 공유 가치를 서클 실천으로 옮기는 원칙을 밝혀냈다.

## 1. 서클에서 사람들은 각자 개인의 가치를 따라 행동한다

서클에서는 무엇이 사람들의 행동을 인도하는가? 첫째 원칙은 참여자들이 서클 과정을 준비할 때부터 서클 자체에 참여할 때까지 모든 단계에 자신들이 따르는 가치를 도입하도록 힘을 준다. 원칙은 간단하지만 그 효력은 헤아릴 수 없이 깊다. 서클에서는 먼저 참여자들이 서로를 대하는 태도에 변화가 생기고, 이로 인해 공동체가 범죄에 대응하는 방식에도 변화가 뒤따른다.

자신이 따르는 핵심 가치에 맞게 행동한다는 것은 앞에서 말한 대로 이상이며 염원이다. 사람들은 어떻게 하면 더 완벽하게 자신이 따르는

---

14 G. Cormick, N. Dale, P. Emonds, G. Sigurdson, and B. Stuart, *Building Consensus for a Sustainable Future* (Ottawa: National Round Table, 1996). 이 저작물에서는 경제와 환경에 집중된 갈등에 어떻게 이런 원칙들을 적용하는지 논의한다.

가치에 맞게 행동할 수 있는지를 끊임없이 배운다. 자기반성과 자아 성찰, 내적 질문을 통해 자신의 성장을 돌보는 것이 서클의 본질인 이유가 바로 여기에 있다. 서클 구조의 존속 여부는 사람들이 자신이 따르는 가치를 서클 절차로 얼마나 잘 끌어들이는지에 달려 있다. 이를 위해서는 이 가치에 반하는 생각과 그에 따른 결정, 그리고 행동을 꼼꼼히 따져봐야 한다.

어느 공동체에서 몇몇 사람이 서클 훈련 과정을 마치고 난 후에 서클을 어떻게든 활용하기로 결정했다. 그래서 그들은 범죄에 대응하는 공동체 서클 계획에 착수하려고 몇 달에 걸쳐 만났다. 그러나 한 달 두 달 시간이 흐를수록 참여자들 사이를 가르는 차이는 더욱 커지기만 했다. 티격태격 다툼이 끊이지 않았고, 모임에 얼굴을 내미는 사람은 급격히 줄어들었다. 서클을 활용하는 방법을 놓고 벌어진 내부 갈등으로 인해 사람들이 처음에 품었던 열정은 메말라갔다. 준비 모임에만도 몇 달이 걸렸지만 서클은 한 차례도 열리지 못했다. 그 이유는, 그들이 서클 원칙을 따르지 않고 표준 의사 진행법 Robert's Rules of Order을 활용해서 차이를 해소하려 했기 때문이었다.

이런 사례를 통해 첫째 원칙이 매우 중요하다는 것을 알 수 있다. 서클 가치는 일이 진행되는 어느 국면에서나 늘 따라다녀야 한다. 서클 절차를 세우고 관리할 때 활용하는 가치가 그 절차 활용에 스며드는 것은 불가피한 일이다. 어떤 가치에 맞춰 절차를 갖추었는데, 다른 가치를 따라 절차를 운영한다는 것은 불가능에 가깝다.

이런 이유로, 전부는 아니더라도 대부분 참여자들이 개인 가치를 광범위하게 파고드는 서클 훈련 과정에 참여하면 공동체 서클 절차를 시작하고 유지하는 데 어려움을 훨씬 덜 느낀다. 그러면 문제가 터졌을 때, 서클 훈련 과정을 마친 사람은 개인 가치를 어렵지 않게 길잡이로 의지하여 종래의 대립적 반응 양상에 좀처럼 빠져들지 않는다.

## 2. 서클은 어떤 이해관계도 배제하지 않는다

누구를 서클에 참여시켜야 할지 어떻게 정할 것인가? 누구의 이해관계가 위협받고 있으며 그런 이해관계를 가진 사람을 어떻게 불러들여야 하는가? 작가가 자신의 작품에 대해 저작권을 가지는 것과 같이 범죄의 영향을 받은 사람은 누구나 범죄에 대해 어떤 결정을 내리게 될 서클을 구상하고 활용하는 데 참여할 수 있는 확고한 권리를 가진다. 이를 위해 서클 주최자는 필요한 정보를 누구나 활용할 수 있도록 제공해야 한다. 그러면 누구든 서클에 꼭 참여해야 할지 말지를 스스로 선택할 수 있다. 참여자의 폭이 넓을수록 서클의 잠재력은 더욱 커져 광범위한 협력 기반이 생기고 혁신적이고도 공동체를 배려하는 해결책이 나온다.

더 나아가, 서클에서 더욱 다양한 관점이 드러나면 더욱 포괄적이고 균형 잡힌 결론에 도달할 수 있다. 서클에서는 모든 관점을 담을 수 있는 공간이 마련된다. 그렇지 않으면 서클이 한쪽으로 치우치기 때문이다. 범죄와 직접적으로 관계가 있는 사람에게는 항상 정보를 제공하고 그들이 언제라도 참여할 수 있도록 보장해야 한다. 서클 주최자는 사회를 구성하는 다양한 영역의 사람들이 참여할 수 있도록 애써야 한다. 서클을 반대하는 사람을 참여시키려면 몇 배나 더 노력이 필요하다. 그들에게는 언제라도 참여할 수 있도록 문을 열어놓아야 한다.

어떤 공동체에서 피해자 변호 단체가 처음부터 서클을 반대했다. 서클 위원회는 그들 없이 계속 활동해 나갔지만 계속 피해자 변호 단체를 초대하고 늘 필요한 정보도 제공해 주었다. 피해자 변호 단체가 불참하더라도 각각의 서클 모임을 가지며 그들이 가진 이해관계를 존중하려 노력했다. 마침내는 그들도 참여했고 적극 협조하기까지 했다. 다음은 서클 주최자 중 한 사람이 언급한 내용이다. "이렇게 협력하기까지 참 먼 길을 걸어왔는데, 그 길을 걸으며 양쪽 모두가 참 많이 배웠다는 생각이 들어요."

### 3. 누구나 쉽게 서클에 접근할 수 있어야 한다

어떤 기준에 따라 서클 운영에 관련된 세부 계획을 처리할 것인가? 서클은 여러 면에서 손쉽게 활용할 수 있도록 누구나 알기 쉽고 명료한 절차를 갖추어야 한다. 지식이나 능력, 재산, 연줄이 어느 정도인가 또는 활용할 수 있는 어떤 자원을 가지고 있는가에 따라 참여를 제한하면 안 된다. 따라서 이 원칙에 따라 참여를 가로막는 장애물을 가려내어 치울 수 있다. 누구나 쉽게 참여할 수 있는 적당한 시간을 정하기, 편리한 모임 장소 찾기, 교통편 알아보기, 아이 돌보기, 필요 경비 마련하기 등 현실에서 맞닥뜨리는 걱정거리를 챙겨주는 것은 모두의 참여가 소중하다는 의미를 담고 있다. 사소한 일에 배려를 아끼지 않는 것에서 큰 차이가 생겨나고, 참여를 원하거나 꼭 참여해야 하는 사람들이 마음을 열고 다가오는 법이다.

그에 반해, 사법 제도는 투명하거나 명료하지도 않고, 이용하기도 쉽지 않다. 법률 용어는 본래 평범한 사람들이 알아듣도록 만든 것이 아니라서 전문 지식이 없으면 이해할 수 없다. 더없이 절차가 복잡하여 피해자든 가해자든 사람들이 스스로를 변호하려는 엄두를 내지 못하며, 변호사를 고용하려 해도 벅차기는 매한가지다. 결국 남는 것이라고는 사법 제도는 어느 누구도 쉽게 접근할 수 없다는 사실뿐이다. 서클은 사람들의 따뜻한 숨결을 느낄 수 있는 절차다. 누가 참여하든, 참여하는 사람이 어떤 상황에 처해 있든 상관없이, 서클 주최자는 사람들이 아무 불편 없이 서클에 참여하도록 최선을 다해야 한다.

### 4. 서클에서는 누구든 동등한 참여 기회를 가진다

서클에서 어떤 사람이 다른 사람보다 더 중요해서 그 사람이 한 말에 더 무게가 실려야 하는가? 서클은 철저히 민주적이다. 즉, 누구나 동등하게 목소리를 낼 수 있고 의사 결정에 똑같은 몫을 한다. 나이, 인종, 성별, 개인사, 지위에 상관없이 모든 사람이 가진 관점은 똑같이 대우받는다. 이런저런 의견을 하나하나 다 들어야 한다. 사람들이 지닌 서로 다른 통찰력과 느낌, 경험으로 서클은 균형을 잡기 때문이다. 서클에서 참여자들이 저마다 동등한 발언권을 가진다는 점이 사람들 각자는 가치 있고 소중하다는 사실을 증명한다.

어떤 이해관계를 가지는가에 따라 사람들의 참여 정도가 갈리는 것은 자연스럽다. 하지만 개인의 지위나 위치, 능력이나 재력에 따라 참여 정도를 가르면 안 된다. 진 시노다 볼른<sup>Jean Shinoda Bolen</sup>은 자신의 책 《백만 번째 서클에서*In the Millionth Circle*》에서 이렇게 지적했다. "서클은 지위나 계층과 관련이 없다. 바로 이런 특징이 평등이 아니겠는가? 서클 안에서 사람들이 서로에게 귀 기울이며 깨달음을 얻기에 이런 문화가 발현된다." 참여자들이 자신에게 완벽한 참여 기회가 보장되고 자신이 제시한 의견이 의사 결정 과정에서 중요하게 받아들여진다고 생각한다면 그만큼 서클 절차를 공정하다고 받아들이고, 따라서 최종 결과 산출에 더욱 협력하려 할 것이다.

동등한 참여 기회를 만들어내려 할 때, 사람들이 무엇 때문에 자신이 차별받는다고 느끼는지를 먼저 헤아려야 한다. 누군가 낯선 환경에 들어설 때 환영을 받고 편안함을 느끼는 것은 평등에 관한 중요한 의미를 시사한다. "저는 사람들이 로카에 첫발을 들이는 바로 그 순간 자신들이 환영받고 있다고 느낄 수 있도록 최선을 다해요." 어느 서클 주최자가 한 말이다. 누구에게나 모든 정보를 동등하게 제공하고, 어떤 견해도 소홀히 다루지 않으며, 모든 이해관계를 헤아려 최종 결론에 도달하는 이런 실천을 통해 서클에서 평등 원칙이 발휘된다.

### 5. 서클은 참여를 강요하지 않는다

누군가에게 참여하거나 말하도록 압박을 줘야 할까? 아니다. 어느 누구도 원하지 않으면 서클에 참여할 필요가 없다. 또한 의무감이나 다른 사람의 기대 때문에 할 수 없이 참여하거나 억지로 말을 꺼낼 필요도 없다. 서클이 지닌 힘은 많은 부분 이 원칙에서 나온다. 참여자들이 스스로 선택할 능력을 가진다는 점을 명확히 하기 때문이다. 누구든 선택권을 가지면 힘을 얻는다.

공동체가 서클 훈련 과정을 열어놓아 사법 분야 종사자나 다른 여러 분야에 있는 사람들이 훈련에 참여할 수 있게 하면, 그 사람들은 서클에 더욱 자발적으로 참여하려 한다. 다음은 어느 사법 공무원이 한 말이다. "나흘에 걸쳐 훈련을 받으면서 서클에 대해 깨달은 점도 많고 서로에 대해서 더 많이 알게 되었어요. 이분들은 이제 더 이상 낯선 사람들이 아니에요. 제게 문제가 생겼을 때 도움을 요청할 만큼 이분들을 신뢰하게 되었고 함께 일하는 것도 한결 수월해졌어요."

가해자가 서클에 늘 자발적으로 참여하는 것은 아니다. 가해자가 가질 수 있는 선택권은 서클에 참여하여 어떤 것을 결정하는 과정에서 자신의 목소리를 내거나, 아니면 재판을 받으며 아무런 목소리도 내지 못하거나 둘 중의 하나다. 가해자에게 서클 절차는 어쩌면 필요악이고, 그나마 나은 쪽일 뿐이다. 서클을 놓고 협의할 때, 가해자에게 참여는 의무적이다. 그렇지만 선택 여지가 전혀 없는 것도 아니다. 가해자는 언제라도 자리를 박차고 일어나 서클을 나가서 그냥 재판을 받으면 그만이다. 공동체 사람들은 데릭을 도와 그가 새로운 삶을 살도록 애썼지만, 그것을 못마땅하게 여긴 데릭은 재판을 선택했다. 데릭은 길거리를 누비며 제멋대로 자랐기에 누구에게 뭔가를 설명하는 버릇도 몸에 배지 않았다. 그래서 그는 주저 없이 재판 절차로 되돌아가 버렸다. 서클 참여자들은 데릭이 최종 판결을 받는 자리에 모두 함께했다. 그중 몇몇은 눈물도 보였다. 데릭은 징역형을 선고받았다. 하지만 데릭은 나중에 형기를 마치고 교도소를 나와서는 또 죄를 짓고 기소를 당할 처지에 놓일 때마다 서클을 신청하곤 했다. 그러더니 결국에는 공동체와 함께 새로운 길을 찾는 쪽으로 방향을 잡았다.

서클이 지닌 자발성이라는 특징은 힘이 나오는 근원이지 약점을 낳는 원인이 아니다. 서클의 힘은 참여자들이 모두 책임을 나누어 지는 데에서 나온다. 누구든 자신의 이해관계 이상의 것을 신경 써야 한다.

그렇지 않으면 다른 사람들은 언제라도 떠날 수 있으니 남아 있을 리 만무하다. 자발적 절차에 머물겠다는 선택은 나중에 공동체 안에서 약속을 꼭 지키겠다는 강력한 의사의 표현이다.

### 6. 서클에서는 누구라도 스스로 직접 참여한다

스스로 자신을 위해 이야기하도록 허용해야 하는가? 아니면 재판에서처럼 누군가로 하여금 대신 발언하도록 해야 하는가? 서클에서는 누구나 스스로 말한다. 사람들은 협의에 자신의 목소리가 들어갈 때 책임감이 훨씬 더 강해진다. 직접 진실을 드러낼 때 자신의 말과 행동에 대한 책임을 회피하지 않고 더욱 잘 인정한다. 사람들은 직접 참여할 때 더욱 진지해진다. 가해자와 피해자, 전문직 종사자나 공동체 구성원이 평화 형성 과정에 직접 참여하도록 이끄는 일을 하는 데니스 멜로니는 다음과 같은 의견을 제시했다. "늘 있는 일이지만, 처방이 참여를 능가하지 못합니다."

이 원칙이, 모든 사람들이 꼭 말해야 한다는 것을 의미하지는 않는다. 참여자는 언제라도 대화 소품을 아무 말 없이 다른 사람에게 넘길 수 있다. 하지만 느긋하고 사색적인 서클 공간의 특성과 다른 참여자의 격려, 그리고 특히나 대화 소품은 종종 좀처럼 들을 수 없는 목소리를 끌어내는 환경을 만들어낸다. 그래서 모르는 사람들 앞에서 말하는 데 익숙하지 않은 사람들도 스스럼없이 말하게 된다. 한 소년의 어머니도 대화 소품(이 경우에는 깃털)이 자신의 손에 들어왔을 때 이런 일을 겪었다.

제가 다른 사람들 앞에서 쉽게 입을 여는 사람이 아니에요. 한 번도 그런 적이 없었거든요. 그런데 글쎄, 그날 서클에서 그렇게 오랫동안 아무렇지도 않게 말을 했다니 놀라울 따름이에요. 깃털이 두 번째로 손에 들어왔을 때는 그냥 술술 말이 나왔어요. 다른 사람들이 말하는 모습을 유심히 보았거든요. 그분들이 한 말 하나하나가 제게는 큰 힘이 되었어요. 제가 말을 할 수 있었다는 것이 저나 제 아이에게 아주 좋았어요.

특히나 가해자가 직접 참여할 때 자신이 저지른 일을 인정할 가능성이 좀 더 높다. 가해 행위의 영향을 받은 사람이나 가해자에게 마음을 쓰는 사람들 앞에서 자신의 행위를 직접 마주했을 때, 가해자는 좀 더 강한 책임감을 느낀다. 결국에는 거의 대부분 자신에 대한 인식이나 공동체에 대한 관계에서 매우 큰 변화를 겪는다.

캄보디아 난민인 비체이 퐁은 과거에 폭력배였으나 지금은 로카에서 '비아 사업 VIA Project'[15] 가두 청소년 선도원 street worker 로 활동하고 있다. 폭력조직에 몸담고 있었던 시기에 로카와 처음 인연을 맺었던 비체이는 흉기 소지 특수 폭행 혐의로 기소되어 형을 받고 교도소에서 복역했다. 이런 공적 사법 절차와 별도로 비체이는 서클에 참여하여 자신은 물론 공동체에게도 책임을 다하기로 동의했다. 양형 심리가 열리기 전에 다른 사람들과 자신에게 끼친 해악을 다루기 위해 비체이는 몇 번에 걸쳐 서클에 참여했다.[16] 다음은 비체이가 서클에서 자신이 받은 영향

---

[15] 옮긴이 주) VIA는 이상(Vision), 의지(Intent), 행동(Action)의 머리글자를 모은 준말이다.
[16] 《로카 보고서》, 31.

을 설명한 내용이다.

> 교도소에 가기 전에 제 스스로 서클에 참여했어요. 서클에 참여해도 형기가 줄어들거나 제 사건에 도움이 되지는 않았어요. 서클에는 그냥 혼자 들어갔어요. 제가 서클에 참여하길 원한 건 아니었어요. 너무 힘들었거든요. 해를 끼쳤다는 점을 인정해야 했어요. 제가 무슨 짓을 했는지, 누가 피해를 입었는지, 그런 것이 어떤 파급 효과를 가져왔는지 죄다 말해야 했어요. 그런 것들을 이야기하고, 그런 다음 어떤 일이 있었는지 이해하고 받아들일 수 있으려면 스스로 책임질 각오를 해야 해요.[17]

다음은 비체이가 대화 소품이 손에 들어오던 순간을 회상하며 한 말이다.

> 제가 잘못했기 때문에 교도소에 갔잖아요. 그리고 그게 어디 보통 잘못인가요? 그런데 교도소에 갔더니 왜 그곳에 왔는지 아는 사람이 저 혼자뿐이더라고요. 재판을 받으면 당사자는 한 마디 말도 하지 않고 변호사가 다 떠듭니다. 그리고 판사가 형을 내리면 그냥 교도소에 가는 거죠. 그런데 교도소에서는 모두가 잘못이 없거나 '잘못된 시간에 잘못된 장소'에 있었을 뿐이라고 생각합니다. 잘못을 인정하는 사람은 하나도 없지요. 그런데 저는 제가 무슨

---

[17] 위의 책.

짓을 했는지 왜 거기에 왔는지 알았어요.[18]

비체이는 서클에 직접 참여하며 받은 영향을 한마디로 이렇게 말했다. "지금 제가 이렇게 살고 있는 건 다 서클 덕분이라고 생각해요."[19]

### 7. 사람들이 공유하는 비전이 서클을 이끌어간다

서클의 목표는 무엇일까? 서클은 상황에 따라 각각 독특하지만 서클의 활동에서 비전의 공유shared vision가 무엇보다 중요하다. 비전을 공유함으로써 마치 살아 있는 유기체처럼 개개인의 노력을 일사불란하고도 집중적으로 조율할 수 있다. '비폭력 및 갈등 관리를 위한 파이어 플라워 회관Fire Flower Centre for Nonviolence and Conflict Management'이 내세우는 표어는 다음과 같다. "꿈꾸는 사람이 오직 하나일 때 그것은 꿈에 머물지만, 사람들이 함께 꿈꾸면 새로운 길이 열린다."

공유된 비전의 힘은 사람들이 그것을 어떻게 창조해 내고 지탱하는가에 달려 있다. 합의를 통해 시야를 공유하고 유지한다면, 이는 사람들을 결속시키고 공동체를 이끄는 강력한 힘이 될 것이다. 어쩌면 당연해 보일지도 모른다. 그렇지 않다면 과연 '공유'에 무슨 의미가 있겠는가? 그러나 이미 비전을 공유했기 때문에 사람들이 모인 것이라고 쉽게 생각해서 굳이 그 본질을 명확히 규명하지 않을 수도 있다. 시간을 들여 어떤 비전을 공유하고 있는지 함께 파고들면 여러 면에서 이득이 있는데, 에너지를 한데 모으고 현재 하고 있는 일에 의미를 부여해 주

---

**18** 위의 책, 33.
**19** 위의 책.

는 효과가 있다. 예를 들어 어떤 비전을 공유하고 있는지 해마다 재논의하는 것은 사람들이 공통 목표에 새롭게 전념하는 계기가 된다.

서클 위원회가 경험을 축적하고 새로운 참여자들이 생겨남에 따라 공통의 비전은 점차 새로운 모습으로 변한다. 공유된 비전을 사람들이 의욕을 강력히 불러일으킬 수 있어 참여자들이 비전을 공유하도록 하려면 함께 서클 훈련 과정을 거치는 것도 좋은 방법이다. 이런 훈련은 아무런 지식이나 경험이 없는 사람들 머릿속에 정보를 욱여넣는 것이 아니다. 훈련은 그 자체로 서클 안에 있는 경험이며, 사람들 내면 깊은 곳에 있는 공감대를 찾으려 함께 노력하는 과정이기 때문이다.

### 8. 서클을 활용하는 사람들이 서클을 설계한다

누가 서클 절차를 설계해야 하는가? 어떤 유형의 서클이 필요한가? 특히 상황이 새롭게 전개될 때 서클은 어떻게 연결되어야 하는가? 서클은 참여자들 중심이어서 각각의 공동체는 서로 다른 상황에 맞게 나름의 절차를 설계한다. 상황이 변하더라도 변함없는 가치와 원칙 그리고 공유된 비전을 길잡이로 삼으면 서클 주최자는 마치 미리 맞춰놓은 틀에서 뽑아낸 것 같은 절차에 따를 때보다는 유연하게 서클을 설계할 수 있다. 서클 주최자는 공동체가 직면하고 있는 변화하는 요구와 상황에 맞게 계속해서 서클 절차를 조정한다.

서클을 설계하는 활동은 절대 멈추지 않는다. 새로운 사람들이 공동체 서클 위원회에 참여하면, 그 사람들이 가져오는 신선한 생각은 노련한 구성원들이 쌓아놓은 성과만큼이나 서클을 설계하는 일에 이바지한다. 서클을 만드는 과정에 함께 참여함으로써 사람들의 관계는 깊어지고, 사람들은 서클 절차가 제대로 작동하도록 하는 일에 책임을 느끼게 된다. 그러면 주인의식이 커지고 자부심도 점점 높아진다. 그리하여 사람들은 실패를 교훈으로 삼아 서클이 공동체에 기여할 수 있도록 계속 애쓰게 된다.

**9. 서클은 저마다 다른 요구나 이해관계에 유연하게 대처한다**

서클 절차를 진행하는 방법이 딱 하나로 정해져 있는가? 지도 위에 길 하나를 정해 표시했다면 그것을 바꾸지는 못하는가? 줄곧 밝히지만 서클은 열려 있으며 유연하다. 서클은 눈앞에 놓인 상황에 즉각 반응한다. 내용이나 주안점은 고정되지 않고 늘 바뀌기 때문이다. 유연함은 사람들의 요구와 이해관계가 엄격한 절차를 따르는 것보다 훨씬 중요하다는 의미를 담고 있다.

특히나 상황이 새롭게 전개될 때에도 똑같이 유연하게 서클 절차를 설계하고 진행해야 한다. 기본 방향을 설정하거나 초기 단계를 정하는 몇몇 부분은 당연히 맨 처음 진행한다. 하지만 새로운 요구가 수면 위로 떠오르고 또 다른 쟁점이 등장하면 서클 주최자는 망설이지 말고 현재 전개되고 있는 상황에 대응해야 한다.

각각의 독특한 상황을 이해하고 받아들이려면 서클 주최자는 절차를 조정하여 갈등을 해소할 수 있도록 만들어야지 갈등 상황을 특정 절차의 정해진 틀에 맞추는 우를 범하면 안 된다. 갈등 상황을 미리 정해진 절차에 끼워 맞추려 하면 몇몇 특수한 상황을 보지 못하고 지나칠 것이고, 그러면 사람마다 다른 독특한 요구를 충족시키지 못할지도 모른다. 서클에서 범죄는 긍정적 변화를 만들어내는 계기가 된다. 그런데 경직된 기준에 맞춰 서클을 설계하면 범죄에서 긍정적 변화를 만들어 내는 서클의 힘은 줄어든다. 공동체 안에서 사람들의 연결 관계를 새롭게 생성해내지 못하고 획기적 해결책도 찾아내지도 못한다. 그에 반해서, 누구를 위해, 언제, 얼마나 자주, 어떤 목적으로 어떤 유형의 서클이 필요할지 유념하여 서클을 특정 사건에 잘 반응하도록 설계한다면 전체 절차는 더 큰 효과를 나타낼 수 있다.

## 10. 서클은 통합적 접근 방식을 취한다

서클 대화를 특정 사건이나 과제, 계획과 직접 관련이 있는 쟁점에 국한시켜야 하는가? 아니면 문을 활짝 열어놓고 다른 사람들과 생각이나 경험, 감정 등을 폭넓게 나누는 것이 나은가? 변화가 일어날 수 있도록 범죄에 대응하기 위해 서클은 통합적으로 작동한다. 그리고 이런 대부분의 서클 원칙은 서클의 통합적 특성을 반영한다. 특히 포용 원칙은, 실행 가능하고 치유 효과가 있는 해결점을 찾아내기 위해서는 모든 이해관계를 감안해야 한다는 점을 분명히 보여준다. 한편 다른 여러 접근 방식에서도 서클의 통합적 특징이 드러난다.

첫째, 서클에서 사람들은 사건을 통합적으로 인식하려 노력하기에 대화는 눈앞에 놓인 쟁점이나 상황에만 한정되지 않는다. 모든 것은 서로 관련이 있고 어떤 사건도 따로 떨어져 일어나지 않는다는 인식에 바탕을 두고 서클이 작동한다. 범죄는 여러 요소들이 포함된 맥락 안에서 발생하므로, 서클 대화에서 이런 요소들을 모두 중요하게 다루어야 한다.

둘째, 서클은 문제의 근원까지 파고 들어가 범죄를 일으키는 원인이 무엇인지 이해하려고 한다. 공동체의 힘과 노력을 결집하여 바로 눈앞에 있는 범죄를 바로잡을 뿐만 아니라 나아가 미래에 일어날지도 모를 범죄도 예방한다. 서클은 사회 구조 전체와 관련 있는 범죄 원인을 밝혀내어 범죄를 일으키고 지속시키는 상황을 고치려고 애쓴다.

셋째, 서클은 사람들이 서로 연결되었을 때 나오는 힘에 의지하여 원인을 밝히고 해결점도 찾는다. 따라서 서클은 공동체가 다각도에서 참여할 때 가장 큰 성과를 발휘한다. 유콘 주에서는 종교, 교육, 사법, 사회복지, 경제 등 다양한 영역을 대표하는 지도자들이 서클에 참여하여 그전까지는 불가능해 보였던 해결책을 찾아냈다. 각계각층의 참여가 없으면 흔히 공동체 자원봉사자는 공동체 전체에서 나오는 요구 사항을 감당하기가 힘에 부친다. 범죄는 공동체 전체 측면에 뿌리를 내리고 있으므로, 범죄를 치유하는 해법 역시 부분이 아닌 전체에서 나온다.

넷째, 서클은 통합적 접근법을 취하여 몸, 정신, 감정, 영혼 등 인간 존재의 모든 측면을 활용한다. 갈등은 한 사람의 전체 측면에 영향을 주기 때문에 그 사람의 어떤 측면도 제외하지 않는다. 사람들이 서로 다시 이어지려고 노력하는 동안 사람들의 심장은 뛰고, 감정은 점점 격렬해지며 이곳저곳에 생각이 닿는다. 결과적으로 어떻게 균형 잡힌 절차와 결과를 만들어낼 수 있을지는 사람들이 지닌 각각의 측면에 크게 좌우된다. 서클에서 당면한 갈등을 해결하는 일은 흔히 사람들이 자신의 이야기를 들려주는 것, 다시 말해 삶에서 어떤 여정을 거쳐왔는지, 어떤 관계를 맺고 있는지 말하는 일의 뒷전으로 밀려난다. 사람들이 서로의 모습을 들여다보면 사람들은 더욱 깊은 교감을 나누게 되고 해결할 수 없는 차이로 생긴 답답함에서 벗어나는 데 도움이 된다.

다섯째, 대화가 좀 더 깊은 수준으로 옮겨 가도록 하기 위해 서클에서는 참여자들이 서로를 비난하지 않고 존중하며 자신의 감정을 표현하도록 독려한다. 범죄는 격한 감정을 동반하는 경험이다. 감정 요소를 무시하면 사람들 사이에 깊게 자리 잡은 차이를 해소하지 못해 치유도 늦어진다. 서클에서 사람들은 격한 감정을 느끼는 상황에서도 서로 존중하고 깊이 생각하고 대화하기 때문에, 서클은 자연스럽게 감정을 표출하고 해소하는 적당한 공간이 된다. 이런 일이 일어나면 고통스러운 감정도 해를 주지 않는 유익한 방향으로 처리될 수 있다.

다시 말해서, 서클은 모든 이해관계를 수용하고, 범죄의 근본 원인을 다루며, 모든 필요한 자원을 활용하여 해결점을 찾고, 감정을 비롯한 인간 존재의 모든 측면을 고려하여 변화를 이루려 한다. 서클은 통합적 접근 방식이다. 서클 절차가 너무나 많은 것을 요구하는 듯 보이지만, 서클이 어떤 특성을 지니고 있고 어떤 구조로 짜여 있는지 고려하면, 서클이 모든 이런 기능을 가지는 것은 전혀 이상할 것이 없다.

## 11. 서클은 모든 사람을 존중한다

서클은 각각의 참여자 및 외부 환경과 어떤 관계를 맺고 있는가? 서클이 작동하는 방식과 관련이 있는 모든 것에는 참여자에 대한 존중이 담겨 있어야 한다. 사람들이 서클에 모여 서로를 동등하게 선한 방식으로 대하는 것에서부터 주변 공동체를 존중하는 것까지 존중은 서클 절차에 깊이 스며들어 있다.

예를 들어, 서클의 어떤 것도 한 개인이 어떤 삶을 살았는지, 어떤 환경에 처해 있는지와 무관한 그 사람의 서열을 담은 메시지를 전달해서는 안 된다. 서열은 일부는 존중하고 다른 사람은 업신여긴다는 뜻을 담고 있다. 서열은 다른 사람들이 표현하는 말을 여과하는 역할을 하여 사람들의 경청 능력은 위축될 수밖에 없다. 버드 베일러<sup>Byrd Baylor</sup>가 쓰고 피터 파널<sup>Peter Parnall</sup>이 삽화를 그린 어린이 책, 《다른 식으로 듣기<i>The Other Way to Listen</i>》에서는 한 원로가 젊은이에게 어떻게 자연과 대지의 소리를 들을 수 있는지를 다음과 같이 가르친다. "뿔두꺼비를 예로 들어볼까? 네가 뿔두꺼비보다 낫다고 생각하면 하루 종일 거기에 앉아 있어도 뿔두꺼비가 내는 목소리는 절대로 들을 수 없단다." 서클에 깊이 스며들어 있는 동등함이라는 가치를 통해 다른 사람을 존중할 수 있고 따라서 다른 사람들이 무엇을 말하는지 더 진지하게 경청할 수 있다.

### 12. 서클은 영적 존재를 인정한다

자신의 '영성<sup>spirituality</sup>'을 서클 안에 끌어들이지 말아야 하는가? 다른 공개 절차에서와 같이 서클 안에서 그것에 대해 침묵해야 하는가? 다시 말하지만, 서클은 통합적 성격을 지닌다. 따라서 범죄를 다루는 서클뿐만 아니라 모든 서클에서는 서로의 각기 다른 모습에 대한 충분한 대화가 이루어져야 한다. 서로의 전체 모습을 대화에 끌어들임으로써 참여자들은 마음을 열고 각자의 영적 측면을 느낄 수 있다. 서로가 마음속에 있는 것을 나누며 고통과 절망, 두려움에 맞서고 기쁨과 희망을 향해 함께 힘을 모은다. 사람들은 자신과 다른 사람들의 내면세계와 긴밀하게 이어지고, 서로에게 영혼의 이야기를 들려준다. 그리하여 이해하고 치유하며, 변화하고 사랑하는 심오한 힘은 족쇄가 풀려 사람들의 마음을 움직인다.

《새로운 천 년을 향한 윤리 Ethics for the New Millennium》라는 책에서 달라이 라마Dalai Lama는 '영성靈性'을 "자신과 타인 모두에게 행복을 주는 사랑, 연민, 인내, 관용, 용서, 만족, 의무감, 화합 의식과 같은 인간 영혼의 자질과 관련이 있다."라고 정의한다.[20] 이러한 정의를 따를 때 영적 실천 spiritual practice은 한편으로는 타인의 복지를 먼저 생각하며 행동한다는 의미를 내포하고, 다른 한편으로는 그렇게 행동할 수 있도록 자신을 탈바꿈해야 한다는 뜻도 담고 있다고 덧붙인다.[21] 이런 의미에서 서클은 일종의 영적 실천이다. 따라서 수많은 참여자들은 서클 공간에 머물면서 성스럽다는 느낌을 받는다. 서클에서 사람들은 소중한 가치의 신성함을 경험하고 그런 가치에서 힘을 얻어 새로운 모습으로 변화하기에, 사람들은 평화를 추구하고 서로의 안녕 well-being을 위해 함께 힘쓸 수 있다.

서클에서 사람들은 영혼의 교류를 바탕으로 영적으로 존재하며, 서로의 종교적 믿음은 존중하지만 서로에게 어떤 종교적 관점도 강요하지 않는다. 서로 마음으로 교감을 나누고 공통 인간 조건을 감싸 안는 데는 특정 교파가 따로 필요치 않다. 영성을 바탕으로 누구나 신성한 존재라는 사실과 가장 어려운 때 힘을 합쳐 함께 노력해야 한다는 점을 되새긴다. 상대방의 내면을 들여다보고 공감하며, 마음속 벽을 허물고 짐을 내려놓으며 자신이 가진 최고의 모습을 찾아내어 서로에게 더욱

---

[20] His Holiness the Dalai Lama, *Ethics for the New Millennium* (New York: Riverhead Books, Penguin Putnam, 1999), 22.
[21] 위의 책, 23.

가까이 다가설 수 있다. 어느 서클 참여자는 '서로 다른 사람이 모여 하나 됨one with each other'을 체험하고 다음과 같이 술회했다.

> 뭔지 모르게 달랐어요. 그런 일을 겪은 것도 처음이었고, 그렇게 강렬한 느낌도 처음이었어요. 그 모녀가 어떤 고통을 겪었을까 생각해 보니 나 자신도 고통스러웠어요. 그 순간만큼은 생면부지의 사람도 전에 없이 가족처럼 느껴졌어요. 서클에 모인 서로 다른 사람들이 하나가 되기 시작했어요. 그전에는 알지 못했던 사람들과도 시간이 흐르면서 친숙해졌고, 모두가 같은 길을 걸어왔고 어쩌면 앞으로도 같은 길을 걸어갈 거라는 깨달음이 들었어요. 누구나 같은 사람은 하나도 없어요. 달라도 너무 다르지요. 하지만 우리는 서로서로 연결되어 있어요. 그때 서클에서 제가 받은 느낌은 영원히 없어지지 않겠지요. 아마 계속 이야기하게 될 겁니다.

영적으로 연결되는 그 순간 삶의 항로는 극적으로 바뀐다. 사람들은 서클에서 자기 자신과 자신이 따르던 가치 그리고 다른 사람들과 다시 이어짐으로써 전혀 예상치 못하게 변할 수 있는데, 그런 변화는 흔히 있는 일이다. 서클에서 중요한 역할을 하는 참여자들뿐만 아니라 다른 모든 참여자들도 이런 일을 겪을 수 있다. 다음은 미네소타 주 판사 게리 슈러Gary Schurrer의 의견이다. "당신은 서클에 참여하여 피해자나 가해자를 도우려 하지만 결국에 가장 많이 도움을 받는 사람은 바로 당신입니다." 쟁점이 무엇이든 갈등의 뿌리를 파고들어가는 과정에서 사람들은 마음을 열고, 영혼을 담은 목소리를 내고, 다른 사람과 온전히 함께함으로써, 긴장되거나 깨진 관계를 치유한다는 것의 의미와 자신의 영적 능력을 끌어내어 변화한다는 것의 의미를 진정으로 경험할 수 있다.

### 13. 서클 참여자들은 서로와 서클의 진행에 대해 책임감을 공유한다

영혼이 서로 이어지는 느낌을 받든 받지 못하든, 서클 모임 중이나 모임이 끝난 후 서로에게 기대할 수 있는 것은 무엇인가? 서클은 처음부터 합의를 추구하는 절차라서, 참여하는 사람은 누구나 더 큰 책임감을 가지게 된다. 그러나 서클에서 느끼는 책임은 재판에 참여하며 느끼는 책임과는 성격이 매우 다르다. 재판에서는 기본적으로 처벌이라는 제재를 가하고 전문가가 개입하여 책임을 강제하는 반면, 서클에서는 가치를 바탕으로 하는 행위와 사람들 사이의 연결을 통해 사람들은 자연스럽게 책임을 받아들인다. 서클에서 대화하며 고통과 기쁨을 나누다 보면 서로 합의한 약속을 지켜 사람들 사이에 새롭게 다져진 연결 관계를 존중해야 한다는 강력한 느낌을 받는다. 긍정적인 변화를 만들어내려고 애쓰면서 누구나 점점 더 책임을 다하게 된다.

### 공동체 세우기 지침

이런 열세 가지 원칙은 지침일 뿐 엄격한 규정이 아니다. 원칙을 잘 따르려면 서로 다른 서클 절차에 어떻게 원칙을 잘 적용할 수 있을까 고민해야 한다. 각각의 원칙은 같은 무게를 지니며 상호 보완적이지만, 상황에 따라서는 특정 원칙에 좀 더 각별한 주의를 기울여야 한다. 종합하면, 책임, 치유, 보살핌, 영성, 사랑, 연민, 용서가 자연스럽게 솟아나는 공간, 다시 말해 범죄에 대응하기에 유익한 공간을 어떻게 만들어 내는가 하는 것은 어떤 원칙들이 적용되느냐에 따라 결정된다.

이런 원칙에 따라 평화 형성 서클을 설계하고 운영하면 또한 공동체 세우기 능력이 자라난다. 원칙을 지킴으로써 공동체를 건강하고 활기차게 유지할 수 있다는 희망이 싹튼다. 사람들은 한데 모여 범죄에 대한 책임을 감수하고 선악을 구별하는 어려운 판단을 통해 공동체가 분열되는 것을 막는다. 공동체 위원회의 자체 서클에서는 사람들이 서로 존중하고 신뢰하며 이해하고 공동체 의식을 실제로 체험하는 기회를 갖는다.

## ● 서클의 세계관: 균형과 온전함으로 이끄는 주술원

### 동그라미: 온전함을 추구하는 세계관에 대한 은유

서클은 과거의 전통 토착 사회 때와 마찬가지로 현재에도 범죄 대응 방식으로 새롭게 활용되고 있으며, 세계는 통합된 온전한 하나이며 세상 만물은 서로 이어져 있다고 여기는 세계관에 바탕을 둔다. 지금까지 살펴보았던 가치나 원칙에는 이러한 세계관이 다양한 방식으로 녹아 들어가 있으며, 사람들이 서로를 어떤 관점으로 바라보고 서로 어떻게 교감해야 하는지를 가르쳐주는 철학까지 담겨 있다. 사람들은 서로를 전체의 일부분으로서 반드시 필요한 존재로 여겨 서로 존중하고 결국에는 서로를 신성하게 대한다. 또한 사람들은 자신이 다른 존재와 연결되어 있어서 그들에게 어떤 일이 생기면 자신도 영향을 받는다고 여긴다. 사람들은 서로 이어져 있기에 서로를 돌봐야 하고 그물처럼 촘촘한 서로의 관계가 손상되었을 때 그것을 고쳐야 할 책임이 생긴다.

동그라미 모양은 서클에 반영된 이런 세계관의 보편적 상징이다. 동그란 모양을 곰곰이 살펴보면 온전성과 연결성, 통합성 이외에도 여러 가지 다른 특징을 떠올릴 수 있다. 예를 들어 동그라미의 어느 곳에 점을 찍더라도 동그라미 중심과 정확히 거리가 같은 관계를 가지므로 점 하나하나는 모두 동등하다. 동그라미는 꼭대기가 어딘지 바닥이 어딘지 구분할 수 없어 계층이 없음을 상징한다. 또한 어느 한 부분이라도 잘려 나가면 동그라미는 그 온전한 모습을 잃기에 동그라미를 이루는 모든 측면은 서로 이어져 있으며 불가분의 관계를 가진다. 한편 동그라미는 균형을 의미한다. 어느 한 곳이라도 눌리거나 튀어나오면 그것은 더 이상 동그라미가 아니다.

빙글빙글 돌아가는 동그라미는 순환을 상징한다. 앞으로 나아가지만 되풀이하여 제자리로 돌아오는 움직임을 의미한다. 사람들은 일이 잘못되더라도 제자리로 돌아오리라는 확신을 가진다. 마음을 열고 다시 한 번 배우고, 배운 것을 다시 시도하는 과정에서 잘못을 바로잡고 더 잘할 수 있는 또 다른 기회를 얻기 때문이다. 넓은 의미에서 동그라미는 삶의 과정, 다시 말해 삶이 순환하고 일정한 리듬 속에서 움직이고 있다는 사실을 일깨워준다. 삶의 순환을 깨달으면 그 깨달음을 깊이 간직한 채 삶을 살아갈 수 있다. 다음은 유콘 주 지역의 카크로스/타기시 부족 일원인 마크가 이런 철학에 대한 개인적 깨달음, 다시 말해 동그라미 은유에서 나타나는 철학이 삶의 순환에 어떻게 뿌리를 내리고 있는지, 그가 속한 부족의 문화를 어떻게 알려주는지 말한 내용이다.

서클은 우주 속 자연 순환을 본받았습니다. 과거에 공동체는 여러 가지 형태로 서클을 활용했고, 아직도 일상생활에서 서클을 활용하고 있습니다. 제가 어렸을 때 어머니가 모든 사람들이 대지와 어떤 관계를 맺고 있는지 설명해 주신 것이 생각납니다. 어머니는 사람들이 어떻게 대지에서 다른 생명체와 함께 움직이는지 말씀하셨어요. 그러니까 세상 만물은 동그라미를 그리며 그 안에서 움직인다고 하셨죠. 어떻게 동물과 함께 움직이며 반복되는 삶의 주기 속에서 살고 있는지 말씀해 주셨어요. 우리는 봄이면 강가에서 물고기와 비버를 잡았지요. 그런 다음 호수와 습지 주변으로 옮겨 호수에서 물고기를 잡거나 딸기를 땄고, 얼마 후 산으로 올라가 큰 동물을 사냥했으며, 겨울을 나기 위해 식량을 쌓아놓았어요. 그러고는 계곡으로 다시 내려와 털가죽을 얻으려고 짐승을 사냥했지요. 어머니는 그것이 삶의 주기이고 사람들은 모두 삶의 주기에 따라 살아간다고 하셨어요. 우리는 영혼이 머무는 세계에서 지금 살고 있는 세상으로 들어와 여러 삶의 단계를 거친 후 다시 영혼이 머무는 세계로 돌아갑니다. 그리고 바로 이것이 삶의 순환입니다. 우리 부족의 창조 신화에는 삶이 어떻게 원의 형태로 이어지는지, 어떻게 태양과 달, 우주가 동그란 모양을 가지게 되었는지 보여주는 이야기가 있습니다. 또한 눈 속에서 모닥불을 피우면 눈이 녹아 모닥불 주위에는 동그라미가 생기고 물속에 돌멩이 하나를 던지면 잔물결이 일어 동그라미가 만들어집니다. '포틀래치potlatch'라는 성대한 잔치에서 선물을 나누어 주며 그동안 쌓인 격차와 그로 인한 모든 어려움을 해소하는 것과 마찬가지로 우리 문제도 물 위에 이는 물결처럼 사라지게 마련입니다.

### 주술원: 다름을 인정하되 온전함을 잃지 않으며 균형 유지하기

수천 년 동안 북아메리카 원주민은 '주술원medicine wheel' 또는 '신성한 고리sacred hoop'라고 부르는 상징물에 이 철학적 가르침을 담았다. 동그라미 안쪽을 동서남북 네 방향에 맞춰 네 면으로 분할하여 표현한 주술원은 아주 오랫동안 우주를 나타내는 강력한 상징물[22]로 사용되어 왔으며, 북아메리카와 남아메리카 원주민들에게는 신성한 가르침을 주는 도구였다.

주술원은 동그라미 속 네 면을 통해 어떻게 다양성과 통합성이 균형을 이루는지 보여준다. 각각의 면은 여러 가지 삶의 측면과 성장 단계 그리고 서로 다른 자질 묶음을 상징한다. 그리고 동그라미가 완전한 모양을 갖추려면 네 면이 반드시 필요하다. 통합은 같음을 의미하지 않는다. 통합은 온전함을 이루는 데 없어서는 안 될 다름에 균형을 맞추는 것을 의미한다. 삶의 어떤 측면도 다른 측면과 비교했을 때 중요성이 더하거나 덜하지 않고 저마다 합당한 자리를 차지할 자격이 있다.

### 인간은 몸, 정신, 감정, 영혼이 결합된 존재다

주술원은 여러 심오한 뜻을 담고 있는 상징이다. 여기서는 이 책의 목적에 맞게 주술원 가르침의 한 측면, 다시 말해 인간에 대한 통합적 견해에만 초점을 맞출 것이다. 주술원의 관점에서 보면 인간은 단지 육체나 정신으로만 이루어진 존재가 아니고, 감정이나 영혼만을 담은 존

---

22  Bopp, Bopp, Brown, and Lane, *The Sacred Tree*, 32.

재도 아니다. 몸, 정신, 감정, 영혼의 네 가지 측면은 인간 실존에 꼭 필요하며, 어떤 사람이 제대로 행동하거나 그 사람, 그의 가족, 공동체가 건강하려면 네 측면이 균형을 이루어야 한다.

한 측면이 다른 측면을 앞지를 때면 언제나 불균형이 일어난다. 개인이나 공동체는 병들고 쇠약해지거나 서로에게 해를 끼친다. 주술원 가르침에 따르면, 개인이나 공동체 모두가 건강을 되찾으려면 부족한 측면에 집중하여 그것을 충분히 보완하는 길을 찾아야 한다.

이런 가르침은 범죄에 대응하는 좋은 방법에 관해 중요한 시사점을 제공한다. 예를 들어 대부분 재판은 오로지 정신만 관련된 절차이며, 그 결과는 육체에만 미친다(벌금형 또는 금고형). 재판에서는 감정과 영혼이 드러날 틈을 주지 않는다. 결국 재판에서 얻을 수 있는 균형에는 한계가 있고, 재판은 한쪽에 치우쳐 있어 결국 불균형이 뒤따른다. 다친 감정을 치유하지 못하기에 사람이든 관계든 온전함을 되찾지 못한다.

통합적 관점에서 볼 때 범죄는 법을 어기는 것이라기보다 인간관계를 깨는 것이다. 온전한 삶을 살고 있다는 생각은 범죄로 인해 산산조각 나고, 사람들은 산산이 부서진 삶과 관계를 어떻게 되돌려야 할지 우왕좌왕한다. 판사로 일하면서 배리는 법원 종사자를 포함하여 범죄로 인해 영향을 받은 사람들의 감정 요구를 어루만져야 하는데도 법원이 아무런 손길도 내밀지 못하는 것에 괴로워했다.

> 판사로서 저는 사람들이 겪은 고통과 고립, 불의에 대해 들어야 했습니다. 사람들은 고통과 고립, 불의로 범죄에 빠져들었고, 그들

이 저지른 범죄는 다른 사람의 삶에 고통과 고립, 불의를 안겨주었죠. 어느 쪽으로도 치우지지 않으려면 판사인 저나 재판에 참여한 다른 전문가들은 고통이나 분노를 표출해서는 안 된다고 여겼고, 그때는 그것을 받아들여야 했어요. 그러니 분노로 소리를 지르려 해도, 마음 깊은 곳에서부터 차오르는 눈물을 쏟아내려 해도 그럴 수 없었어요. 그렇게 감정을 억누르며 재판 관행이야 잘 따랐겠지만 재판에서 자신들의 삶을 속속들이 드러내야 하는 사람들의 진솔한 이야기는 전혀 존중하지 못했어요. 그들의 삶은 재판에서 훤히 드러났지만 상처받은 영혼이나 아픈 가슴에는 아무런 손길도 미치지 못했기 때문입니다.

 재판 절차에 참여하는 수많은 판사나 다른 전문가들도 별반 다르지 않겠지만 감정 억제에는 커다란 대가가 뒤따릅니다. 가족이나 친구들은 벌써 알아챘겠지만 우리가 그 대가를 깨닫는 데는 오랜 시간이 걸려요. 감정을 억누르면 마음은 점점 굳어지고 갈라져 더 이상 삶을 그 자체로 기쁘게 받아들이지 못합니다. 아무도 없는 황량한 들판을 걸으며 분노에 차서 소리도 질러보고 별것도 아닌 일이나 겉보기에도 신경을 거스를 일이 아무것도 없는데 눈물을 왈칵 쏟기도 했어요. 가슴 깊은 곳에서 감정을 억누른다고 해서 그것이 없어지지는 않아요. 살다 보면 다른 곳에서 어떤 형태로든지 불쑥 튀어나오게 마련입니다. 범죄의 모든 측면, 특히나 재판에서 차단하는 측면을 아우르는 좀 더 정중하고 통합적인 길을 찾아야 한다고 믿습니다.

### 네 가지 차원의 균형 맞추기

서클은 개인의 삶이나 공동체 안에서 일어나는 범죄를 다루면서 인간 본성의 모든 차원을 짚어보려 애쓴다. 대부분 핵심 출발점은 서로가 꺼내놓는 이야기다. 이야기에는 이야기하는 사람의 모든 측면이 담겨 있어서 자신의 이야기를 털어놓으면 상처는 아물고 공평하다는 느낌이 들어 속이 시원해진다. 서로 이야기를 나누면서 범죄가 사람들의 몸과 마음, 정신, 영혼에 어떤 영향을 미쳤는지 깊이 파고들다 보면 어떤 일이 일어났는지, 사람들의 상태가 지금 어떤지, 앞으로 어떻게 하면 좋을지를 깨닫고 좀 더 균형 잡힌 대응 방향을 모색할 수 있다.

서클에서는 이야기를 주고받는 것뿐만 아니라 다른 여러 가지 길이 열려 있기에 고통스러운 경험에서 벗어나려고 서로가 힘을 모으며 서로의 본모습에 담긴 모든 측면에 균형을 맞춘다. 특히나 서클에 참여하는 것 자체도 바로 다음 네 가지 측면을 살리는 길이다.

- **육체적 측면**: 서클에 참여한다는 자체가 존중을 담고 있다. 사람들은 몸으로 보여준다는 것이 다른 사람에게 어떤 의미를 전달하는지 잘 알고 있기에 서클에 모습을 드러내고 꿋꿋이 자리를 지킨다. 예를 들어 누군가 늦게 나타나거나 들락날락하는 것은 상대를 존중하지 않는다는 의미일 수 있다. 그렇기에 사람들은 험난한 대화를 모두 마칠 때까지 자리를 지키며, 동시에 휴지가 필요할 때 그것을 건네거나 피곤한 때 잠시 휴식을 취하는 등, 서로의 육체적 요구를 돌보기도 한다. 몇몇 공동체에서는 참여자들이 몰입할 수 있도록 음악이나 춤, 그림 또는 다른 활동을 이용하기도 하는데, 그러면 참여자들은 자신의 육체적 측면

을 마음껏 드러내며 서로 이어질 수 있다.

• **정신적 측면**: 사람들은 서클에서 자신의 모든 정신적 힘을 끌어낸다. 다른 사람이 말할 때면 딴생각을 하지 않도록 집중한다. 마음을 열어놓고 온 정신을 집중해서 대화 소품을 들고 있는 사람의 말에 귀 기울이고 어떤 가치를 따라 어떻게 대응하면 좋을지 생각한다. 또한 상황을 파악하고 관련 정보를 마음속으로 정리하고 조합하여 상황을 정확하게 이해하려고 하며, 문제 해결을 위한 새로운 길을 모색한다. 이를 위해 중요한 정신 능력 두 가지를 더 발휘한다. 첫째, 자아 성찰을 게을

**어떻게 균형을 추구할지 알려주는 주술원 지침**

리하지 않고 자신의 생각이나 느낌, 대화 도중에 나오는 자신의 반응에 주의를 기울인다. 둘째, 긴장을 늦추지 않고 자기 자신 또는 다른 사람들 사이에 있는 서로 다른 이해관계나 요구, 차이를 구분하여 알아낸다.

- **감정적 측면**: 사람들은 마음속 깊은 이야기를 꺼낸다. 사람들은 자신의 감정을 생생히 간직하며 좀 더 깊이 자신을 표출한다. 서클은 지적 강연이나 토론의 장이 아니다. 자아 성찰을 거쳐 내면 깊은 곳에서 우러나오는 감정을 가장 잘 표현할 수 있는 장소다. 서클에서 사람들은 서로의 필요나 상처, 고통을 함께 나눈다.

- **영적 측면**: 서클은 더욱 깊고 진실한 수준의 연결을 경험하는 기회를 제공하고, 그 기회에 사람들은 마음의 문을 활짝 연다. 서로 이야기를 주고받으면서 서로에게 공통된 인간적 모습이 드러난다. 또한 사람들은 자신이 미처 말로 표현하지는 못했으나 무엇을 느끼는지 다른 사람이 꼭 집어 말해 줄 때 다른 사람들과 이어져 있음을 느낀다. 사람들은 여러 가지 가치를 함께 파고드는 과정에서 서로에게 차이점보다는 공통점이 많음을 알게 되고, 서로 거리를 두고 멀어져서 고통스러워하기보다는 함께 모여 상처를 치유해야 할 이유가 더 많다고 느끼게 된다. 사람들은 영적 자원을 활용하여 사람들 사이의 불화를 해소하기 위해 그 불화의 근원을 찾아내고 그 인식에 힘입어 내적 평화에 한 걸음 한 걸음 다가선다.

### 네 가지 측면을 활용하여 사람의 잠재력 살리기

평화 형성 서클에서 일어나는 일에 비추어 볼 때 주술원 가르침의 힘은, 사람들이 그 가르침을 따르면서 현재 자신의 모습뿐만 아니라 앞으로 어떤 모습으로 바뀔 수 있을지 되새긴다는 데에서 나온다. 인간 본성의 네 가지 차원을 고루 살리든 그렇지 못하든 상관없이, 사람들은 누구나 인간 본성의 네 가지 차원을 잠재력으로 가지고 있다. 서클에서는 어느 정도라도 네 가지 차원이 모두 발현될 수 있어서 사람들은 변화 잠재력을 살릴 수 있다.

살갑지 못하고 좀 퉁한 편인 10대 소년 데이브의 사례는 이런 네 가지 차원의 균형을 추구하면 그것이 어떻게 긍정적 변화를 촉진할 수 있는지를 분명히 보여준다. 서클에서 데이브와 관계를 맺는 일은 만만치 않았다. 데이브는 머리를 숙인 채 알아듣기 힘들게 웅얼거렸고, 대화에 끼어들 의사가 없어 보였다. 대화 중에 데이브는 달리기에 소질이 있다고 흘리듯이 중얼거렸다. 그 말을 놓치지 않은 한 청년이 자연스럽게 데이브에게 한번 달려보겠느냐고 물었다. 그러자 데이브는 망설임 없이 벌떡 일어나서는 신발 끈을 묶기 시작했다. 그런 데이브를 보고 웃기도 하고 놀리기도 하면서 서클 참여자들은 모두 밖으로 나가서 달리기를 위해 길 위에 출발선과 도착선을 그렸다. 정신과 감정 수준에서는 완전히 실패했지만 사람들은 육체 수준에서는 연결을 만들어낼 수 있었다. 당연히 육체적 상호 작용은 그 자체로 충분하지 못했다. 그러나 이 육체적 상호 작용을 밑바탕 삼아, 데이브는 서클에서 자신의 삶을 개선하는 데 필요한 감정, 정신, 영혼의 연결을 만들어낼 수 있었다.

서클에 참석하는 경험에는 한 사람의 모든 측면이 들어가기에 피해자나 가해자뿐만 아니라 참여한 모든 사람은 균형 잡힌 자아를 더욱 깊이 인식하게 된다. 다음은 배리가 어떻게 이런 인식에 이르렀는지 말한 내용이다.

> 저는 서클에서 균형을 찾았어요. 서클 공간에서 저는 한편으로 판사였지만 다른 한편으로 한 인격체로 존재할 수 있었어요. 법률 교육에서 얻은 지식과 법정에서 쌓은 분석 능력이 필요했고 존중도 받았지만, 다양한 제 감정도 한편으로는 똑같이 중요했지요. 처음 서클에 참여한 이후로는 저는 서클에서 드러나는 고통과 그로 인한 몸부림과 용기를 보며 아무 거리낌 없이 마음껏 눈물을 흘렸어요. 그래서 서클 안에 있으면 흔히 제 내면에서는 영적 느낌, 그러니까 다른 사람이나 삶 자체에 영적으로 연결되어 있다는 느낌이 들기 시작했어요. 그런 일은 처음에는 몰랐다가 흔히 나중에야 깨닫게 되죠. 그리고 서클에서 저뿐만 아니라 다른 전문가도 자신이 지닌 여러 측면을 발견하고 표현하는 것을 줄곧 목격했어요.

《성스러운 나무: 미국 원주민의 영성에 관한 성찰 The Sacred Tree: Reflections on Native American Spirituality》의 저자인 주디 밥Judie Bopp과 마이클 밥Michael Bopp, 리 브라운Lee Brown, 필 레인 주니어Phil Lane Jr.는 주술원이 사람들 각자가 지닌 가능성, 다시 말해서 드러나지 않고 아마 스스로도 알지 못했던 자신의 측면을 개발하는 데 어떤 역할을 했는지를 다음과 같이 설명했다.

> 진실한 사람이 주술원을 거울로 삼는다면 자신의 내면에 숨어 있어 아직도 제대로 펼치지 못한 수많은 멋진 자질을 발견할 수 있다. 주술원은

현재의 모습뿐만 아니라 조물주께서 주신 잠재적 자질을 잘 살리면 얻게 될 미래의 모습도 보여주기 때문이다.

어떻게든 이런 숨겨진 가능성을 발견하고 보살피지 않으면 대부분은 제대로 펼치지 못할 수 있다. 위대한 영적 스승들의 가르침과 같이 사람이 가지고 있는 잠재적인 자질은 나뭇잎 속에 가려 보이지 않는 과일과 같기 때문이다.

사람들이 자신의 가능성을 살리려고 마음먹고 그것을 행동으로 옮기려 할 때 주술원을 본보기로 삼아 어떤 모습으로 바꿔야 하는지 가늠해 볼 수 있다.[23]

## ● 다름은 물리쳐야 할 대상이 아닌 살펴볼 대상

온전함 속에 흔들리지 않고 자신의 가능성에 좀 더 가까이 다가갔다고 느끼면 사람들은 또한 복잡한 상황에 다룰 준비가 더 되었다고 느낀다. 자기 자신과 범죄에 대하여 통합적 시야를 가지게 되면 사람들은 마음의 안정을 갖고 갈등에 접근할 때 정복자가 아닌 탐구자의 자세를 취할 수 있다. "이번 갈등에는 어떤 잠재력이 숨어 있을까?", "좀 더 온전함을 추구하는 방식으로 갈등을 해결하려 노력하면 어떤 가능성이 열릴까?"라는 질문이 나온다.

갈등에 대한 일반적인 접근 방식에서는 갈등을 단순하고 다루기 쉽게 우그러뜨려 특정 갈래에 끼워 맞추고는 갈등에 맞서 싸워 억누르려

---

[23] 위의 책, 33, 35.

고 한다. 사람들은 예전의 평온한 생활로 돌아가거나 자신의 생각에 정당성을 입증받고 싶어서 상황을 정복하고 싶어 한다. 상황의 열쇠를 쥐고 있을 때 정복자의 자세를 취하여, 갈등이 해결되고 나면 패배자가 아니라 승리자로 남고 싶어 한다. 서로에게 차이라도 있을라치면 자신은 옳고 반대자나 심지어 적의 배역을 맡는 상대는 틀리다고 증명하려 든다.

서클 철학에는 다른 접근 방식이 담겨 있다. 사람들은 갈등에 포함되어 있을지 모를 긍정적 변화 잠재력을 발견하기 위해 갈등에 귀 기울인다. 사람들이 서로 함께하는 새로운 길로 향할 때 갈등은 그 길로 인도하는 통로이자 입구가 된다. 갈등은 전체 안에서 일어나며, 어떻게든 전체와 관련되어 있다. 어쩌면 일이 되어가는 형편이 전부 제대로 될 리가 없었는지 모른다. 그래서 갈등이 일어나면 사람들은 자연히 어떻게 상황을 바꿀지 파고든다. 어쩌면 사람들은 정해진 양상을 마냥 따르고 있어 갈등이 일어나면 그런 양상을 재평가해 볼 필요가 있을지 모른다.

### 예상하지 못했던 문제의 발견

마음을 열고 탐구하는 자세로 서클에 참여하면 더 깊은 문제와 더욱 깊이 있는 해결점을 찾아낼 가능성이 높다. 여러 양형 서클에서 지금까지 경험한 대로, 서클에 들어오는 누구도 나중에 서클에서 어떤 일이 일어날지 예측하지 못했다. 처음에는 범죄의 표면적 쟁점을 두고 대화를 시작하지만 개인이나 가족이 가슴에 묻어둔 이야기가 드러남에 따라 관심의 눈길은 곧 법적 의미를 가지는 쟁점 너머로 뻗어나간다.

거리를 떠돌며 마약을 팔다 기소된 어린 소녀 캐럴라인을 위해 서클이 소집되었다. 서클이 진행되면서 캐럴라인의 어머니 역시 재혼한 남편의 강요로 인해 어쩔 수 없이 마약을 팔고 있다는 사실이 드러났다. 그러나 캐럴라인의 어머니는 사실을 인정하지 않았다. 캐럴라인은 무엇보다 어머니를 사랑했고 그런 상황을 경찰에 알리면 어머니가 소중히 여기는 관계가 깨질 것을 알고 있었다. 서클은 예산의 지원을 받는 보호 처분funded placement program의 일환으로 캐럴라인이 가장 친한 친구의 가족과 함께 생활하도록 주선했다. 캐럴라인 모녀를 위한 별도의 비공개 서클이 열렸고, 서클의 응원을 받아 캐럴라인의 어머니는 재혼한 남편과 관계를 깨끗이 끝낼 수 있는 용기를 얻었다. 게다가 어머니를 위한 임시 거처도 마련되었다. 서클은 캐럴라인 모녀가 약물 치료를 받을 수 있도록 지원했다. 다시 말해서, 캐럴라인에게 내려진 '선고'는 단지 캐럴라인이 지은 죄뿐만 아니라 캐럴라인에게 필요한 것에도 손길을 미쳤다. 한 어린 소녀가 자신이 가진 잠재력을 찾아내고 자신의 삶 속에 있는 그 힘을 활용하도록 돕는 선고가 내려졌다. 캐럴라인이 받은 선고이자 '평화 형성 합의peacemaking agreement'의 영향은 캐럴라인과 그녀가 지은 범죄는 물론 그녀의 어머니와 친구 그리고 지역 봉사 활동을 통해 지역 공동체에도 미쳤다.

### 범죄뿐만 아니라 삶에도 영향을 미치는 해결점 찾기

서클 참여자들은 쟁점의 모든 측면을 두루 살펴보게 된다. 그런 다음, 문제의 전체 측면을 완벽하게 깨닫게 되면 과연 어떤 결론에 도달할지 다 같이 탐구해 본다. 누구도 어떤 결론에 도달할지 미리 알 수는 없다. 다시 한 번 강조하지만, 해결책은 흔히 처음에 예상했던 것과는 많이 달라진다.

다음 사례는 서클 여정이 때때로 삶 자체에 심오한 질문을 던지는 것을 잘 보여준다. 열일곱 살 조지는 법으로 채취가 금지된 버섯을 다량으로 가지고 있다가 체포되었다. 그는 도로에서 벗어난 곳에서 차를 몰다가 잡혔는데, 며칠 동안 약물에 취해 있는 상태였다. 조지의 혐의를 다루는 서클에서 공동체 구성원들은 조지가 자신의 아이들, 다시 말해 10대들에게 금지 약물을 나누어 준다며 걱정했지만 조지는 별 반응이 없었다. 운전을 위험하게 한다는 우려의 목소리에도 그는 묵묵부답이었다. 이번 혐의에는 포함되지 않았지만, 조지가 위험하게 운전한다는 사실을 공동체에서 모르는 사람이 없었다. 조지는 시무룩하게 조용히 앉아만 있을 뿐, 전혀 이야기에 끼어들지 않았다. 그러자 서클 참석자들 사이에 불만이 쌓여갔고 사람들은 슬슬 안달이 나기 시작했다. 결국 여러 사람들이 화를 냈고 조지가 짧게 대꾸했다. "죽든 말든 상관없어요. 죽는 건 겁나지 않아요. 그냥 실컷 즐기고 싶단 말이에요."

대화는 갑자기 다른 곳으로 향했다. 참석한 사람들의 이야기는 조지가 삶 자체에 무관심하다는 사실로 옮겨 갔다. 몇몇 사람들은 자신들도 10대 때에 나름 고뇌가 있었다는 사실을 떠올렸고, 지금 10대 자녀들도 마찬가지임을 느끼고 있었다. 새로운 것에 초점을 맞추자 다른 결과가 뒤따랐다. 최종 합의는 조지의 난폭 운전이나 버섯 섭취가 아닌 근본적 원인에 맞추어졌다. 조지는 삶에 무관심했고 그래서 무모하고 위험한 모험을 추구했던 것이다. 서클은 조지에게 12주 동안 말기 환자를 돌보는 봉사 활동을 완수하라고 요구했다. 물론 조지가 이런 형을 받은 것에는 무엇보다 조지 자신의 영향이 컸다. 조지는 형으로 정해진 것뿐만 아니라 더 많은 것을 해냈다. 그는 봉사 활동을 끝마치고 열흘 동안 집중해서 진행하는 명상 수련에도 자진해서 참여했다. 조지의 사례와 같이 서클에서 안전한 공간이 마련되어 사람들이 자신의 삶을 깊이 들여다보고 각자의 삶 속에 있는 이야기를 주고받을 때 사람들의 대화는 어떻게 하면 깊은 상처를 치유할 것인가에 미칠 수 있다. 범죄 자체를 잊고 지나치지는 않겠지만, 서클은 범죄가 근본적 원인의 결과로 나타나는 증상이고 나아가 깊은 변화를 낳는 촉매 역할을 한다고 본다. 조지에게 내려진 형은 형사 사법 전통에서 벗어나 있지만 공동체의 이해와 딱 들어맞았고, 길게 보았을 때는 기존 형벌로는 엄두도 내지 못할 정도로 형사 사법 절차에서 마땅히 추구해야 할 최우선 목표에 더 가까운 조치였다.

### 가장 예상하지 못했던 것: 갈등을 평화롭게 해결하는 인간 능력

이렇게 놀랍도록 문제가 잘 해결된 것은 서클에서 예상치 못했던 변화가 일어났기 때문이다. 그러나 서클은 본래부터 바로 그와 같은 예상치 못한 변화를 이끌어내기 위한 장치다. 서클에서 사람들은 서로 다른 내면의 세계로 움직인다. 그리고 그 세계는 좀 더 열려 있고 진실하다. 따라서 사람들 사이는 평상시보다 좀 더 깊이 있게 이어질 수 있다. 사람들은 의견이 갈리고 부당함에 분노한 상태에서 서클에 들어왔더라도 지레짐작했던 것과는 달리 어느새 서로 협력하여 문제를 해결하고 있음을 깨닫는다. 서클에서 종종 어떤 해답을 찾아냈다고 해도 그것이 갈등을 해결하는 중요한 부분은 되지 못한다. 더욱 중요한 부분은 서로 존중하며 정직하고 겸손하게 여러 중요한 가치를 따르며 서로가 지닌 차이를 평화롭게 살피는 법을 터득하는 것이다. 서로 대립하며 갈등을 해결하려는 사고방식에서는 이런 결론은 예상은커녕 상상도 하지 못한다.

서클에서는 문제를 해결하는 새로운 가능성이 열리므로 사람들이 진정성을 가지고 때로는 힘써 협력하며 배우려는 분위기가 형성된다. 서로의 이야기를 경청하면서 역할이나 고정관념 뒤에 숨겨져 있는 개인의 참된 모습을 깨닫게 되고 특정 쟁점이 지닌 더 많은 측면을 보기 시작한다. 이렇게 인식의 폭이 넓어짐에 따라 사람들은 서로 상호 작용하며 뜻하지 않게 자신의 본모습을 드러낼 수 있다. 서로의 겉모습에 덜 신경을 쓰게 되고 각자의 바람이나 내적 경험에 좀 더 주의를 기울이게 된다. 좀 더 세심하게 열린 마음으로 각자의 내면에서 일어나는 변화를 감지함에 따라 사람들은 또한 서로에게 이전과 달리 반응한다.

간단하게 말하자면 서클은 성과를 내거나 바른 말을 하거나 뽐내는 것과는 거리가 멀다. 서클은 정해진 답을 찾아내거나 무엇보다 다른 사람들이 자신의 의견을 따르게 하는 일과는 관계가 멀다. 더욱이 강제로 누군가를 변화시키려 하지도 않는다. 이런 것은 모두 특정 상황을 정복하려는 기술, 다시 말해 주도권을 쥐고 잘못을 뜯어고치려는 시도에 지나지 않는다. 서클은 그보다도 인간 존재의 근원에 다다라 마음과 영혼에 담긴 진실을 찾고 소중한 가치를 재발견하여 대부분 사람들이 갈망하는 삶의 방식을 표출하도록 돕는 일에 관심을 쏟는다.

물론 말처럼 쉬운 일은 아니다. 서클에서 사람들은 각자의 내면세계와 삶에 인도되지만 그런 부름에 응답하는 데는 시간이 필요하다. 그래서 사람들은 터무니없는 기대를 품고 서클에 참여하기보다는 서클에서 얻고자 하는 것에 대한 균형감을 유지하도록 노력한다. 너무 많은 것을 바라지도 않고 넘지 말아야 할 어떤 한계를 정하지도 않는다. 서클은 인간다운 심오한 과정이기에 가능성과 함께 한계도 있다.

가능성과 한계를 염두에 두면, 사람들은 서클 안에서 마음을 열고 절차를 받아들이고 신뢰하여 인식과 발견, 학습, 전환, 치유가 일어나는 새로운 지점에 자연스럽게 다다를 수 있다. 서클 과정은 아직 알지 못하지만 사람들 각자의 가능한 모습과 사람들이 핵심에서 이어졌을 때 어떤 일이 일어날 수 있을지를 진정으로 탐구하는 과정이다.

# ③
# 서클을 이루는 바깥 틀

●● 서클은 기존 문화에 반하는 면이 몹시 많다. 우리는 잘못을 재빨리 고치려 하기 때문이다. 우리 모두는 공동체를 갈망하고 있다. 서클에 참여하여 무엇인가를 말하고 깨달음을 얻는 것은 멋진 일이다.

당신이 말하면 다른 사람들이 반드시 귀 기울일 것이다. 서클은 사람들을 그저 '우리'와 '남'으로 편을 가르는 대신에 실제로 문제를 해결하는 길을 열어준다.

— 서클에 참여했던 성직자

서클 안 틀inner frame을 구성하는 요소들, 즉 평화 형성 가치의 선택, 안내 원칙 준수, 네 가지 인간적 기본 측면의 균형 맞추기, 갈등 정복이 아닌 갈등 탐구라는 요소들을 보면 서클이 어쩌면 어렵게 느껴질 수도 있다. 그러나 서클은 벅찬 대상이 아니다. 대부분 사람들은 서클을 주변 자연환경처럼 자연스럽게 받아들인다. 서클이 아주 오래전부터 전해 내려왔기 때문일지도 모른다. 그렇더라도 내적 이상을 실천하기 위해서는 보통 외적 받침이 있어야 한다. 특히 갈등에 직면했을 때 사람들은 흔히 길을 잃고 진정 원하는 자신의 모습에서 벗어나 헤매기 때문이다. 서클에서는 좀 더 선명하게 바깥 틀을 이루는 다섯 가지 요소를 통해, 부드럽고 위계가 없으며 존중이 담겨 있되 효과가 매우 높은 대화 지원이 가능하다.

**서클 진행:** 서클 진행자는 통제력을 행사하기보다는 참여자들이 서클의 온전함을 유지하도록 돕는 역할을 한다. 하인이나 산파와 같이 서클 진행에 필요한 모든 것을 위해 보조 역할을 한다.

**대화 소품:** 대화 소품을 활용하면 경청이 가능한 공간을 만들 수 있다. 그래서 참여자들이 목소리를 내면 다른 사람들은 귀 기울여 듣는다.

**지침:** 지침을 통해 참여자들이 함께 만들고 이해하는 행동의 토대가 형성된다.

**의식:** 의식$^{ceremony}$은 교파를 초월하며 포용이 담겨 있고 위협이 없으므로, 의식을 통해서 사람들은 수월하게 서클 공간으로 들어오거나 나갈 수 있다. 서클 안에서 사람들이 의식을 치르고 비전과 목표를 공유하고 함께 노력함에 따라 공동체 의식이 커진다.

**합의에 기반을 둔 의사 결정:** 합의를 통해 결정을 내리는 일은 서클 원칙과 가치를 존중하는 의미가 있기에 참여자들은 결정을 확고히 따르게 된다.

서클을 한 그루 나무라고 보면 서클의 안 틀과 바깥 틀이 어떻게 함께 작용하는지 쉽게 이해할 수 있다. 서클은 공유 가치, 안내 원칙, 주술원 가르침이라는 뿌리에서 자라난다. 그리고 그 뿌리 위에 진행자, 대화 소품, 지침, 합의에 기반을 둔 의사 결정이 나무 전체를 지탱하는 튼튼한 줄기와 가지가 되어 서클 모임에 힘을 준다. 줄기와 가지에서 자라나는 잎과 열매는 사람들이 서클에서 얻고자 하는 결과에 해당한다. 서클 모임을 거치며 사람들이 교감을 나누고 공동체가 계속 자리를 잡아감에 따라 자연스럽게 치유가 일어난다.

## ● 서클 진행: 대화를 위한 안전한 공간 마련

서클에서 진행자는 관리인$^{caretaker}$이자 하인이다. 낮은 자리에 머물러 도움을 주는 존재이며, 서클이라는 기관이 잘 돌아가도록 하는 윤활유 역할을 한다. 진행자는 직접 나서지 않고 참여자들이 서클을 운영하는 데 도움을 줄 뿐이다. 진행자가 가진 힘은 오직 서클에서 나온다. 진행자는 서클을 좌지우지하거나 영향력을 행사하려고 하지 않고 그저 균형 잡힌 대화를 촉진한다. 다음은 청소년 서클 참여자의 말이다. "진행자는 서클 가치를 몸소 실천하고 다른 사람들도 주도권을 가지고 참여할 수 있도록 유도하며 지도력을 발휘하는 존재라는 사실을 금방 알아차리겠더라고요."

진행자의 존재 덕택에 서클은 분명하고 열려 있으며, 존중으로 차 있고, 자유로운 분위기가 흐르는 공간이 될 수 있다. 이는 서클 절차에서 참여자가 가진 지혜를 끌어낼 수 있다는 진행자의 믿음으로 가능해진다. 참여자가 의식과 지침, 대화 소품 그리고 서클의 근본 가치를 이해하고 받아들이면, 진행자는 참여자를 북돋아 자신의 내면에 있는 것을 나눌 수 있는 공간을 만들어낸다. 그렇지 않을 경우에 참여자는 내면의 것을 공유하려 하지 않을지도 모른다.

주술원에 담긴 가르침

즉, 진행자가 꼭 카리스마를 가지고 서클을 좌지우지할 필요는 없다. 더욱이 진행자는 조정자나 '집단 의사 결정 자문가group facilitator'가 아니다. 그런 능력을 가지고 있으면 유용하겠지만 진행자는 그런 역할은 하지 않는다. 진행자는 자신 앞에 놓인 문제를 해결해 낼 수 있는 인간 본연의 능력이나 그런 인간 능력이 솟아나도록 하는 서클의 힘을 철저히 존중해야 한다. 다음은 어느 서클 진행자의 말이다. "진행자는 실은 서클에서 하인입니다. 서클을 직접 이끌어간다기보다는 다른 사람들이 이끌어가도록 도울 뿐이죠. 책임 있는 위치에서 힘을 행사하는 것은 진행자가 아니라 다른 참여자들입니다."

진행자가 마법의 지팡이를 휘둘러 뚝딱 문제를 해결하면 그만인데 애써 서클을 열어야 하는 이유는 과연 무엇인가? 그리고 문제를 해결한다는 것은 무엇을 의미하는가? 어떻게 관계가 형성되고 관계 속에서 믿음이 자라나는가? 어떻게 하면 사람들이 힘을 받아 자신들의 삶에서나 공동체 안에서 문제 해결의 주도권을 줄 수 있는가? 서클은 한 사람이 아니라 공동체가 모두 힘을 합해 기적을 만들어내는 것에 가깝다. 서클의 목표는 관계를 바로 세우는 것이다. 참여자들이 서로를 존중하고 정직하게 대하며 서로에게서 배울 때, 고통스러운 감정을 자연스럽게 드러낼 때, 그리고 이런 과정을 모두 거치면서 자신과 다른 사람들 사이에 믿음이 쌓이고 함께 노력하면 선한 방식으로 문제를 해결할 수 있다는 확신이 들 때에만 오식 관계가 바로 실 수 있다.

서클에서는 모든 사람들이 안전하고 존중이 넘치는 공간을 유지할 책임을 가지고 있으므로 모든 이들이 어쩌면 공동 진행자 역할을 한다. "진행자는 서클에 참여한 모든 이들이 함께 서클을 진행한다는 것을 모두에게 명확히 이해시켜야 합니다. 서클은 모두에게 속해 있으므로 서클 공간을 안전하게 유지하는 것도 모두의 몫이지요." 어느 진행자가 밝힌 의견이다. 서클이 진행되는 과정에서 진행자에게 이목이 집중되면 될수록 참여자들이 동등하게 서클을 진행한다는 느낌은 점점 줄어들게 마련이다. 반면 진행자가 문제 해결을 위한 논의 과정에서 한 발 물러서서 서클의 흐름에 집중한다면 참여자들은 좀 더 주인 의식을 가지고 서클이 유익한 경험이 되도록 앞장설 것이고 서클에서 유효한 결과를 도출하기 위해 힘쓸 것이다. 다음은 매사추세츠 주의 보스턴에 있는 서퍽 대학교 소속 회복적 정의 연구소의 책임자이자 《서클 공간 유지하기: 로카에서 함께한 서클 여정 *Holding The Space: The Journey of Circles at Roca*》의 저자인 캐럴린 보이스 왓슨 Carolyn Boyes-Watson 의 의견이다. "서클에 참여하다 보면 종종 '모두가 선물을 가지고 들어온다.'라는 지혜가 실제로 일어나는 것을 체험합니다. 그리고 그런 힘과 지혜는 지도자가 아니라 참여한 모든 사람들에게서 나옵니다."[24]

서클이나 서클 진행의 이런 특징으로 인하여 케이는 서클을 진행하면서 다른 형태의 조정이나 집단 의사 결정 자문 group facilitation 역할을 할 때는 느끼지 못했던 편안함을 느꼈다. 케이는 다음과 같이 말했다.

> 서클을 진행하는 데에서 제가 정말 좋아하는 점은 제가 결과에 책임을 질 필요가 없다는 사실입니다. 그러니까 서클이 어떤 특정한 방향으로 나아가도록 할 책임이 없다는 말이죠. 소규모 집단의 자문가 역할을 하면서 어떤 집단이 원하는 결과물을 얻지 못하면

---

[24] 《로카 보고서》, 8.

종종 제가 뭔가 부족하다거나 일을 제대로 해내지 못했다고 느꼈어요. 그러나 서클 진행을 맡을 때는 제가 책임지고 최종 결정을 내리거나 특정 방향으로 사람들을 이끌 필요가 없어요. 물론 제게 큰 안심을 주죠.

이런 의미에서 가장 훌륭한 진행자는 다른 사람들이 스스로 서클에서 여러 가지 과제를 담당할 수 있도록 유도하며 거의 눈에 띄지 않게 자신의 역할을 수행한다. 예를 들면, 참여자들이 각자 다른 참여자들을 환영한다거나 간식거리를 준비하고, 지침을 설명하거나 도입부를 진행하고, 서클 시작이나 마무리 의식을 계획하도록 주선한다. 이런 식으로 모든 것을 조직한다면 진행자의 역할은 서클이 열리기 전이나 끝난 후 대부분 서클 밖에서 이루어진다.

훌륭한 진행자는 어떤 자질을 가져야 하는가? 공평함, 정직함, 어려운 대화를 이끄는 기술, 공동체에 대한 이해, 공감 능력, 겸손, 인내 등의 자질을 갖추면 좋겠지만, "제가 서클을 진행하느냐 하면 전혀 그렇지 않아요. 서클을 벗어나지 않고 제 삶을 살아가길 간절히 바랄 따름이에요."라는 어느 진행자의 말처럼, 무엇보다 진행자는 평화 형성 서클의 가치와 원칙, 그리고 그 실천을 이해해야 한다.

진행자는 다음과 같이 여러 가지 역할을 함으로써 서클의 진행에 도움을 준다.

### 1. 서클 준비

서클에서 범죄를 다루고자 할 때 대부분의 공동체에서는 서클이 열리기 몇 주 전부터 진행자 두 명을 뽑는다. 제5장에서 자세히 다루겠지만 서클 모임에서 유익한 결과를 만들어내려면 반드시 준비가 필요하다. 여기서 기본 사항을 미리 빠짐없이 살피는 것은 다름 아닌 진행자가 할 일이다.

진행자는 우선 자신부터 준비를 갖춘다. 진행자는 끊임없이 자신의 내면을 들여다보는데, 그것은 정기적으로 자신의 생각과 행동이 자신이 따르는 핵심 가치와 서클 원칙에 맞는지 확인하는 것을 의미한다. 서클에서 사람들은 무엇이든 마음속에 있는 것을 말로 표현하지는 않더라도 겉으로 드러내게 마련이다. 진행자에 따라 서클 분위기가 정해지므로 진행자의 마음 태도는 되도록 서클 안 틀과 맞추어져 있어야 한다. 서클 모임이 열리기 바로 전에 진행자는 잠시 시간을 내어 마음속 중심을 잡고 평온을 찾는다. 도시를 벗어나 자연 속으로 산책을 나가는 이들이 있는가 하면, 명상이나 심호흡, 스트레칭, 기도를 하거나 마음을 편안하게 해주는 음악을 듣는 이들도 있다. 진행자는 마음이 평안할 때 서클의 흐름을 잘 이끄는 역할을 좀 더 명확히 해낼 수 있다.

진행자는 서클 모임이 열리기 몇 주 전부터 다른 사람들이 서클에 참여할 준비를 갖추도록 다음과 같은 일을 한다.

- 누가 서클에 참여해야 하는지 정한다.
- 참여자들에게 서클이 어떻게 작동하는지 설명한다.
- 서클에서 다루어야 할 쟁점과 참여자들의 요구나 우려가 무엇인지 확인한다.
- 지침에 대하여 의논하며, 서클을 안전하게 만들려면 어떤 지침이

필요할지 참여자들에게 질문한다.
- 진행자로서 자신의 역할을 설명한다.
- 참여자들과 관계를 형성한다.
- 서클 본모임을 열기 전에 치유와 지원을 목적으로 하는 예비 모임을 열어야 할지를 결정한다.
- 가해자나 피해자가 서클에 참여할 적당할 때를 정한다.

### 2. 동등한 정보의 제공

서클에 참여하는 사람들 사이에 힘의 균형이 이루어지려면 모임이 열리기 전부터 누구나 동등하게 모든 정보에 접근할 수 있어야 한다. 진행자는 다른 사람들이 정보를 공유할 수 있도록 하거나 직접 정보를 제공한다. 실례로, 양형 서클에서 진행자는 모두가 동등한 입장에 서도록 사법 분야 전문가들에게서 나오는 모든 정보를 참여자들에게 나누어 준다. 이런 정보에는 재판 전 조사 기록 presentence report, 전과 기록, 보증서 letter of support, 피해자 영향 기술서가 있다.

### 3. 분위기 형성

준비 단계에서 진행자는 질문에 대답하고 절차에 대해 알려주거나, 서클 모임에 필요한 것들을 준비하며 분위기를 형성한다. 사람들이 서클 모임 장소에 들어서는 순간부터 우호적이고 안전히고 따뜻한 분위기를 느낄 수 있도록 진행자는 만전을 기한다. 참여하는 모든 이들을 정겹게 맞이하는 데 소홀함이 없도록 한다. 또한 진행자는 미리 여러 사람들에게 각각 다른 역할을 맡겨서 책임감을 고취시킨다. 대화 소품을 활용하여 여러 차례에 걸쳐 이야기를 하다 보면 좀 더 마음 깊은 곳에 있는 감정을 드러내야 할 때가 있다. 그럴 때면 진행자가 먼저 이야기를 시작하여 약점을 노출하더라도 전혀 위험하지 않다는 점을 보여 주기도 한다. 반면에 견해나 의견을 표명할 때에는 어느 편의 의견이라도 모두 존중한다고 밝혀 균형을 맞추며 서클을 마무리하기 위해 맨 나중에야 말을 꺼낸다. 진행자는 대화의 각 차례나 단계를 마치며 그동안의 대화를 요약할 때 참석한 사람들이 용기를 내어 솔직하게 말해 준 것에 대하여 정리해 주거나 대화에 적극 참여한 것을 높이 평가하며 합의 도달에 상관없이 서클이 좋은 방향으로 진행될 수 있도록 분위기를 조성한다. 또한 시종일관 차분하고 열린 마음으로, 여유 있고 사색적이며 서로 다른 의견을 존중하고 각자의 노력을 인정하는 분위기가 지속되도록 주의를 기울인다.

### 4. 대화 촉진

준비 작업을 빈틈없이 마쳤다면 서클에서 진행자가 대화 촉진을 위해 할 일은 별로 없을지도 모른다. 대화 소품을 활용하거나 지침에 따르기만 하면 에너지는 바람직한 방향으로 흐르게 마련이다. 때로 대화가 순조롭게 진행되지 않더라도 참여자들이 지침을 벗어나지만 않는다면 능숙한 진행자는 서클의 흐름에 따라 참여자들이 스스로 쟁점을 다루도록 내버려둔다. 진행자가 너무 앞서 나가 문제 해결에 지나친 열성을 보이면 대화를 통해 싹트는 공동 책임 의식은 약화될 수밖에 없다. "서클을 진행하는 횟수가 늘어날수록 서클을 더욱 믿게 됩니다." 캐나다 유콘 주에서 진행자로 활동하는 로즈 윌슨의 견해다. 서클이 잘 작동하리라는 믿음이 생기면 참여자는 힘을 얻어 평화 형성 서클 과정에서 책임을 받아들이고, 전문가의 도움 없이 문제 해결을 위해 함께 노력한다. 공동체와 그에 속한 사람들에게 '권한을 주어 스스로 문제를 해결하도록 하는 것empowering'이 서클이 추구하는 더욱 큰 해결책이다.

진행자가 때로 대화의 물꼬를 터야 하는 것은 당연하다. 다만, 꼭 나서서 간섭하지 않더라도 얼마든지 대화를 촉진할 수 있다. 진행자가 자유로운 의견 교환이나 브레인스토밍brainstorming을 위해 대화 소품을 들고 먼저 말을 꺼내거나 다른 사람에게 대화 소품을 넘겨주면 그 사람이 특정 문제를 다루기 위해 새롭게 대화를 시작할 수도 있다. 진행자가 이야기를 유도하는 질문을 던지고 바로 어떻게 대답을 해야 하는지 몸소 시범을 보여주며 참여자 서로가 이야기를 주고받도록 촉진하는 과정에서 공감과 이해를 바탕으로 하는 유대 관계가 형성된다.

한 차례 대화를 마치고 나서 대화 내용의 요점을 정리하는 과정에서 진행자가 참석한 사람들이 나름 애쓴 점을 짚어주면 대화가 더욱 활기 있게 이어질 수 있다. 마지막으로 진행자는 참여자들이 사적 대화를 나누거나 감정을 추스르도록 잠시 쉬어가는 시간을 요청할 수 있다. 진행자는 휴식 시간에 누가 도움이 필요한지 알아낼 수 있다.

### 5. 이해관계의 균형 조정

서클 모임을 준비할 때 진행자는 당사자들의 입장과 이해관계를 충분히 드러낼 수 있도록 준비해야 한다. 그런 다음 서클이 활발하게 진행되고 있을 때는 "모든 이해관계가 충분히 드러났는가? 누군가 이야기를 하면 다른 사람들이 귀 기울여 듣는가? 새로운 합의에 혹시 몇몇 우려 사항들이 빠지지 않았는가?"라는 질문을 스스로에게 던지며 대화가 균형을 이루고 있는지 살핀다. 그리고 문제점을 발견하면 진행자는 잠시 쉬어가는 시간을 내어 힘든 감정을 표현하도록 참여자들의 용기를 북돋우고 다른 사람들도 힘들어하고 있다는 사실을 상기시킨다. 또한 모든 당사자들의 입장을 충분히 반영하여 합의에 도달하기 위한 제안을 내놓기도 한다.

### 6. 서클 과정의 온전함 보호

서클에서 갈등과 범죄의 근원을 파악하려면 힘든 것을 말하고 격렬한 감정을 드러내야 한다. 서클은 가장 까다로운 대화를 위한 것이기에 가끔은 감정이 폭발하거나 소진되는 순간이 온다. 이런 긴박한 순간이 오기 전이나 후 또는 그 순간에 머물러 있을 때 진행자는 여러 가지 대처 방안을 활용해 서클의 온전함을 유지할 수 있다.

예를 들어 처음부터 지침을 따르고 가치에 집중하면서 합의에 도달하면 대부분의 문제는 예방할 수 있는데, 의도를 가지고 상대방을 존중하지 않았기 때문에 문제가 일어나는 것이 아니라 예전 습관을 무심코 따르다 보니 문제가 일어나는 것이다. 진행자는 적절한 행동을 몸소 보여주거나 부드럽게 주의를 환기시키거나 웃을 수 있는 가벼운 이야기를 하거나 이런저런 몸짓으로 표현하며 서클 지침 위반에 대응한다. 또한 진행자는 쉬는 시간을 이용해서 사람들과 개인적으로 이야기를 나누며 그들의 격한 감정과 대화의 어려움을 있는 그대로 받아들이고 바람직한 방식으로 문제를 해결하도록 도와달라고 부탁할 수 있다.

하지만 원활한 서클 진행에 명백히 지장을 주는 행위는 묵과하지 말아야 한다. 누구라도 선뜻 나서서 사람들에게 지침을 되새겨주지 못하면 진행자가 나서야 한다. 참여자들이 자신들도 진행자 역할을 분담한다는 사실을 받아들이게 되면 그들도 차차 힘을 보태 이런 일을 하게 된다. 무엇보다 힘든 감정의 순간에 대처하는 진행자의 포용력과 서클에서 그런 순간을 극복할 수 있다는 진행자의 믿음이 자라나고 기적은 바로 그런 순간에 일어난다.

### 7. 서클 진행 속도 조절

서클 대화에서 감정이 격앙되거나 소진될 수도 있고 대화를 한 차례 끝마치는 데 시간이 제법 걸릴 수도 있다. 따라서 진행자는 언제 속도를 조절해야 할지 알아챌 필요가 있다.

누군가가 대화 소품을 들고 시간 가는 줄 모르고 이야기를 이어가면 사람들은 슬슬 불편해진다. 오랫동안 마음속 깊은 개인적 이야기를 쏟아내면 방해하지 않는 것이 최선이겠지만, 진행자가 말을 가로막아야 할 때도 있다. 참여자들은 말하는 데 몰두하더라도 어느 정도 시간 간격을 지켜야 한다는 주의 사항을 이해해야 한다. 서클에서는 종종 대화 소품 두 개를 준비하여 하나는 말하는 사람이, 다른 하나는 진행자가 사용한다. 진행자는 말하는 사람에게 대화 소품을 들어 보임으로써 이제 그만 이야기를 멈추고 대화 소품을 다른 사람에게 넘겨야 한다고 신호를 보낸다. 몇몇 서클에서는 말이 너무 장황하게 늘어지면 진행자가 그 말을 끊어야 한다는 특별 지침을 두기도 한다. 하지만 지나치게 긴 발언을 막으려면 말하는 시간 간격을 지켜 다른 사람에게 폐를 주지 말아달라고 처음부터 설명하는 것이 제일 좋다.

진행자가 누군가 너무 길게 이야기를 끌어 잠시 쉬어가기로 결정했다면, 말하는 사람에게 쉬기 전에 기존 발언을 끝낼 것인지, 아니면 휴식이 끝난 후에 다시 이야기를 이어갈 것인지 물어볼 수 있다. 또한 휴식을 취하며 진행자는 이야기하는 사람에게 다른 사람들에게도 말할 시간을 주어야 할 필요가 있다고 넌지시 알려줄 수 있다.

애초에 60~90분마다 휴식 시간을 가지기로 정하면 대화 도중에 굳이 설명하고 양해를 구할 필요도 없다. 휴식을 끝내고 다시 대화를 시작할 때 진행자는 얼마간 시간 제약을 두어 모두에게 발언 기회를 주어야 한다고 참여자들이 기분 나쁘지 않게 주의를 환기시키는 것이 좋다. 그러면 참여자들은 자신이 말할 때 시간 간격을 지키고 모두가 발언할 기회를 가진 후 서클을 마칠 수 있다.

### 8. 새로운 참여자의 환영

서클은 한 번 진행하고 마치는 경우도 있지만, 범죄를 다루는 서클 프로그램에서 모임은 대부분 정기적으로 이루어진다. 나중에 설명하겠지만 핵심 집단 core group 은 서클 과정을 계속 유지할 책임을 진다. 프로그램이 자리를 잡아감에 따라 주요 인물들 key players 을 지원하거나 공동체의 정식 자원봉사자가 되려는 사람들이 새로 서클에 참여할 것이다. 진행자는 새로운 사람이 들어올 때마다 서클이 어떻게 작동하는지, 어떤 틀 안에서 그들이 참여하게 될지를 명확히 알려주어야 한다. 그런 다음 진행자가 새로운 사람들을 소개하거나 그들이 스스로 자신을 소개할 수 있도록 한 차례 소개 시간을 제공한다. 늦게 도착하는 사람이 있을 때는 진행자 중 한 사람이 잠시 자리를 벗어나 그 사람을 맞이하고 지금까지 진행 사항을 설명하면 된다. 누구라도 자신이 환영받는다는 느낌을 가져야 한다. 모든 서클 참여자들이 특히나 새로운 사람들을 맞이하는 역할을 분담하면 환영하는 분위기를 형성하는 데 보탬이 될 수 있다.

### 9. 초점 유지

서클 본모임과 서클 형태의 별도 준비 모임preparation Circle이나 주요 참여자의 사전 모임에서 진행자는 참여자들이 쟁점에 집중하도록 돕는 역할을 한다. 이를 위해 진행자는 질문을 던지거나 대화 차례에 맞게 주제를 정한다. 또한 서클을 시작하기 전이나 끝마친 후 그리고 서클을 진행하는 동안에도 중요 사항을 요약해서 설명하기도 한다. 범죄를 다루는 서클은 어디에 초점을 맞추면 바람직할 것인가? 평화 형성 서클에서 주안점은 단지 처벌을 위한 형을 정하는 데 있다기보다 가해자와 피해자를 지원하고 범죄의 근본 원인을 밝히는 데 있다. 따라서 쟁점은 관계 법률이 아니라 관련된 사람들에 의해 정해진다. 처음에는 가해자가 행한 범죄에 초점을 맞추겠지만 앞에서 살펴본 조지의 사례와 같이 어느덧 초점은 범죄의 근본 원인을 다루는 쪽으로 옮겨 간다. 조지의 사례를 되짚어 보면, 조지가 약물에 취한 상태에서 운전을 했다는 범죄 행위에서 조지가 삶을 가볍게 여긴다는 근본 문제로 초점이 옮겨 갔다. 또한 해를 입은 사람이 친구와 공동체에 다시 이어지도록 도울 수 있는 방안을 찾기도 하고, 미래를 생각하며 개인적 삶에서나 공동체 내에서 어떻게 변화를 이끌어내어 더 이상 범죄가 일어나지 않도록 막는 방법을 찾기도 한다.

다시 말해서, 서클은 통합적 접근법을 취하기에 어떤 상황의 몇몇 측면이 언뜻 관련이 없어 보여도 그 상황의 모든 측면을 다 함께 살펴볼 필요가 있다. 진행자는 이런 필요성을 가볍게 여기지 않고 너무 엄격히 한 곳에만 초점을 맞추지 않도록 조심해야 한다. 범죄로 인해 일어나는 개인, 가족, 경제, 사회 문제는 흔히 복잡하다. 따라서 처음에 가장 중요해 보였던 쟁점이라도 나중에는 전혀 그렇지 않은 것으로 바뀔 수 있다.

홀로 아이를 키우는 조안의 음주 운전 혐의를 다루는 서클에서, 참여자들은 조안이 어떻게든 살아보려고 발버둥치고 있지만 자포자기 상태에 빠져 자살하려는 마음을 먹고 아이도 방치하고 있다는 사실을 알게 되었다. 또한 조안의 친척이나 이웃이 살아가려는 의지를 사실상 포기한 조안에게 무엇이 필요한지 깨닫지 못하고 있다는 사실도 밝혀졌다. 초점을 유지하는 것이 중요하지만 진행자는 또한 삶이 그리 간단하지 않으며 범죄가 절대 진공 상태처럼 아무것도 없는 곳에서 일어나지 않는다는 사실도 소홀히 하지 않는다. 서클은 모든 관점에서 갈등을 다룸으로써 다른 곳에서는 찾을 수 없는 독특한 효과를 만들어낸다.

## 10. 서클 참여

진행자라는 위치를 활용하여 의견을 내세우지 않지만 진행자도 어엿한 서클 구성원이다. 참여자가 공동 진행자인 것과 마찬가지로 진행자도 참여자다. 대화 소품을 돌리며 대화할 때 진행자는 인격체로서 자신의 목소리를 낸다. 진행자는 다른 참여자들과 거리를 두지도 않고 관찰자 역할에 머물지 않는데, 그런 행동은 포용과 평등, 공유 원칙에 반하기 때문이다. 다른 사람들과 마찬가지로 진행자도 서클 과정에 참여하며 견해를 밝히고, 감정을 표현하며, 개인 이야기를 나눈다.

재판이나 전문적 갈등 해결 실무에서 판사, 조정자, 조력자는 사적으로 개입하지 않도록 훈련받는다. 그들은 일정 거리를 두고 객관적이고 중립적이며 공평한 전문가이자 관찰자로 행동해야 한다. 반면에 서클은 중립성과 편견에 관한 문제에 다른 식으로 접근한다. 진행자에게 모든 당사자와 동등하게 거리를 두라고 주문하는 대신에 모든 이해관계를 존중하기 위해서 참여자 하나하나에게 똑같이 헌신하도록 요청한다. 관계 형성에 역점을 둔 서클 절차에서는 거리를 두고 중립을 유지하는 전략보다 이렇게 동등하게 헌신하는 것이 더욱 보탬이 된다. 거리를 두고 중립을 유지하는 전략은 모든 것들은 서로 연결되어 있어 분리할 수 없다는 서클 관점에 잘 들어맞지 않을지도 모른다. 다음은 어느 북아메리카 원주민 진행자가 이런 문제를 어떻게 다루는지 밝힌 내용이다.

서클은 제가 잘 알고 소중하게 생각하는 사람들이나 저와 함께 일하는 사람들 그리고 제가 속한 공동체와 관련을 맺잖아요. 저 또한 서클에서 영향을 받는 것은 물론이고요. 아무 느낌이 없는 척하면 그것은 진실하지 못한 것이겠지요. 중요한 것은, 서클을 진행하며 언제 어떻게 제 자신을 표현해야 할지 더욱 주의를 기울여야 한다는 거예요. 모든 사람들이 존중받을 수 있는 기회를 얻도록 하고, 저 또한 바람직하고 정중한 방식으로 다른 사람과 함께 나눈다는 확신이 있어야 해요. 어쨌든 나눔은 꼭 필요합니다. 서클에서 어떤 일이 일어나고 있을 때 어느 누구도 제외되어서는 안 됩니다. 제가 서클에서 진행자로만 머무는 것이 아닙니다. 서클 안에서 제 자신으로 존재하며 감정을 드러내는 것이 진행자 역할을 하는 것보다 더 중요할 때가 있습니다. 서클이 제대로 진행된다면 모두가 진행자가 아니겠어요?

———

요컨대 참여자들이 서클 가치와 원칙, 철학을 잘 따르고 실천한다면 서클은 대부분 저절로 잘 운영될 것이며, 포용적이며 생산적인 균형 잡힌 대화를 만들어내기 위해 진행자가 굳이 애쓸 필요가 없다. 서클 진행자가 자신의 역할을 줄이면 줄일수록, 참여자들은 더욱 책임감을 가지고 서클을 이끌어가고, 결과를 더욱 충실히 이행하고, 서클을 진정한 공동체의 노력의 대상으로 받아들이게 된다.

## ● 대화 소품: 사색을 위한 적절한 속도와 동등한 의견 제시 보장

"누구든 대화 소품을 건네받은 사람이 말한다."라는 기본 개념은 단순하지만 서클 대화에 여러 방면으로 심오한 영향을 미친다. 대화 소품을 활용하면 어느 누구도 빠지지 않고 모두가 대화에 참여하게 된다. 즉 조용하고 수줍음이 많거나 사람들이 많은 곳에서 말을 꺼내는 것을 힘들어하는 사람은 마음에 품은 생각을 나누는 기회를 얻는다. 반면에 자신의 견해를 펼치는 데 거리낌이 없는 사람은 다른 사람의 이야기를 경청하고 깊이 생각할 수 있게 된다. 참여자들은 서클에 참여한 다른 사람들을 향해 밖으로 대화의 문을 열 뿐만 아니라 마음속 문을 열고 내적 성찰에 집중할 수 있다. 서클의 특질은 경청인데, 대화 소품을 활용하면 참여자들은 더욱 경청하게 된다. 대화 소품이 서클을 돌아 옮겨 갈 때 사람들은 다른 사람의 이야기에 진심으로 귀 기울이기에 서로서로가 연결되고 치유가 일어난다.

더 주의 깊게 듣고 더 많이 듣는 일이 누구에게나 쉽지는 않다. "사람들은 좀처럼 제자리에 가만히 앉아 있지 못하기 때문에 악행을 저지른다고 봅니다." 17세기 프랑스 철학자 블레즈 파스칼Blaise Pascal이 지적한 말이다. 맞는 말이다. 가만히 앉아 있는 일이 어디 쉽겠는가? 처음에 몇몇 사람은 자신의 손에 대화 소품이 들어오기를 초조하게 기다리며 꼼지락거리다가는 안절부절못한다. 남이 말하는 도중에 서슴없이 끼어들어 잘못을 꼬집는 데 익숙한 사람들은 다른 사람의 말을 가로막으면 그 사람이 입을 다물어버린다는 사실을 깨닫지 못한다.

평화 형성 서클을 활용하여 범죄에 대응하는 과정에서 변호사와 판사는 흔히 주장을 밝히려는 욕구를 억제하는 데 어려움을 겪는다. 진행자는 변호사나 판사가 재판 문화에서 쌓은 경험과 직업을 수행하며 받은 압박으로 몸에 배인 그들의 행동 양식을 존중하며 그들에게 서클 지침을 따르도록 주의를 환기시키고 침을성을 가지도록 요청할 수 있다.

그러나 어느 정도 시간이 흐르면 대화 소품을 잡고 떠들고 싶어 가장 안달을 내던 사람도 경청이 일으키는 변화의 힘을 깨닫기 시작한다. "깃털 때문에 경청할 수밖에 없었어요. 그리고 귀 기울여 듣다 보니 제가 정말로 완전히 바뀌더군요. 새로운 시야가 열린 겁니다. 제가 하려고 했던 말을 저보다 다른 사람이 더 잘했어요. 그러니 저만이 꼭 책임을 져야 한다는 느낌은 사라졌어요. 그러니까 모두가 어느 정도 책임을 나누어 가졌더군요." 이는 어느 검사의 의견이다.

서로의 이야기를 들으면서 사람들은 서로를 이해하고 사이도 더 가까워진다. "서클에서 다른 사람의 이야기를 귀를 기울이니까 제 자신에 대한 이해가 좀 더 깊어지더군요." 어느 공동체 구성원의 의견이다. 상대방을 존중하고 조용히 그 사람의 이야기를 들으면서 많은 사람들이 깊은 치유의 경험을 갖게 된다. 다른 사람의 이야기 속에서 자신의 삶을 들여다볼 때 사람들은 서로 이어져 있음을 느끼고, 오랜 세월 간직한 고통이 아물기 시작한다. "다른 사람이 저와 같은 길을 걸어왔고 또 가고 있다는 사실은 상대방의 말을 이해하게 해주었을 뿐더러 그 사람이 저와 같은 짐을 지고 있다는 점을 일깨워주었어요. 고통이 사라지는 느낌이 들었어요." 또 다른 공동체 구성원의 말이다. 개인의 이야기를 공유하면 '삶을 변화시키는' 힘과 함께 '생명을 주는' 힘이 생긴다. 다른 사람의 이야기 속에서 자신의 삶과 고통, 희망, 몸부림을 깨닫는 바로 그 순간, 사람들은 서로를 이해하고 서로 연결된다. 그리고 흔히 사람들은 그런 경험을 처음으로 겪기도 한다.

조용히 경청하는 것도 똑같이 강력한 힘을 가진다. 다음은 조직 상담사인 마거릿 J. 휘틀리가 쓴 〈잘 듣기 Good Listening〉라는 기고문의 일부이다. 이 기고문은 휘틀리가 최근에 저술한 책 《서로에게 고개를 돌려 바라보기: 미래를 향한 희망을 되살리는 간단한 대화 *Turning to One Another: Simple Conversation to Restore Hope to the Future*》를 각색한 것이다.

정말 쉽게 할 수 있는 행동이 또한 가장 큰 치유 효과를 나타내기도 한다. 그것은 누군가가 말할 때 귀 기울이는 것, 즉 단지 경청하는 것이다. 충고나 지시 따위는 하지 않고 조용히 그리고 전적으로 들어주는 것을 말한다.

다른 사람이 귀 기울여 들어주는 것이 말하는 사람에게 치유를 일으키는 이유는 무엇일까? 완벽한 대답을 할 수 없겠지만, 내가 아는 한 그것은 경청이 관계를 형성한다는 사실과 연관이 있다. 얽히고설킨 삶 속에서 생명을 가진 그 어떤 것도 홀로 살아가지 못한다.

함께 사는 것이 인간에게 자연스러운 상태다. 우리가 계속 서로에게서 멀어지더라도 관계 속에서 존재할 필요성이 사라진 적은 없다. 누구나 이야기를 가진다. 그리고 우리 모두는 다른 사람과 연결을 맺으려 하며 자신의 이야기를 하고 싶어 한다. 아무도 들어주지 않으면 자신에게 이야기할 수밖에 없고 그러면 점점 미쳐간다.

서로의 이야기를 경청하면서 우리는 서로에게 더욱 가까이 다가간다. 그러면 우리는 더욱 온전해지고 건강해지며 신성해진다. 서로에게 귀를 막으면 분열이 생기고, 분열은 늘 더 큰 고통을 일으킨다. 우리가 서로 만나길 거부하고 서로에게 귀 기울이길 거부하면 건전한 문화를 만들어낼 수 없다. 반면에 우리가 서로 만나고 경청할 때 세상은 온전한 모습으로 다시 태어난다.[25]

---

25 Margaret J. Wheatley, *Turning to One Another: Simple Conversations to Restore Hope to the Future* (Los Angeles: Berrett-Koehler Publishers, 2002)의 개정판, Margaret J. Wheatley, "Good Listening," *IONS Noetic Sciences Review: 174 Exploring the Frontiers of Consciousness*, no. 60 (June-August 2002): 14–16.

대화 소품은 사람들이 귀 기울여 듣는 데 도움을 준다. 서클에서 대화 소품을 사용하게 되면 일정한 구조와 질서가 들어서고 리듬이 생겨서, 사람들은 어느 곳에서보다 서로에게 집중한다. 서클에서 사람들은 온전히 집중하고 서로를 존중하고 깊이 생각하며 경청한다. 꼭 어떤 대답을 내놓아야 할 것만 같아 주의가 흐트러지지도 않는다. 서클에서는 어떤 쟁점이 떠오르더라도 그것을 다룰 준비가 되어 있기 때문이다. 이렇게 깊이 서로에게 집중하기에 서클에서 경청은 사람들을 치유하고 연결하고 '세상을 다시 짜 맞추어 온전한 모습을 갖추도록' 하는 효과를 가진다.

**대화 소품 활용**

참여자들이 다음의 활용법을 따라 대화 소품을 이용하면 긍정적 경청 분위기가 형성된다.

- 대화 소품을 한 방향으로 이동시킨다. 대화 소품이 서클을 도는 방향을 바꾸지 않도록 한다. 북아메리카 원주민 공동체에서는 대화 소품을 태양이 움직이는 길을 따라 시계 방향으로 돌린다. 모두에게 말할 기회를 주기 위해 대화 소품은 끊임없이 서클을 돌고 누구도 건너뛰지 않는다. 그로 인해 말하기 전에 먼저 듣고 말하고 나서는 다시 듣는 양상이 생긴다.
- 대화 소품을 들고 있는 사람만이 말한다. 진행자가 달리 말하는 경우를 제외하고 사람들에게 오직 대화 소품을 손에 들고 있을 때만 발언하도록 한다. 이 규칙을 따를 때 참여자들은 말하기 전에 기다림이 중요

하다는 점을 배우며 그로 인해 경청 능력이 더욱 향상된다. 대화 소품을 손에 든다고 해서 꼭 말해야 하는 의무가 생기는 것은 아니다. 발언을 하지 않고 그냥 넘겨도 되며 다 함께 잠시 침묵의 순간을 가질 수도 있다. 대화 소품을 잡고 있으면 강력한 순간이 형성된다.

공동체의 원로인 제시의 손에 대화 소품인 깃털이 들어왔을 때 제시는 그것을 들고 잠시 아무 말도 하지 않았다. 그러고 나서 제시는 옆에 앉은 가해 청소년 잭에게 그가 말할 준비를 하도록 잠시 침묵의 시간을 가졌노라고 설명했다. "네가 말하는 것을 듣고 싶구나. 내가 이 깃털을 잠시 놓지 않았던 것은 네가 시간을 갖고 내면의 목소리를 찾으면 진실한 이야기를 할 수 있으리라 생각했기 때문이다. 우리 모두는 너를 돕기 위해 이 자리에 모였다. 내가 너를 얼마나 사랑하는지 알잖니? 네가 심성이 바른 아이라고 믿는다. 너의 그 따뜻한 심성에서 묻어난 이야기를 들어보자꾸나." 잭은 잠시 멈칫하더니 준비가 되었다며 고개를 끄덕였다. 처음으로 입을 연 것이다. 이전에 재판을 받을 때는 한마디도 하지 않았지만, 이제 잭은 마음속에서부터 고통을 쏟아내며 사과를 했고, 거짓이라곤 전혀 찾아볼 수 없었다.

대화 소품이 일단 서클을 한 바퀴 돈 후에 진행자의 손으로 되돌아오며 진행자는 다음과 같이 행동한다.

- 지금까지 함께 나눈 이야기를 요약하고 대화 소품을 다시 한 번 돌리기 전에 추가로 질문을 던진다.
- 특정 참여자에게 명확히 요점을 밝히거나 개별 쟁점에 대하여 답

하도록 요청한다.
- 대화 소품을 다시 누군가에게 넘겨 대화를 한 차례 더 진행한다. 여기에서 진행자의 왼쪽에 앉은 사람은 언제나 먼저 이야기를 시작해야 한다는 부담을 가질 수 있으므로 진행자는 다른 누군가에게 대화 소품을 넘기기도 한다. 늘 같은 사람에게 대화 소품을 줄 필요는 없지만 대화 소품은 언제나 같은 방향으로 움직여야 한다.
- 대화 소품을 들고 누군가가 발언하도록 한다.
- 대화 소품을 서클 가운데에 놓아두어 어느 누구라도 그것을 들고 이야기할 수 있도록 하거나 대화 소품을 사용하지 않은 채 의견 교환을 할 수 있도록 한다. 열린 대화를 주고받을 때 여전히 참여자들에게 진실하게 말하고, 상대를 존중하고, 시간을 독차지하지 않으며 서클의 진행을 존중해 달라고 요청한다. 몇몇 사람들이 대화에서 다른 사람을 압도하거나 대화에서 부정적 에너지가 높아지면 대화 소품을 다시 사용하여 균형을 바로잡는다.

**대화 소품 선택**

어떤 물건을 대화 소품으로 활용할지는 공동체의 전통과 풍습, 다루고자 하는 쟁점의 성격, 그리고 과연 그 물건이 서클에 어떤 보탬이 될 수 있을 것인가 하는 점에 달렸다. 소중한 물건을 대화 소품으로 활용하면 다툼이 있는 논쟁도 포용적 대화로 바뀔 수 있다. 대화 소품을 사용함으로써 서클 안에서 사람들의 연결은 촉진되며, 이야기 도중에 사람들은 서클 가치와 원칙을 되새길 수 있다.

대화 소품은 강력한 상징물이 될 수 있으므로 공동체는 대화 소품을 고르는 데 시간을 아끼지 않는다. 공동체에게 중요한 의미를 갖는 물건을 대화 소품으로 삼으면 사람들은 그것을 활용하는 절차를 존중하게 된다. 그런 물건은 참여자들이 마음을 열고 솔직하게 이야기하는 한편 마음을 터놓으며 다른 사람의 이야기에 똑같이 귀 기울일 수 있도록 주의를 환기시켜야 한다. 서클 안팎 어디에서나 대화 소품을 소중히 다루어야 하며, 사용하지 않을 때는 특별한 장소에 보관해야 한다.

어떤 형태든 대화 소품은 서클이 신성한 공간이라는 의미를 뒷받침해야 한다. 마크의 말처럼 한 집단에 적합한 물건을 대화 소품으로 활용하면 그것은 사람들에게서 좋은 점을 이끌어낸다. 사람들은 자신에게 있는 최선의 측면을 끌어내어 쟁점을 다루게 마련이고, 그렇게 하면 사람들은 새로운 발상에 마음을 열게 된다. 케이는 대화 소품의 상징적 의미가 중요한 역할을 했던 예를 다음과 같이 소개했다.

사람의 숨결이라고는 느낄 수 없고 크기만 한 방안에서 더구나 숨이 턱턱 막히는 열기를 참으며 소규모 사립학교 교직원 여덟 명과 함께 서클을 진행했어요. 먼저 서클이 어떻게 진행되는지 대화 소품을 어떻게 활용하는지 알려주었어요. 교사 중 한 사람을 중심에 두고 일어나는 고통스러운 내부 갈등을 그분들이 해결할 수 있도록 서클을 진행해 달라고 부탁을 받은 터였지요. 몇몇 사람들이 대화 소품으로 활용하기 위해 교사의 역할을 상징하는 말랑말랑한 고무 사과를 가져왔어요. 대화가 도입부를 지나고 참여자들은 교직원 사이에 있는 문제를 얼핏 내비쳤지만 모두 신중하게 말할 뿐 속내를 드러내지 않은 것이 명백했어요. 주된 문제를 언급하는 사람은 하나도 없었으니까요.

    점심 식사를 마치고 저는 새로운 대화 소품으로 10cm 길이의 기다란 달팽이 껍데기를 사용하자고 제안했어요. 껍데기 바깥쪽이 깨져 안쪽의 정교하고 매력적인 나선형이 드러나는, 깨지긴 했지만 아름답다고 말했어요. 그리고 달팽이 껍데기가 문제의 중심에 있는 여교사에게 다다랐을 때, 그 여교사는 껍질을 손에 쥐고 눈에 눈물이 그렁그렁 맺힌 채 말했어요. "이 대화 소품은 정말 강렬한 힘을 가지고 있군요. 저는 오늘 이곳에 와서 되도록 말을 꺼내지 않고 그럭저럭 견디며 내심 이 일을 매듭지으려고 했어요. 제 감정이 어떤지 말할 의도는 전혀 없었어요. 그런데 이 대화 소품 때문에 제가 그럴 수 없을 것 같네요." 그 여교사는 마음속에서 진심으로 말했고, 그러자 대화의 문이 열리고 문제가 서클 안으로 온전히 들어왔어요.

### 대화 소품 활용의 이점

    대화 소품을 활용하는 간단한 방법으로도 사람들이 상호 작용하는 방식에 큰 변화를 주는 효과를 얻을 수 있다. 대화 소품은 여러 가지 면에서 숨김없고 유익한 대화를 촉진하기 때문이다.

    **대화를 촉진한다.** 대화 소품을 활용하면 가장 직접적으로는 사람들이 균형을 맞추며 참여할 수 있으므로 몇몇 사람이 우위를 점하는 일은 일어나지 않는다. 다른 경우라면 말을 꺼내지 않을 사람도 의견을 말할 기회를 얻고 모든 사람이 골고루 목소리를 내기에 더 많은 관점이 표출

된다. 대화 소품에는 사람들이 각자 뭔가 중요한 기여를 할 수 있다는 암묵적 메시지가 담겨 있고, 이런 메시지는 사람들에게 서로 감정을 공유할 수 있도록 독려한다. 실제 활용 수준에서 보면, 대화 소품을 사용하면 사람들이 말을 짧게 끝마치게 된다. 대화 소품을 쥐고 말하는 사람은 다른 사람이 발언할 기회를 기다리고 있는 점을 염두에 두고 진행자가 몸소 제시한 제한 시간을 준수해 말하는 속도를 적절히 조절한다.

**평등을 보장한다.** 대화 소품을 사용한다는 것에는 평등을 보장한다는 강력한 표현이 담겨 있다. 계층과 교육 수준, 권력에 대한 어떤 구분도 없고 말하는 형식이나 내용, 말재주를 가리지 않기에 대화 소품을 사용하면 각각의 참여자들에게 똑같은 공간이 열린다. 또한 참여자들은 용기를 내어 서클에서 일어나는 일에 똑같이 책임지려 한다. 대화가 성공할 때 그 성과는 참여자들에게 골고루 돌아간다. 여의치 않은 어려움이 있더라도 모든 참여자는 서클의 원활한 진행에 기여할 기회를 얻는다.

**속도를 늦춘다.** 대화 소품을 건네며 이야기를 하다 보면 대화는 또한 천천히 진행된다. 발언자는 대화 소품을 들고 있으면 말을 마칠 때까지 대화 공간을 지배한다는 사실을 알고 있기에 굳이 말을 빨리 해야 할 필요성을 느끼지 못한다. 그래서 느긋하게 충분히 생각하며 이야기 속도를 조절한다. 방해받지 않고 발언할 기회를 가지며, 발언할 때는 아무도 끼어들어 말을 자르지 않을 것이므로 찬찬히 이야기를 꺼내놓을 수 있음을 누구나 알고 있다.

**경청 능력을 키운다.** 대화 소품을 활용하면 경청 능력도 커진다. 서클에서는 듣는 데 시간을 더 많이 들이기에 누구나 점점 더 듣기에 익숙해진다. 그러면 사람들은 다른 사람도 비슷한 생각이나 느낌을 가진다는 것을 깨닫고 그런 깨달음을 통해 사람들은 더욱 깊은 교감을 나누게 된다. 또한 귀 기울여 들으면 서로의 차이점도 더 잘 이해하게 되는데, 외형뿐만 아니라 서로 생각하고 느끼는 방식이 다르다는 것을 깨닫는다.

사람들은 말하기 위해서는 귀 기울여 들어야 함을 깨닫는다. 사람들은 흔히 말을 꺼내거나 상대방의 말에 대꾸할 적당한 순간을 포착하기 위해 틈을 찾는다. 그래서 서클에 처음 참석한 사람은 대화 소품을 기다리다 보면 종종 답답함을 느낀다. 그러나 사람들은 기다림으로 인해 더욱 깊이 듣고 생각하게 되고 다른 사람의 말에 이전과는 다르게 반응한다는 사실을 깨닫는다. 기다리고 경청함으로써 예상치 못했던 생각이나 느낌이 떠오를 뿐만 아니라 사람들 사이에 좀 더 인간적 차원의 나눔이 가능해진다. 다음은 어떤 공동체 구성원이 몇몇 흔한 반응을 언급한 내용이다.

깃털이 오길 기다리며 줄곧 무슨 말을 해야 할까 생각했어요. 사람들에게 깊은 인상을 주려면 이런저런 말을 하면 되겠구나 궁리했지요. 그런데 전혀 생각지도 못한 사이에 제가 다른 사람이 하는 말에 정신을 빼앗겨 듣고 있지 않겠어요? 그러다 보니 갑자기 제 손에 깃털은 들려 있고, 제가 정작 내뱉은 말은 마음속으로 몇 번을 연습했던 말과는 완전히 달랐어요. 꺼내놓고 보니 좀 더

제 자신에 관해 솔직한 이야기가 되어버렸어요. 제가 한 말에 저도 놀랐어요.

**평화 형성 능력을 키운다.** 특히 범죄를 다루는 서클에서 대화 소품을 활용하면 참여자들이 어떻게 평화를 형성할지 배우는 데 보탬이 된다. 주요 인물들의 감정이 고조되어 있을 때 직접 관련이 덜한 사람들은 평화 형성자 역할을 하며 격한 감정을 유익한 방향으로 풀 수 있는 기회를 제공한다. 화가 났을 때는 받아들여 주고, 걱정거리를 내놓으면 존중해 주며 격한 감정을 돌릴 유용한 방법을 살펴볼 수 있다. 누군가 분노하면 그것을 소홀히 여기지 않고 서클에 참석한 모든 사람들이 절차에 맡겨 처리하면 분노의 대상이 되는 사람은 격하게 반응할 수밖에 없는 상황으로 몰린다는 느낌을 덜 받게 된다. 분노를 받아들이고 좀 더 유익한 방향으로 그것을 다루고자 의견을 내고 양쪽 모두에게 지원을 아끼지 않음으로써, 참여자들은 분노가 터져나와 서로 적의를 가질 수 있는 상황에서도 그것에 매몰되지 않고 오히려 넘어서는 능력과 자질을 갖추게 된다.

가해 청소년 제이크가 친구의 집에 침입하여 난장판을 만들어놓은 사건에 관한 서클에서 공동체 구성원인 제인은 화를 내면서 거리낌 없이 모든 감정을 드러냈다. 1년 전 제인의 집에도 누군가가 침입하여 난장판을 만들어놓은 일이 있었다. 대화 소품이 서클을 돌고 이야기가 이어지면서 참여자들은 제인이 왜 화를 냈는지 전부 받아들이고 수긍했다. 참여자들은 제인의 고통을 납득했지만 한편 제이크와 그의 부모에게도 자신들이 직면한 어려움을 알리며 제대로 해명할 수 있는 기회를 주었다. 참석자들은 부모들과 공동체 모두가 아이들과 더 많은 시간을 보내야 한다며 이야기를 주고받았다. 제인이 화를 내는 것을 보고 제이크의 아버지는 처음에는 화를 냈지만 나중에는 태도가 달라졌다.

> 제인이 내 아들에 대해 그런 식으로 말했을 때는 정말 화가 나서 한마디 단단히 해주려고 했어요. 그런데 말할 차례가 돌아오길 기다리며 찬찬히 들었는데, 사람들은 제 가족에게 손을 내밀고 있으며 제 아들이 자신의 잘못을 바람직한 방향으로 극복할 수 있도록 도우려고 하더라고요. 처음 의도와 달리 제가 그런 식으로 말하고 나서 저도 놀랐어요. 제 아들도 제가 한 말을 들으며 자신도 그런 식으로 말해야겠다고 생각했을 거예요. 아들이 자신의 책임을 받아들이며 사람들에게 말하는 모습이 자랑스러웠어요. 제가 만약 제인에게 화를 쏟아부었다면 제 아들은 그렇게 말하지 않았겠지요.

**정직함을 길러준다.** 대화 소품을 들고 있을 때 사람들은 또한 정직하고 겸손하고 진실하게 말해야 한다고 마음을 다잡는다. 대화 소품은 서클 원칙과 가치를 상징하기에, 진실이 드러나는 동시에 고통이 함께 찾아오더라도 진실을 찾기 위해 모두가 함께 노력해야 한다는 뜻을 담고 있다. 사람들이 대화 소품을 건네받는다는 것은 자신이 아는 진실을 최대한 말해야 한다는 신성한 요청을 받는 것이다. 이는 또한 최선을 다해 서클에 참여해야 한다는 요청이기도 하다. 그것은 문제를 얼버무리고 넘어간다거나 불편한 감정을 숨기지 않으며, 최선의 가치를 따라 진심을 담아 고통스러운 감정을 푼다는 것을 의미한다. 대화 소품은 영적 이어짐과 한 차원 높은 원칙을 상징하기에 사람들은 용기를 내어 고통스러운 감정을 드러낼 수 있다.

**합의 형성 조건의 밑바탕이 된다.** 대화 소품을 활용하면서 사람들은 서클 절차에 이끌려 들어가게 되고, 대화 소품에 담긴 호소력으로 인해 자신이 가진 최선의 모습을 드러내고야 만다. 서클에서 대화 소품 활용이 합의에 도달하기 위한 밑바탕이 되는 것이다. 대화가 몇 차례 돌아가면 적대감은 점점 수그러들고 사람들 사이에 서서히 공감대가 형성되기 시작한다. 각자가 내놓은 의견이 하나씩 모여 다양한 의견의 실타래가 만들어지고 그것이 하나로 짜여 들어가 합의가 탄생한다.

이런 모든 이유들로 말미암아 대화 소품은 감정이 격앙된 상황에서 서로 존중하고 깊이 생각하고 대화하기 위해 없어서는 안 되는 상징물이다. 대화 소품을 통해 몇몇 주요 인물들이 가진 힘과 책임이 서클에 참여한 모든 사람들에게 분배됨으로써 특정 사람이 서클을 주도하지 않고 모두가 공평하게 서클에 참여한다.

대화 소품을 사용하다 보면 겉으로 드러난 것보다 훨씬 낫고 자신도 미처 몰랐던 신성한 측면이 나오기에 서로에게 가진 적대감은 풀리고 사람들은 궁지에서 벗어난다.

다음은 라코타Lakota 부족의 어떤 서클 진행자의 말이다. "서클에서 사람들이 대화 소품을 들고 각자 말하는 것은 마치 기도를 드리는 것과 같습니다."

## 지침: 바람직한 길을 따라 함께하기로 동의

서클 지침은 서클을 진행하며 따라야 하는 단순한 지시directions 그 이상이다. 내용(무엇을 말하는가)이나 참여자와의 관계(어떻게 활용하는가)에서 지침은 서클이 표방하고 있는 가치와 원칙을 반영하기 때문이다. 서클 원칙은 핵심 지침 내용에 따라 현실에 적용 가능하도록 바뀐다. 지침은 공유 가치를 실천하며 어떻게 서클에 참여해야 할지 자세한 내용을 담고 있기 때문이다. 참여자와의 관계에서 지침은 서클 절차의 틀을 대략적으로 잡아줄 뿐이지 엄격하고 경직된 절차를 강요하지 않는다. 지침은 통제가 없어도 잘 움직이고 개방된 서클의 성격을 반영하므로, 사람들은 지침을 따르며 서클 정신에 발맞추지만 지침을 적용하는 방법은 각자 자유롭게 결정할 수 있다.

서클의 도입 단계에서 진행자는 서클 지침과 가치가 어떻게 서로 연결되어 있는지를 설명한다. 그러면 참여자들은 지침을 따르며 자신들이 추구하는 가치를 실천할 수 있다. 이런 맥락에서 지침은 개인적 가치가 배제된 엄격한 규정이 아니라 각자가 추구하는 가치에 뿌리를 둔 것으로 받아들여진다. 지침을 이런 식으로 받아들이면 참여자들은 지침의 형태와 그에 담긴 정신을 더욱 잘 따르게 되며, 제한 사항만 늘어놓아 별효과도 없는 학급 규율쯤으로 생각하는 일은 줄어들 것이다.

진행자가 준비 단계에서 참여자들에게 핵심 지침을 설명하면 누구라도 그것을 이해한 후에 서클에 참여할 수 있다. 서클이 소집되면, 진행자는 곧 있을 대화에서 안전하고 서로 존중하는 공간을 만들기 위해 따로 제안할 것이 있는지 묻고, 처음부터 모든 사람들이 지침을 따르기로 합의하는 데 힘을 쏟는다. 모든 사람들이 절차가 어떻게 진행되어야 하는지 의견을 내놓을 수 있으며, 서클을 시작하는 바로 그 순간부터는 과정에서 배제되는 사람은 아무도 없다.

어떤 식으로 이야기를 주고받아야 할지 의논하며 서클을 시작하면 행위 한계를 정하는 것 외에도 여러 가지 이득이 있다. 처음부터 서로

**서클 지침**

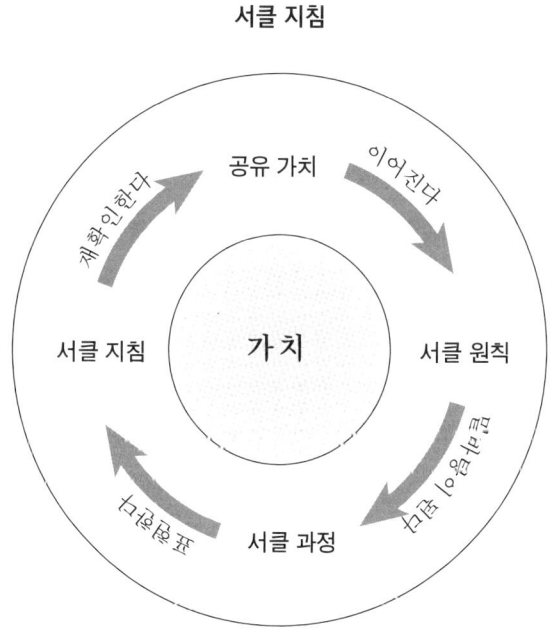

의논하여 이야기하는 방식을 정하면 누구든 서로 어떻게 소통해야 할지 이해하기에 사람들은 과정에 대한 책임을 함께 지기로 동의하게 된다. 사람들은 까다로운 쟁점에 들어가기 전부터 합의에 도달하는 경험을 가지고 상대방에게는 공감대를 찾아낼 기회를 준다. 또한 참여자들은 "모든 이해관계를 존중하고 과정에 대한 책임을 함께 분담하며 합의를 통해 의사 결정을 이루어야 한다."라는 서클 접근법을 처음으로 경험한다. 다시 말해 평화 형성을 위한 사람들의 열망이 모이고 그런 열망이 서클 공간 내에서 어떻게 작동하는지 실제로 드러난다.

다음은 주거 침입 피해를 당한 어느 여자의 말이다. "가해자 말고도 저 또한 서클에 당당히 참여할 수 있다는 느낌이 들었어요. 그것이 전환점이 되어 서클에 참여하게 되었어요." 어느 가해자는 이렇게 말했다. "서클도 재판과 별반 다르지 않을 거라고 생각했어요. 재판이야 여러 번 겪었거든요. 재판에서 제가 할 수 있는 일은 없었고, 그저 아무 말 없이 처음부터 끝까지 앉아 있기만 했지요. 그런데 서클이 미처 시작하기도 전에 제가 어떻게 편안하게 참여할 수 있을지 목소리를 낼 수 있다는 사실에 깜짝 놀랐어요."

참여자들이 의견을 모아 특정 서클에 필요한 지침을 따로 정하기도 하겠지만 다음과 같은 여섯 가지 지침은 서클 대화에 꼭 필요하다. 이런 핵심 지침을 따를 때 서클 가치와 원칙이 명확히 행위로 전환되어 새로운 참여자는 별 어려움 없이 서클 분위기에 적응할 수 있다. 핵심 지침은 다음과 같다.

- 대화 소품 활용 방식을 준수한다.

- 진심을 담아 말한다.
- 정중하게 말한다.
- 정중하게 듣는다.
- 서클을 멋대로 벗어나지 않는다.
- 비밀을 지킨다.

**대화 소품 활용 방식을 준수한다**

대화 소품 활용 방식을 준수함으로써, 다시 말해서 다른 사람이 대화 소품을 들고 있을 때 아무 말 없이 들어줌으로써 상대방의 견해와 시각에 대한 존중을 표현한다. 누구나 동등한 발언 기회를 가지며, 아무 방해도 받지 않고 자신의 생각과 느낌을 표출할 욕구가 있다는 점을 인정한다. 실제로 대화 소품 활용 방식을 준수한다는 것은 포용성을 소중하게 여긴다는 의미다. 또한 대화 소품 활용 방식을 따라 귀 기울여 듣고 깊이 생각하다 보면 다른 사람들의 여러 가지 의견을 들을 기회를 가지게 되고, 자신에게서 의외의 생각이나 말이 나오는 경험을 갖게 된다.

**진심을 담아 말한다**

진심을 담아 말하라는 두 번째 지침은 정직, 신뢰, 공유, 용기, 겸손과 함께 이미도 공감, 용서, 사랑을 포함힌 여러 가지 시를 가치에 바딩을 둔다. 이 지침을 따르면 고통과 분노를 바람직하게 표현하는 길을 찾을 수 있다. 예를 들어 상대방을 비난하거나 책망하는 대신에 사람들은 서로의 감정을 공유하고 어떤 말이나 행동 또는 특정한 사건이 어떻게 영향을 미쳤는지를 있는 그대로 말한다.

　가해자들은 서클에서 진심으로 이야기를 꺼낼 때 재판에 참여하던 그 어느 때보다 더욱 솔직해진다. 어떤 가해자는 그 차이를 다음과 같이 묘사했다. "피고인석에 들어서면 꼭 경기를 하려고 준비한다는 느낌이 들었어요. 진실한 제 이야기를 꺼낼 필요도 없이 판사가 들으면 좋을 이야기를 해서 이득을 얻으면 그만이니까요. 그러나 서클에서는 거짓말을 한다거나 진실의 일부만 드러내는 게 통하지 않아요. 왜냐하면 사람들이 제가 말하는 문장에 담긴 의미를 찾으려 하지 않고 저의 진실한 목소리를 들으려고 모두 귀를 기울이고 있었기 때문이에요. 다른 사람들에게 보여주고 싶은 제 모습이 아니라 본모습을 오롯이 보여줄 수밖에 없었어요. 그렇게 하지 않고 제가 다른 사람들을 경기 상대로 여기고 이기려 든다면 그 사람들도 모두 진실을 말하지 않을 것만 같았어요."

　서클에서는 누구도 선서를 해야 한다고 요구하지 않는다. 진행자는 대화 소품을 드는 것이 선서하는 것이라고 설명해 준다. 대화 소품을 들면 온 마음을 다해 진실을 말하라는 요청을 받은 것이고 진실을 말하겠다는 약속을 구체적으로 표현하는 것이다.

### 정중하게 말한다

　이 지침은 말하는 내용이나 방식에서 정중하게 감정을 공유하라는 요청을 담고 있다. 한 예로, 말을 간결하게 하는 것은 상대방의 의견도 들을 가치가 있다는 존중의 메시지를 함께 담고 있다.

　서클에서는 힘든 말을 꺼내야 하지만 그렇더라도 가능한 한 정중하게 말할 수 있다. 정중하게 말하려는 욕구는 서클 가치를 따를 때 나온다. 누군가 정직하면 다른 사람도 따라서 정직해진다. 겸손, 공감, 존중, 사랑이라는 가치를 따르면 사람들은 다른 사람이 자신의 말을 어떻게 받아들일지 헤아릴 것이고, 사랑을 비롯해 용기, 신뢰라는 가치를 따르면 말하는 사람이나 듣는 사람이나 모두 힘들더라도 흔히 진실을 말하려 할 것이다.

정중하게 말한다는 것은 서로의 차이를 존중한다는 것을 의미한다. 누구나 서로 다르더라도 서로를 힘들게 하지 않을 수 있고, 다른 사람의 이해관계를 무시하지 않으면서 자신의 이해관계를 추구할 수 있으며, 다른 사람의 생각을 업신여기지 않으면서 자신의 신념을 표현할 수 있다. 사실, 서클이 가진 힘은 여러 다른 견해가 표출되는 서클의 특성에서 나온다. 먼저 마음을 열고 정직하게 깊이 생각하면서 자신과 다른 견해도 선뜻 받아들이고 자신의 다른 점을 말하면 상대방도 마찬가지로 따라 하게 되는 법이다.

### 정중하게 듣는다

정중하게 들으라는 지침도 마찬가지로 서클 가치에서 비롯한다. 포용이라는 가치를 따르기에 사람들은 자신의 견해뿐만 아니라 다른 견해도 받아들이려 한다. 또한 겸손이라는 가치에 따라 사람들은 자신의 견해가 한정되어 있으므로 좀 더 명확한 깨달음을 얻으려면 다른 사람의 도움이 필요하다는 사실을 되새긴다. 다른 사람이 느끼는 것을 경험하고 싶은 공감이라는 욕구에 의해 사람들은 정중하게 듣고, 그럼으로써 자신과 남을 다 같이 용서하고 더 깊은 사랑의 감정을 느끼게 된다.

듣는 자세를 통해서 그 사람이 어떤 가치를 따르는지를 알 수 있다. 말하는 중에 끼어들지 않고, 관심 없다는 몸짓을 하지 않고, 사람을 앞에 두고 다른 사람과 귓속말로 속삭이지 않으며, 몸과 마음을 다해 다른 사람이 말하는 것에 집중함으로써 정중하게 듣고 있다는 것을 보여 준다. 주의 깊게 듣는 자세는 곧 다른 사람이나 서클 절차를 존중한다는 뜻이며, 이는 바람직한 방식으로 함께 노력한다는 공동 목적을 뒷받침해 준다.

### 서클을 멋대로 벗어나지 않는다

모든 참여자들은 진행자의 허락 없이 서클이 끝나기 전까지는 자리를 뜨지 말아야 한다. 서클에서는 감정이 고조되고 개인적인 이야기와 민감한 쟁점을 다루기 때문에 참여자들은 완벽한 해결점에 도달하지 못하더라도 균형점을 찾을 때까지는 자리에 머물며 함께 문제 해결에 노력해야 한다. 누군가가 분노를 못 이겨 뛰쳐나간다거나 분노의 대상이 된 사람이 자리를 뜬다면, 서클은 안전하고 유익한 방향으로 갈등을 헤쳐나갈 수 없다. 다음은 어느 서클 참여자의 말이다. "함께하면 우리는 강해지지만 누구라도 떠나면 그저 한 사람이 떠난 것에 그치지 않는다."

더 이상 머물지 못하겠다는 생각이 들 때에도 사람들이 서클을 떠나지 않으려 하는 것도 서클 가치를 따르는 데서 나온다. 무엇보다 사람들은 존중이라는 가치를 따르기에 서클을 떠나지 않는다. 사람들은 '차이'란 것이 실재하고, 그것을 통해 배우고 성장한다는 사실을 알고 있다. 정직이라는 가치를 따르기에 사람들은 자신의 견해 너머에 있는 진실을 깨닫기 원한다. 자신과 타인 그리고 서클 공간에 대한 신뢰가 쌓여감에 따라 사람들은 서클이라는 치유 과정에 머물려는 용기를 내게 된다.

현실적 배려가 있으면 사람들이 서클에 머물게 하는 데 도움이 된다. 서클의 종료 시간이나 휴식 횟수 같은 시간적 일정을 알고 있을 때 사람들은 이탈하지 않고 느긋하게 자리를 지킬 수 있다. 서클 준비 단계에서나 시작 단계에서 진행자는 이런 사안에 대해 참여자들의 의견을 묻는다. 서로 동의한 제한 시간을 지키면 참여자들은 덜 불안해하며 다음 서클이 열릴 때까지 좋은 쪽으로 잠시 힘든 감정을 접어두기도 한다.

누군가 서클을 끝마치기도 전에 떠나면 다른 사람들은 흔히 최악의 상황을 가정한다. 어떤 사람이 치과 진료 때문에 조금 일찍 떠났다 해도 누군가는 내심 "내가 말한 것 때문에 떠난 건가?"라며 궁금해할 수 있다. 지침을 유연하게 적용하여 누군가 먼저 자리를 떠야 한다면 그 사람은 잠시 자리에서 일어나 진행자에게 어떤 일 때문에 떠나야 하는지 설명하도록 요청할 수 있다. 그런 다음 적당한 때를 보아 진행자가 그 사람이 자리를 비운 이유를 설명하면 된다.

적당한 시간에 맞춰 휴식 시간을 가지면 사람들은 쌓인 감정을 가라앉히면서 여유를 찾게 되고, 이는 사람들을 서클에 머물러 있도록 하는 데 도움을 준다. 그러면 중요 참여자들은 서클 과정에서 격렬하고 고통스러운 감정이 생기더라도 떠나지 않고 서클에 머물 수 있다. "저는 휴식 시간이 정말 좋아요! 사람들이 새로운 결의를 다지며 좀 더 가벼운 분위기에서 산뜻하게 새 출발을 할 준비를 마치고 되돌아온 것 같은 느낌이 항상 들거든요." 이는 어느 진행자가 언급한 내용이다. 그러나 강렬한 감정을 가라앉히도록 휴식 시간을 주는 것도 쉬운 결정은 아니다. 너무 자주 쉬게 되면 힘든 순간에 꼭 필요한 에너지가 빠져나가고 갈등 해결을 위해 함께 노력하며 얻을 수 있는 성장과 연결, 깨달음의 기회가 줄어들기 때문이다. 진행자는 서클에서 어려운 일을 해결할 수 있다는 믿음을 굳건히 해야 하며, 경험이 쌓여감에 따라 그런 신뢰는 더욱 깊어진다. 한두 차례 서클 모임을 거치면서 진행자는 격렬하고 고통스러운 대화에서 긍정적 에너지와 깊은 연결이 솟아나는 것을 직접 목격할 수 있다.

### 비밀을 지킨다

서클에서 나온 말은 서클 밖으로 나가지 않는다. 존중, 공감, 사랑이라는 가치 때문에라도 사람들은 이 지침에 더욱 민감해질 수밖에 없다. 비밀이 유지되어야만 사람들은 마음속 이야기를 허심탄회하게 꺼낼 수 있다. 서로 신뢰할 필요가 있기에 사람들은 또한 이 지침을 원한다. 그래야만 사람들이 안전한 공간에 있을 수 있기 때문이다. 사람들은 서클에서 주고받은 이야기가 맥락을 벗어나 반복되거나 말한 사람에게 해를 끼치기 위해 이용되지 않을 것으로 확신한다.

많은 예외도 있지만 이 지침은 서클 대화를 위한 출발점이 된다. 양형 서클의 준비 모임으로 진행되는 여러 형태의 서클에서 참여자들은 정보를 빠짐없이 공유하거나 몇몇 사람들을 특정하여 공유하자고 합의할 수 있다. 그 외에는 서클에서 나온 이야기들은 서클 밖으로 유출되면 안 된다.

공개 절차를 통해 양형 과정을 진행해야 한다는 법규가 있어서 양형 서클에서 비밀 유지가 그리 쉽지는 않다. 따라서 비밀로 유지할 수 있는 것은 극소수에 불과하다. 비밀로 하자고 모두 동의한 사적 이야기나 정보만이 서클 밖으로 나가지 않는다. 그리고 말하는 사람이 허락할 때만 이야기를 공유할 수 있다.

성적 학대에 관련된 다음의 사례는 서클에서 어떻게 민감한 정보를 비밀로 유지하는지 잘 보여준다. 가해자와 그의 가족에 대한 상세한 심리 평가에는 그의 부모에 대한 지극히 개인적인 정보가 담겨 있었다. 법원에 요청한다면 당연히 출판 또는 공개 금지 대상이 될 수도 있었다. 하지만 가족은 서클을 존중했고 참여자들에게 모든 이야기를 속속들이 공개했다. 한편 언론에 몸담고 있던 사람을 포함한 모든 서클 참여자들은 심리 평가를 비밀에 부치기로 약속했다. 그 언론인은 비밀을 유지하며 서클 전체 이야기를 담은 기사를 썼다.

서클에서는 다른 것에 우선하여 비밀 유지에 관한 이야기가 먼저 오가야 한다. 서클에서 들은 내용을 관련 정부 부서에 보고해야 할 법적 의무가 있는 사람이 있다면, 다른 참여자들은 처음부터 이런 사실을 알고 있어야 한다. 어떤 사람이 자신의 숨겨온 범죄 사실을 드러내려 할 때, 피해자가 가해자의 처벌을 원치 않는 상황에서 자신의 피해 사실을 말하려 할 때와 같이, 필요하다면 보고 의무가 있는 사람은 서클에서 사리를 뜨면 그만이다. 그런 정보가 수면으로 올라오면 서글 참여자들은 책임을 지고 가해자든 피해자든 도움을 필요로 하는 사람에게는 도울 방안을 마련해 주고 이미 일어난 잘못을 바로잡고 더 이상 해악이 발생하지 않도록 방지하기 위한 조치를 취한다.

많은 공동체에서 40퍼센트 미만의 범죄만이 경찰에 신고되며, 신고되더라도 기소가 이루어지는 경우는 드물다. 서클은 공동체가 이런 미해결 범죄와 관련하여 개인이 겪는 고통을 해결할 수 있는 길이다. 서클에서 이런 범죄는 여러 가지 형태로 드러난다. 배우자를 폭행해 기소된 남자는 다른 폭행 건에 대하여 인정할지 모른다. 그러면 서클에 참여한 다른 남자들도 자신들이 가족에게 저지른 폭행을 털어놓을 것이다. 마약 복용 혐의를 받고 있는 친구를 지원하려고 서클에 참여한 청소년들은 자신들의 약물 남용 사실을 고백할지 모른다. 그러면 공동체 참여자들은 자신들의 피해 경험을 함께 나누려 할 것이다.

도움을 간절히 바라는 그들의 이야기는 공동체 구성원들에게 그들이 마주한 문제는 서클이 열리기 전에 일어난 개별 범죄보다 훨씬 더 큰 문제라는 사실을 일깨워준다. 사례는 어느 것 하나 똑같지 않고 서로 다른 대응 방식을 필요로 하지만 이렇게 밖으로 드러난 개인들의 이야기는 서클에서 일어나는 치유 과정에 이바지하는 것으로서 존중받는다. 피해자가 따로 공적 제재를 원할 때나 아동이나 그 밖의 다른 사람들이 추가 위험에 노출되어 있을 때와 같이 개인 또는 공공의 안전에 관련된 문제는 보통 비밀 유지의 명백한 예외가 된다. 어떤 식으로 정보를 처리하든 이런 문제들이 드러나면 공동체나 국가 또는 둘 모두가 늘 도움의 손길을 뻗게 마련이다.

**추가 지침**

이와 같은 핵심 지침을 기반으로 하여 공동체의 상황이나 개별 사례의 특정 요건 및 필요에 맞추어 공동체는 지침을 따로 정할 수 있다. 서클을 진행하는 과정에서 추가 지침이 더 필요할 수도 있고, 참여자들이 어떤 식으로 함께해야 할지 따로 논의해야 할 수도 있다. 공동체가 자신들만의 지침을 더하고 실제로 활용해 보고 다듬은 후에 특정 사례에 적용하는 과정을 통해 사람들은 주인 의식을 갖게 된다. 서클 과정이 공동체에 온전히 속하게 되는 것이다. 서클을 다시 소집할 때면 지침을 재검토할 필요가 있다. 어떻게 함께해야 할지 이야기를 나누는 것은 단순히 형식적 절차에 머무는 것이 아니며 신성한 공간을 만들고 공유하기로 서로 약속을 맺는 의식이다.

서클 추가 지침은 때로 서클을 구체적으로 실행하는 문제를 포함한다. 특별한 대화 소품을 사용하기, 서클을 한 번 진행할 때 세 시간을 넘기지 않기, 서클 전후에 함께 식사하기, 둘 이상의 진행자를 두기, 주요 인물을 위한 좌석을 특별히 지정하기, 다시 만나기 등이다. 또한 참여자들의 태도나 행위와 관련된 지침도 있다. 숨은 의도를 가지지 않기, 장황하게 말을 늘어놓지 않기, 욕하지 않기, 마음을 열어놓기, 새롭게 시작할 수 있다고 믿기 등이다. 지침을 정하거나 활용할 때 유연함을 가지면 서클은 공동체나 특정 갈등에 맞는 적합한 형태를 갖춘다.

### 진행자를 지원한다

준비 단계에서나 서클을 시작할 때 지침을 의논하며 진행자는 참여자들에게 자신의 역할을 설명하거나 참여자들의 역할을 정한 지침을 따르도록 요청할 필요가 있다. 진행자는 자신의 책임을 실행하며 참여자들에게 도움을 받아야 한다. 진행자가 책임지고 결정해야 하는 사항은 다음과 같다.

- 언제 어떻게 이야기를 가로막아야 하는가?
- 언제 서클을 시작하고 언제 끝을 맺어야 하는가?
- 언제 휴식을 취해야 하는가?
- 어떻게 대화 소품을 활용하는가?
- 어떻게 사람들이 서로 동의한 지침을 따르도록 주의를 환기시킬 것인가?

진행자가 서클을 시작하면서 자신의 역할을 분명히 밝히지 않으면 오해가 쌓이고 서클 과정에 나쁜 영향을 미친다.

### 지침을 존중한다

지침은 엄격하게 집행해야 할 규칙이 아니다. 어떻게 지침을 적용할지는 대부분 진행자의 통찰력, 직관, 경험에 달렸다. 적당히 예를 들어 보인다거나 부드럽게 넌지시 한마디 한다거나 쉬는 시간을 이용해 따로 몇 마디 나누는 것으로도 사람들이 지침에 주의를 기울이도록 하는 데 충분하다. 이런 수단을 요령 있게 활용하면 진행자는 '법을 강제'한다는 분위기를 피해 갈 수 있다.

부드럽고 정중한 방식으로 지침 위반 행위를 해결하고 넘어가는 데 다른 참여자들이 도와준다면 더할 나위가 없다. 진행자가 인내를 가지고 작은 실수에 관대할 때 참여자들은 서로가 유익한 방향으로 자신들의 감정을 해결하도록 적극 나설 것이며, 그러면 스스로 깨우치고 자제하며 인내하는 사람들의 능력을 반영하는 서클의 특성이 드러난다. 서클이 공동체 안에서 관행common practices 으로 자리 잡아감에 따라 지침의 준수 여부는 차차 문젯거리가 되지 않는다.

### 유연하게 대처한다

서클 지침은 엄격한 규칙이 아니다. 참여자들이 함께할 때 변하는 상황에 대처하며 활발한 논의를 거쳐 도달하는 합의를 의미할 뿐이다. 참여자들은 지침을 준수하기로 마음먹은 이상 자신이 따르는 가치와 다른 사람에게 한 약속을 지키기로 동의하며 자신의 행위에 책임을 진다. 많은 청소년들은 서클에 참여하는 모든 사람들의 요구를 존중하는 지침을 고안하고 그에 따라 행동하며 새로운 경험을 가진다. 다음은 캄보디아계 미국인이자 로카에서 '린 지도력 육성 과정Lynn Leadership Program'을 책임지고 있는 엘리자베스 바Elizabeth Ba가 언급한 내용이다.

> 학교에서는 모두가 경직되어 있어요. 그러니 청소년들이 스스로 규칙을 정하거나 그런 규칙을 바꿀 수 있다는 생각을 가질 여지가 없지요. 규칙에 대해 "이 부분은 동의할 수 없는데."라고 이의를 제기한다거나 자신의 의견을 따라서 규칙이 바뀔 수 있음을 알면 정말 멋지잖아요. 지침에 대해 유연하게 대처할 수 있는 기회가 사람들에게 주어지는 게 참 중요하다고 생각해요. 왜냐하면 지침이 제대로 작동하지 않는다면 우리가 어떤 다른 시댁을 하겠어요? 청소년들은 학교에서나 집에서나 그 어느 곳에서도 이런 경험을 할 수 없어요.[26]

---

[26] 《로카 보고서》, 14.

캐럴린 보이스 왓슨은 로카에서 활용하는 서클에 관한 보고서에서 다음과 같이 결론을 맺는다.

> 청소년이든 성인이든 누구나 가치를 따르는 삶을 열망하지만 가치를 따르는 삶에는 책임이 따른다는 사실을 깨달을 때 심오한 가르침을 얻을 수 있다.[27]

―

지침을 따르면 참여자는 각자가 지닌 가치를 존중받고 누구나 서클에 기여할 수 있는 여지가 생긴다. 서클에서는 참여자들이 지닌 재능이 모두 쓸모가 있다. 참여자 각각이 지닌 특별한 재주 중에는 이야기를 술술 풀어내는 능력, 공감 능력, 분석력, 솔직하게 말하는 용기, 사람들을 자신의 참모습으로 이끄는 무엇인가를 알아내는 직관력, 어떻게 사랑과 지원을 베풀지 알아채는 능력이 있다. 어떤 능력은 서클 모임을 벗어나 드러나기도 하는데, 예를 들어 끝까지 일을 마무리 짓는 책임감, 언제 어려움에 처한 사람을 찾아가야 할지 판단하는 능력, 필요한 자금을 끌어 모으는 능력, 공동 식사를 준비하는 따뜻한 마음, 재원을 찾아내는 집념 등이 있다. 지침에 의해 누구나 서클 과정으로 인도되므로 지침은 사람들이 지닌 각각의 재능이 좀 더 폭넓은 서클 과정에서 속속들이 드러나는 데 보탬이 된다.

---

**27** 위의 책, 15.

## ● 의식: 더 깊은 곳으로 인도

서클의 네 번째 기본 요소인 의식$^{ceremony}$은 서클 과정의 틀을 한층 더 확실하게 잡아준다. 사람들의 삶에는 수많은 의식이 포함되어 있다. 의미 있는 행동 양태인 의식$^{ritual}$으로 사람들은 내면 깊은 곳으로 들어가 서로 어떻게 함께할지 생각한다. 포옹은 서로를 아끼며 서로가 가까운 관계에 있다는 사실을 보여주는 의식이다. 따뜻한 분위기를 만들기 위해 흔히 친구들은 만날 때(도입 의식$^{opening\ ceremony}$)나 헤어질 때(종결 의식$^{closing\ ceremony}$) 서로 포옹한다. 집에 돌아와서 가족이나 반려동물과 시간을 보내다 보면 일, 교통, 행사들로 복잡한 바깥세상에서 휴식, 보살핌, 친근함이 넘치는 안쪽 세상으로 누구든 수월하게 옮겨 갈 수 있다.

그러나 서구에서 의식$^{rituals,\ ceremonies}$은 여러 가지 이유로 좋은 평을 받지 못한다. 우선은 서구 사람들은 의식에 포함된 의미와 연결을 맺지 못하기에 의식을 공허하게 느낄 뿐이다. 아니면 의식이 사람들과 더 이상 관련을 맺지 못하거나 싫어하는 의미를 가질 수도 있어 마찬가지로 별 도움이 되지 못한다. 자신의 본모습과는 점점 멀어지는 희생을 치르더라도 다른 사람들과 이어지기 위해 사람들은 어려서부터 어쩔 수 없이 낯설고 부자연스러운 의식을 따라야만 했을지 모른다. 그런 경우 의식은 영혼, 정감, 교감 없이 순응만을 요구한다. 이 또한 바람직하지 못하다.

의식이 제 역할을 하려면 서클 참여의 다른 모든 측면과 마찬가지로 자발적으로 이루어져야 하며, 참여자들은 서클에서 공유하는 가치와 원칙이 의식과 어떻게 관련을 맺는지 이해하고 있어야 한다. 수많은 서클의 구성에 여러 문화 요소가 섞여 들어가므로 서클에서 활용하는 의식도 흔히 여러 다른 문화에서 나온다. 사람들이 의식 뒤에 숨은 의미를 이해하고 의식을 전혀 불편해하지 않으며 자신의 선택에 따라 자유롭게 의식에 참여하지 않아도 된다면, 의식에 대한 이런 다문화 접근 방식에서 다양한 전통이 존중받을 수 있다.

서클에서 의식은 많은 기능을 발휘한다. 의식은 즐거움을 주고 마음을 느긋하게 해줄 수 있다. 또한 어색한 분위기를 바꾸는 역할을 하며 사람들 사이에 한층 더 깊은 나눔이 일어나는 계기를 마련하기도 한다. 심금을 울리기도 하고 마음을 가볍게 해주기도 한다. 벗들이 만날 때 서로 껴안는 식의 서클 의식을 거치면서 사람들은 기본적으로 이전과 다른 느낌을 가지고 다른 방식으로 함께하게 된다.

**도입 의식**

도입 의식은, 사람들이 일하고 아이들을 돌보고 여러 가지 일들로 인해 화가 나고 혼자라는 느낌으로 살아가야 하는 혼란스러운 세상에서 깊이 생각에 잠길 수 있는 서클 공간으로 옮겨 가는 데 도움을 준다. 내면의 세계에서 생각은 머리에서 가슴으로 옮겨 간다. 도입 의식을 거치며 서클 안에서 다른 사람들과 이어지기 시작하고 공동체 의식이 자라난다. 사람들은 그들 자신과 연결되기 시작하며, 한층 더 편안해지고 내면의 평화에 열려 있음을 느낀다.

서클 대화에서 내면의 중심 잡기는 꼭 필요하다. 사람들은 자신의 내면으로 들어가서 다른 사람과 더욱 의미 있는 연결을 맺을 수 있는 어떤 부분을 발견하게 된다. 사람들은 외부 관심사에서 눈길을 돌려 자신들의 삶을 움직이는 보이지 않는 힘에 대한 생각으로 초점을 옮긴다. 그것은 더 높은 의미와 가치를 추구하는 것이며, 서로의 마음과 마음이 이어지는 교감, 공동선, 공동체를 이루는 삶, 이 세상과 자연에 연결을 추구하는 것이고, 사람은 누구나 이 세상 모든 것과 연결되어 삶이라는 그물망 속에서 움직이고 있다는 보편적 인식을 받아들이는 것이다. 이런 모든 수준에서 의식을 통해서 사람들은 서로 영적 교감을 맺는 길로 인도되고, 그러면 사람들은 각자의 겉모습이나 행동 이면에 숨겨진 진정한 본모습과 원하는 행동을 파악할 수 있다.

그러므로 제대로 된 도입 의식은 다음 사항들을 충족시켜야 한다.

- 사람들이 한 공동체에 속하고 서로 연결되어 있다는 좋은 느낌을 받도록 한다.
- 사람들이 서로 존중하며 아주 오래전부터 함께한 서클이라는 공간도 함께 존중하도록 한다.
- 정직하고 정중하게, 그리고 유익한 방향으로 부정적 감정을 표출하기 위해 사람들이 마음의 준비를 갖추도록 한다.
- 진심을 담아 말하기에 서로에 대한 이해가 자라나는 안전한 공간으로 이끈다.
- 참여자들이 자신의 가치에 맞게 행동하도록 힘을 북돋운다.
- 공유 가치를 더욱 다진다.
- 개인이나 단체가 포용력을 발휘하여 서클에 기꺼이 참여한 것에 경의를 표한다.
- 참여자들이 공동체의 일원으로 힘을 합치기 위해 마음의 준비를

갖출 수 있도록 한다.
- 개인들이 각자 직면하고 있는 도전은 서로 함께 감당해야 할 짐이며, 공동체가 모두 함께 맞서는 것이 최선이라는 의식을 심는다.

의식을 치르며 사람들이 이런 방향으로 움직인다면 서로가 공유하는 문화나 연관된 모든 사람들이 가진 창조성은 더할 나위 없이 완벽하게 의식에 반영된다. 그런 의식에는 기도하고, 시를 낭송하고, 춤추고, 음악을 감상하고, 노래하고, 촛불을 밝히고, 명상하고, 이야기를 들려주고, 심호흡을 하고, 침묵의 시간을 가지는 것이 포함되며, 선조들이나 사랑하는 사람의 사진, 특별한 시, 대를 이어 아버지와 아들이 사용했던 야구장갑 등 개인에게 특별한 의미가 있는 물건을 서클에서 공유하는 것도 포함된다. 샐비어나 향모 또는 다른 약초를 그릇에 담아 서클 가운데에 놓거나 차례로 참여자들에게 돌리며 태우고 깃털을 이용하여 연기를 참여자들 주위로 퍼뜨리는 북아메리카 원주민의 '연기 의식 ritual of smudging'을 거칠 때 서클 참여자들은 몸과 마음을 정화하여 부정적 에너지를 없애고 좀 더 깊은 감정을 공유하기 위해 마음의 준비를 마칠 수 있다. '흑인, 원주민, 히스패닉, 아시아인 여성 실천연대 BIHA: Black, Indian, Hispanic and Asian Women in Action'의 창립자이자 서클 진행자와 강사로 활동하는 앨리스 린치는 여러 아프리카계 미국인 공동체에서 행하는 서클 의식이 인간 영혼에 깊이 초점이 맞춰져 있는 것을 다음과 같이 묘사했다.

도입 의식은 우리 아프리카계 미국인의 문화를 반영하고 있으며 종료 의식도 마찬가지입니다. 우리는 영혼이 중심이 되는 강력한 문화적 토대를 가진 곳에서 왔기에 우리가 행하는 모든 것에 그런 특성을 반영하는 것이 무엇보다 중요합니다. 지금 제가 종교를 말하는 것은 아닙니다. 우리 문화에서 사람들은 다양한 종교를 믿고 따르기 때문이죠. 제 말뜻은, 위대한 존재에 대한 강력한 믿음을 반영하여 때로는 종교적 노래를 부르거나 단지 기도를 드리며 서클을 시작할 수도 있다는 것입니다. 우리 문화에서는 사람들은 논란이나 힘든 일과 맞닥뜨리면 보통 어떤 신이든 창조주에게 간청합니다. 그렇게 하는 것이 우리가 처음 할 수 있는 일이기에 우리 공동체에서는 그런 식으로 서클을 시작하지요.

**종료 의식**

종료 의식 역시 사람들이 서로 다른 공간으로 옮겨 갈 수 있도록 도움을 준다. 종료 의식을 제대로 거친 후에 사람들은 모든 참여자들이 보여준 지혜와 용기, 재능을 칭찬하며 서클에서 무엇을 성공했는지 완전히 이해하게 된다. 또한 서클에서 사람들 사이의 이어짐이 더욱 공고해졌다는 사실을 재확인하며 서클의 성공이 지속되리라는 희망을 표현하기도 한다. 참여자들은 서클의 독특한 분위기를 벗어나 일상적 삶으로 되돌아간다.

서클에서 활용하는 어떤 의식은 소박한 반면 다른 의식은 정교할 수 있고, 짧은 의식도 있고 반대로 오랜 시간이 걸리는 의식도 있다. 의식을 만들어낼 때 가장 중요한 점은 다음과 같은 요건이다.

- 참여자는 누구라도 존중받아야 한다.
- 포용과 연결의 의미를 담고 있어야 한다.
- 개인이 각자 따르는 가치가 중요하며 그것에 맞게 행동할 필요가 있다는 점에 호소한다.
- 참여자들이 한층 더 나은 자신의 모습에 마음을 열도록 한다.
- 서클을 안전하고 서로 존중하는 공간으로 굳게 서게 한다.

서클 의식은 그 자체로 어떤 목적이 되기보다는 사람들이 영혼의 중심을 되찾는 수단이 되기에 가치가 있다. 의식이 제 역할을 한다면 좋겠지만 그렇지 않으면 반드시 되짚어봐야 한다. 의식을 거치면서 사람들이 서클을 뒷받침하는 가치에 제대로 연결되기만 한다면 의식의 이런저런 내용이야 크게 문제되지 않는다. 의식은 참여자들이 자신의 마음속 중심에 있는 본모습을 찾아가고 서로가 서로를 제대로 판단하는 데 효과를 발휘해야 한다.

### 그 자체로 의식인 서클

도입 의식과 종료 의식을 넘어 서클은 그 자체로 하나의 의식이며 의미를 전달한다. 둥글게 앉는 것에는 계층, 지위, 서열에 상관없이 누구나 동등하게 참여할 수 있다는 의미가 담겨 있다. 나아가 공식 직함을 내려놓는 것에는 누구나 평등하며 외부 역할에 억매이지 않고 마음속 본모습에 주의를 기울인다는 메시지가 담겨 있다. 또한 사람들은 서로 손을 맞잡으며 서로가 공동체라고 표현한다. 도입 의식을 거치면서 참여자들은 더 깊이 생각하고 서로의 영혼이 연결되어 있다는 의식을 가지게 된다. 대화 소품을 활용하면서 참여자들은 귀 기울여 듣고 정중하게 말하는 능력을 갖춘다. 지침에는 참여자들이 서클 과정에 소속감을 가지고 참여해야 하며 결과에 책임을 져야 한다는 의미가 담겨 있다. 그리고 종료 의식을 거치면서는 서클에서 얻은 바람직한 결과물에 감사해야 함을 깨닫는다. 이런 의식 전체가 안전한 공간을 만들어내고, 그곳에서 사람들은 각자의 이야기를 서로에게 들려주고 감정을 표출하며 솔직해지고 위험을 감수하며 결국에는 아주 곤란한 문제의 해결점을 찾아갈 수 있다.

### 재판과 서클 의식 비교

양형 서클에서 도입 의식은 특히 참여자들이 중심을 잡고 서로 연결을 맺도록 돕는 역할을 할 뿐만 아니라 서클을 재판과 구별 짓는 역할도 한다. 재판과 서클은 목적이나 갈등에 대처하는 방식이 서로 다르다. 재판 의식은 특히 국가가 지닌 힘과 권위에 대한 메시지를 전달한다. 판사는 다른 모든 사람들보다 높은 곳에 앉아 있고, 판사를 부를 때는 특별한 존칭을 사용해야 한다. 또한 판사가 법정에 들어오거나 나갈 때는 모두 일어나 예의를 갖추어야 한다. 법정을 갈라놓는 분리대는 변호사와 참관인을 분리하여 변호사에게도 가까이 다가설 수 없는 권위가 있음을 나타낸다. 특수 용어를 사용하고 격식을 갖추어 법복法服을 입음으로써 누가 중요한 사람인지 보잘것없는 사람인지 금방 드러난다. 융통성 없는 규칙 적용은 사례에 따라 다른 독특한 요구와 상황에 대처하기보다는 법에 어긋나지 않는 것이 중요하다는 의미를 전달한다. 재판은 이런 방식과 함께 다른 여러 방식을 동원하여 국가의 권위에 힘을 집중하고 그런 다음 강압적 힘을 활용하여 사회적 병폐나 인간적 위기에 국가적 해결책을 강제하려는 의도로 만들어진 의식이다.

반면 서클은 고루 힘을 분산하고 그런 다음 그 힘을 평화 형성으로 돌리려는 의도로 만들어졌다. 서클 의식의 모든 세세한 측면은 사람들이 바람직한 방향으로 다 함께 힘을 모아 문제를 해결할 수 있는 능력을 지니고 있음을 드러낸다. 꼭 필요한 것은 서로 존중하는 공간과 사람들 각자가 지닌 최선의 모습이 드러나도록 도움을 주는 절차다.

＊

인간 문화에서 의식은 과거와 마찬가지로 현재도 여러 분야에서 강력한 힘을 지니고 있다. 업무 역할을 뒷받침하며 사무실에서 행하는 의식이든, 음식을 먹고 TV를 보며 가정에서 일어나는 의식이든, 현재의 의식은 예전과는 다른 모습을 하고 있지만 사람들의 삶에서 매우 중요하다. 서클에서는 의식의 힘을 활용하여 평화 형성의 과정을 뒷받침한다. 서클 의식은, 가치에 호소하고 의미 있는 관계를 만들고 다양한 방식으로 함께하기 위한 가능성을 열고 유익한 방향을 잡아 갈등을 풀기 위해 고안되었다. 주의하여 잘 활용한다면 의식은 평화 형성 대화를 뒷받침하는 튼튼한 뼈대가 된다.

## ● 합의에 기반을 둔 의사 결정

사람들이 흔히 잘못 이해하는 개념인 합의는 서클의 틀을 잡아주는 다섯 번째 요소다. 합의는 모든 사람들이 단 한 번 선택하여 반드시 결과에 동의해야 한다는 것을 뜻하지 않는다. 그런 일이 일어나기도 하지만 자주 있는 일은 아니다. 또한 한쪽이나 양쪽 모두 어쩔 수 없이 양보해야 한다는 의미도 아니다. 합의는 누구에게도 충분히 만족을 주지 못하는 결과를 얻으려 흥정이나 하려는 보잘것없는 활동이 아니다. 또한 다수 의견에 수동적으로 따르거나 전혀 찬성하는 마음이 없는데도 예의를 지키기 위해 어쩔 수 없이 찬성하는 것이 아니다.

### 모든 이해관계를 끌어들인다

합의에는 진실함, 그것도 온전한 진실함이 스며 있어야 한다. 제대로 합의를 이끌어내려면 온전한 실제 상황에 가감 없이 마주 서야 한다. 즉, 걱정거리나 없앨 요량으로 한쪽으로 치우쳐 급하게 결정을 내리지 않고 복잡한 상황을 줄곧 직시한다는 것을 의미한다. 합의는 전력을 다해 해결책을 찾으려는 의도를 가지며, 그 해결책은 되도록 모든 사람들의 이해관계를 반영해야 한다. 그런 결과를 얻어내려면 누가 무엇을 원하는지, 누가 원하는 바를 획득했는지 목록이나 작성하여 계속 유지할 것이 아니라 서로의 이해관계를 최대한 만족시키는 변화를 이끌어내기 위해 모두 힘을 합해 노력해야 한다. 이럴 경우에 합의는 현실적으로 만장일치로 결론을 맺기보다는 참여자들이 '결과를 감수하자고' 동의하는 쪽으로 결론을 맺기 쉽다. 다시 말해 어떤 결정이나 행동

방침이 주어진 상황에서 모두를 위해 최선임을 보장하기에 그것을 받아들인다는 의미다.

서클에서는 합의를 장려한다. 참여자들이 합의를 통해 내적 원칙 및 가치와 함께 외부 체계를 갖춤에 따라 합의는 논리에 벗어나지 않고 실행 가능하기 때문이다. 특히 서클에서는 누구에게나 발언할 동등한 기회가 있고, 다른 사람들은 정중하게 들어야 한다. 주의 깊게 경청하는 분위기에서 모든 이해관계를 포함한 합의가 만들어진다. 참여자들이 일체가 되어 각자의 이해관계를 받아들이고 결정에 통합시키는 분위기가 형성되는 것은 오직 서클에서만 자연스러울 뿐이다. 아직까지 합의의 일부가 되지 못한 이해관계가 있으면 참여자들 모두는 그것을 끌어내는 데 책임을 다한다.

합의를 이끌어내는 데에는 엄청난 인내와 창의성이 요구되며 이해관계와 우려에 대해 솔직하고 기꺼이 틀에 박힌 사고방식에서 벗어나려는 태도가 요구된다는 사실은 전혀 놀랍지 않다. 사람들에게는 숨은 개인 의도와 결과에 대한 고정 관념은 제쳐두라는 도전이 주어진다. 그런 도전을 받아들이면 개인 각자가 마음속에서 미리 의도한 것보다 큰 무엇인가가 그 모습을 드러낼지도 모른다.

**새로운 세상을 창조한다**

합의에 도달하려면 어림짐작과 섣부른 기대를 극복해야 하며 모든 예상을 뛰어넘는 창의성을 가지고 전체를 아우르며 문제를 해결해야 한다고 감히 말할 수 있다. 그러나 합의를 단지 문제 해결로 특정 지으면 합의에 담긴 모든 의미를 완벽하게 잡아내지 못한다. 문제 해결은 무엇인가 일어난 것에만 너무 협소하게 초점이 맞추어져 있기 때문이다. 가장 폭넓고 깊은 합의에는 새로운 세상을 창조한다는 뜻이 담겨있다. 새로운 세상에서 기존 문제는 더 이상 긴급하게 해결해야 할 문제가 아니며 그 의미도 점점 빛을 잃어간다. 새로운 세상은 사람들 모두를 끌어안으며 사람들 각자가 가장 좋고 훌륭하다고 생각하는 것은 어느 것 하나라도 소홀한 취급을 받지 않는다.

이렇게 말하면 엄청난 이상理想으로 들리겠지만, 서클에서 합의를 통해 무엇을 얻고자 하는지, 여러 사례에서 실제로 무엇을 성취하고 있는지 헤아려보면 이야기는 달라진다. 비극적이긴 하지만 특별할 것도 없는 사례를 예로 들어보자. 약물에 중독된 어떤 젊은 남자가 약을 훔치다 체포되었는데, 그는 재판에 넘겨지는 대신에 서클로 보내졌다. 겉보기에는 그 청년이 더 이상 물건을 훔치지 않도록 만들면 문제는 해결되었다고 볼 수도 있겠으나 더 큰 문제는 약물 중독임이 분명하다. 하지만 여기에서도 마찬가지로 그 청년이 약물을 끊는 것은 또다시 겉으로 드러난 문제 해결에 그칠 뿐이다. 진정으로 문제를 해결하려면 청년이 제 삶을 찾도록 도와야 한다. 공동체의 지원을 받을 수 있는 세상을 만들어내어 그 청년이 삶에서 자부심, 기쁨, 의미, 존재 가치를 주는 무엇인가를 함으로써 약물 중독에서 벗어나고 더 이상 도둑질을 할 필요가 없어져야 한다. 그런 세상에서는 도둑질을 하고 약물 중독에 빠진 청년은 존재하지 않는다. 또한 사람들은 서로의 가장 선한 부분을 지지하고 누구나 그런 세상을 만드는 데 힘을 보태려 애쓴다.

### 다름을 완전하게 이해한다

서클에서 추구하는 합의란 바로 이런 종류를 가리킨다. 사람들은 처음에 마음속에 둔 것과는 다르더라도 제대로 된 방향으로 나아가고 있다는 느낌을 받으면 의견을 모아 합의에 도달하려 하겠지만 이치에 맞는다는 느낌이 들지 않으면 동의하지 않을지도 모른다. 참여자들 중 한 사람이라도 제안된 계획을 선뜻 받아들이지 않는다면 무엇인가 중요한 부분이 빠져 있어 당장은 아니더라도 언젠가는 모두에게 해를 미칠 수 있다. 반대하는 측에서 자신이 우려하고 있는 사항을 좀 더 명확히 해야 할 책임을 부담하지만 벽을 쌓고 대화 진행의 길을 가로막는 것이 아니라 마음을 열고 여러 가지를 탐구해 보는 방식이라서 누구라도 떠오른 쟁점을 충분히 이해하고 좀 더 많은 대안을 생각해 볼 수 있게 된다. 다른 사람들에게는 반대 측이 내놓는 이해관계를 깊이 경청하고 그런 이해관계를 아우르는 길을 찾기 위해 더욱 깊이 파고들어야 할 책임이 주어진다. 서클에서는 차이를 무시하거나 축소하지 않는 한편 차이가 넘을 수 없는 장벽이 되도록 내버려두지도 않는다. 합의에 도달하기 위해서 사람들은 다툼이 있는 영역을 찾아내고 그에 대해 심각하게 고민한다. 그런 다음 차이에 대해 좀 더 완전한 이해를 얻으면 그것을 활용하여 한층 더 포용력 있고 그래서 더욱 강력한 최종 합의에 도달한다.

### 교착 상태를 해결한다

합의에 의한 의사 결정을 반대하는 흔한 이유를 보면, 모든 사람의 의견이 같아야 하는데 어느 누구라도 반대 의견을 내면 교착 상태에 빠져 실천으로 이행되지 못해 결국에는 의사 결정 과정도 무너진다는 것이다. 공동체는 특히 공동체 서클 계획을 세우고 실행하기 위해 소집하는 서클에서 이런 도전에 다른 방식으로 대응했다. 공동체는 스스로 합의가 무엇을 의미하고 어떻게 합의에 도달할 수 있는지 그 뜻을 분명하게 정하고 있다. 그런 과정도 합의 과정을 따라야 하는 것은 물론이다. 한 예로 어떤 공동체에서는 환경 문제를 다루며 반대 의견이 해결되지 못한 상황에서도 합의에 도달할 수 있는 절차를 마련했다. 한 번 모임을 열어 합의에 도달하지 못했을 때는 소수 의견을 낸 사람들은 다음 모임에서 자신들의 견해를 다시 밝히도록 요청받는다. 그러면 다수 의견 쪽에 있는 사람들은 소수 의견에서 제시된 쟁점을 포함할 수 있는 방법을 살펴보아야 할 특별한 책임을 진다. 그런데도 합의에 도달하지 못하면 두드러진 소수의 이해관계는 서로 동의한 사항 agreement 의 한 부분으로 부가되고, 그런 다음 계획을 실행해 나가면서 다수는 계속해서 소수의 이해관계를 포함하기 위한 길을 찾는다.

재판 절차에서 이기면 상대방에게 어떤 의무도 없다. 하지만 서클에서는 누구나 모든 이해관계를 포함하길 바라기에 사람들은 진정 포용적인 결과를 이끌어내기 위해 줄곧 최선을 다한다. 재판과 달리 서클은 유연하여 그 안에서는 일사천리로 무리해서 결론을 맺거나 소수의 관심사를 무시하지 않고 여러 가지 방법을 활용하여 서로의 차이를 넘어서 좀 더 나은 방향으로 나아갈 수 있다.

### 서클 가치를 의사 결정에 적용한다

서클은 개인 가치에 초점을 맞추며 공통의 비전을 이끌어내는 유연한 특성을 가지고 있다. 이런 특성으로 인해 서클에서는 합의를 거쳐 성공적으로 의사 결정을 내릴 수 있다. 합의는 서클 가치, 다시 말해 포용과 조건 없는 평등에 어울리는 유일한 의사 결정 방식이다. 위에서 아래로 이루어지는 의사 결정 방식과 달리 합의를 이루려면 시간과 노련함, 인내가 필요하지만 그 결과물은 장기적으로 더욱 효용이 높다. 한층 더 많은 이해관계와 서로 다른 요소들이 의사 결정에 얽혀 들어가기 때문이다.

절차를 거치면서 모두를 똑같이 존중하고 아무도 배제하지 않으므로 합의에 기초한 약속은 포괄적 해결책을 제시한다. 하향식 의사 결정은 흔히 분노를 일으키는 반면, 모두가 참여하여 합의를 거쳐 의사 결정을 내리면 모두 결과에 책임을 느끼고 해결책이 제대로 효과를 발휘할 수 있도록 하는 데 의무감을 가진다.

### 한층 더 진화한 민주주의

민주주의라는 개념에서 합의에 기초한 의사 결정이 가지는 의미는 그 깊이를 헤아릴 수 없다. 근대 서구에서 형성된 민주주의 개념에서는, 소수가 다수의 권력 남용에서 자신을 보호할 수 있는 헌법상 권리를 가진다는 조건하에 다수가 지배하는 것을 당연하게 받아들이며, 이것을 주권재민主權在民의 정수라고 여긴다. 그러나 이런 제도에서는 헌법의 보호를 받는 바로 그 소수의 이해관계가 조직적으로 묵살될 수 있다. 반면 합의에 바탕을 둔 의사 결정에서는 끝까지 민주주의를 따르며 모든 이해관계를 의사 결정에 포함하려고 애쓴다.

다음은 케이가 합의에 바탕을 둔 의사 결정으로 촉발된 생각의 변화를 되돌아보며 한 말이다.

마크가 간접 민주제 democratic representation 또는 대표 민주제에 관해 제게 던진 질문과 합의를 바탕으로 의사 결정을 내리는 데 참여한 서클에서의 경험은 제가 민주주의를 다시 한 번 되짚어보는 계기가 되었어요. "왜 지역에 따라 대표를 정하죠? 이해관계에 따라 대표를 정하는 것은 어떨까요?"라고 마크가 제게 질문했지요. 민주주의에 좀 더 발전을 가져올 가능성이 존재하며 누구의 이해관계도 소홀히 할 수 없기에 합의는 기본적으로 다수의 지배보다 더욱 민주적이라는 사실을 깨달았어요. 어떤 이해관계든지 짓밟거나 싹 무시해 버릴 수는 없어요. 그러니 서클에서 합의에 바탕을 둔 의사 결정을 내리면서 민주주의에 대한 저의 개인적인 의식도 완전히 변하게 되었지요.

진행자, 대화 소품, 지침, 의식, 합의에 기반을 둔 의사 결정이라는 다섯 가지 기본 요소는 서클 절차를 지탱하는 바깥 틀, 즉 체계가 된다. 다시 한 번 말하지만, 서클을 나무에 빗대어 보면 서클의 이런 양상이 어떻게 함께 작용하는지 명확히 드러난다.

먼저, 서클 안 틀인 가치, 원칙, 균형에 관한 주술원 가르침(제2장)은 서클이 치유를 이끌어내며 유익한 접근법이 되도록 단단히 잡아주는 핵심 가치인 뿌리를 이룬다.

둘째, 서클의 외부를 이루는 기본으로 이 장에서 살펴본 다섯 가지 요소는 서클 공간을 지탱하는 더욱 뚜렷한 골격인 나무줄기를 형성한다.

셋째, 나무뿌리나 줄기에서 자라는 것은 실제 서클 과정(제4장과 제5장)이며, 상처를 치유하고 공동체를 세우며 관계를 형성한다.

# 4

# 서클 과정과 서클 모임

안 틀과 바깥 틀이 하나 되는 방식

>●● 다른 사람에게 줄 수 있는 최고의 선물은 바로 우리 존재입니다. 마음을 다해 우리가 사랑하는 사람들을 포용하면 그들은 꽃처럼 활짝 피어날 것입니다.
>
> — 승려이자 평화 활동가인 틱낫한

어떻게 서클의 안 틀과 바깥 틀이 함께 서클의 작동에 영향을 미치는가? 그것은 마치 특별한 활동을 위해 공간을 하나 설치하는 것과 같다. 그 공간에 들어가 활동을 한다면 어떤 일이 일어날 것인가? 실질적으로 서클을 어떤 형태로 실행하는가? 이 장에서는 서클 과정과 서클 모임 전반을 살펴볼 것이다. 지금까지 '서클 과정 Circle process'이라는 용어를 폭넓게 사용했지만, 이 용어는 엄밀히 말해서 공동체 안에서 여러 단계를 가진 서클 활용을 가리킨다. 따라서 서클 과정은 특정 모임을 가리키는 '서클'과는 구별된다. 서클은 특별한 목적을 위해 사람들이 함께 모이는 것을 의미한다. 서클 또는 서클 과정은 여러 다른 상황에서 여러 다른 요구를 충족시키기 위해 다른 형태로 활용될 수 있다. 다음 장에서는 특히 범죄 해결에 활용하기 위해 어떻게 서클의 형태를 정할 것인지 찬찬히 살펴보고자 한다.

## 서클 과정의 개관

서클 실행의 개요를 설명할 때 서클 과정을 공식화한다거나 제한을 담은 엄격한 규약protocol으로 못 박으려는 의도는 전혀 없다. 인간은 물론 인간이 겪는 갈등도 난맥상을 이루므로 서클 과정도 당연히 질서정연하지 않다. 게다가 각각의 사례는 독특해서 서클 과정은 어느 것 하나 똑같을 수 없다. 서클 과정을 말끔하게 정리하여 정해진 틀에 맞추려고 한다면 서클 과정에 제약이 가해질 수밖에 없고, 이는 범죄, 즉 갈등의 밑바닥에 깔린 복잡한 문제들을 해결하는 서클의 가능성을 제한하는 꼴이 된다. 미네소타 주 우드버리 경찰국에 근무하는 데이비드 하인스는 서클을 '지극히 유동적 과정'이라고 설명하면서 다음과 같이 덧붙였다. "서클은 일직선이 아니다. 서클이라고 부르는 데는 다 이유가 있다."

### 서클 과정의 네 단계

서클의 유동적이며 개방적 특징을 염두에 두면 서클 과정의 네 단계를 더욱 잘 표현할 수 있다. 각 단계는 모두 중요하지만 고정된 것은 아니다. 각각 다른 형태를 띨 수 있으며 순서를 바꾸거나 반복해도 무방하다. 네 단계는 다음과 같다.

## 전체 서클 과정의 각 단계에서 활용하는 서클

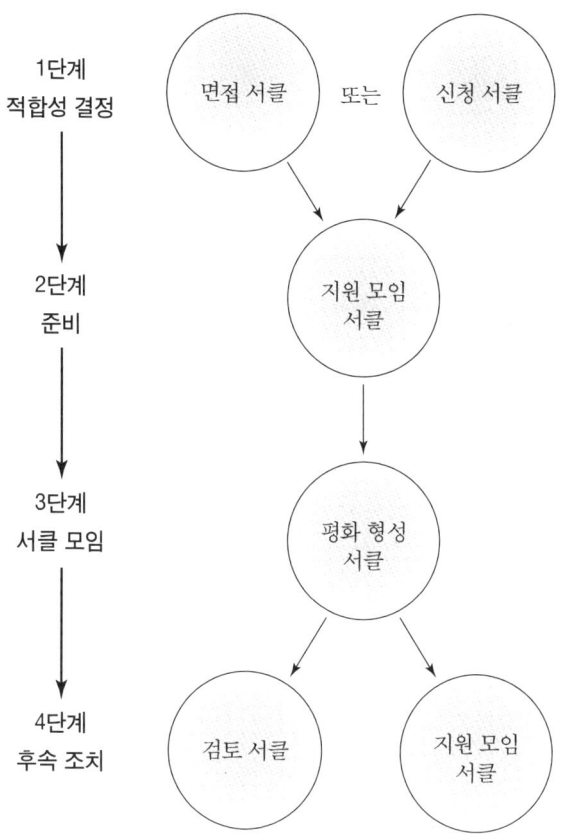

- 1단계, 적합성 결정: 서클 과정이 과연 최선의 활용 방안인가?
- 2단계, 준비: 서로 다른 이해 당사자들이 다 함께 모이기 위해 어떤 준비를 해야 하는가?
- 3단계, 평화 형성 서클-합의 추구: 갈등에 관계된 모든 당사자들이 동의하여 서클에 함께 모였을 때 서클은 어떻게 작동하는가? 이들의 각

기 다른 요구를 충족하는 최선의 과정은 무엇인가?

• 4단계, 후속 조치와 책임 유지: 서클 과정을 끝마치면 어떤 일이 일어날 것인가? 재판과 마찬가지로 서클에서 합의에 다다르면 모든 것이 끝나는가? 아니면 그것은 새로운 시작인가? 합의를 어떻게 실행하는가? 누군가 합의를 어기면 어떤 조치를 내려야 하는가?

이런 각각의 단계에서 공동체는 쟁점을 살펴보고 결정을 내리기 위해 서로 다른 성격의 서클을 활용한다. 앞의 그림에서 이를 잘 설명하고 있다.

**서클 모임: 개방적이고 유동적인 과정**

서클의 각 단계도 서클 형태로 진행할 수 있으므로 서클 모임이 어떻게 작동하는지를 대략 살펴볼 것이다. 다시 말하지만, 이것은 서클의 짜임새format를 말한다. 즉 서클을 올바르게 실행하기 위한 공식이나 진행자가 항목별로 확인하며 넘어가야 할 실행 목록이 아니다.

사실 이 장에서 제시되는 몇몇 단계는 어떤 서클에서는 적절하지 않을 수도 있다. 이 장에서 설명하는 서클의 짜임새는 갈등이나 범죄 해결을 위한 서클에는 적절하지만, 서클은 여러 다른 목적에 따라 형태가 달라질 수도 있기 때문이다. 지원, 이해, 배움, 치유, 조화, 공동체 형성이 목적인 서클도 있고, 단지 함께 모인 것을 축하하기 위한 서클도 있다. 이런 다른 유형의 서클에서는 서클의 목적과 관련된 사람들의 요구에 부합하도록 도입부와 종결부는 동일하되 그 사이의 중간 단계는 완전히 달라질 수도 있다.

서클의 유동성과 유연성과 뛰어난 적응성을 강조하는 이유는, 각각의 서클에는 보이지 않지만 치유의 효과를 지닌 최선의 서클 전개 논리와 더불어 서클 그 자체의 지혜와 마법이 담겨 있기 때문이다. 서클에는 비록 순간에 머물지라도 사람들의 생각과 마음을 하나로 합칠 수 있는 가능성이 있다. 언제 어떻게 그런 일이 일어날지는 기실 수수께끼 같은 측면이 있다. 어떤 공식에 맞춘다고 해서 사람들이 활기나 평온함 또는 서로 연결되어 있다는 기쁨을 느낄 수 있는 것이 아니듯, 사람들이 같은 생각과 같은 마음으로 혼연일체가 되는 데에 어떤 특별한 공식이 있을 수는 없다. 하지만 이런 순간이 찾아오면 서로 함께하는 새로운 길이 열린다는 희망이 솟아나면서 바로 그 순간은 축복이 된다.

따라서 이 장에서 서클의 세부 계획이나 특정 국면에 대하여 서술하는 모든 것은 서클 모임을 이해하기 위한 출발점이 될 뿐이다. 서클 가치와 원칙, 그리고 균형에 대한 주술원 가르침 같은 폭넓은 개념 틀은 없어서는 안 될 요소이고, 대화 소품 활용, 지침, 합의를 통한 의사 결정 등 서클 바깥 틀을 이루는 요소도 마찬가지로 필수적이다. 이런 핵심축pillar이 없다면 서클의 모든 가능성을 경험할 수 없을 것이다. 그러나 일단 이런 핵심축이 제자리를 잡으면 서클은 순조롭게 진행된다.

## 서클 모임의 일반 짜임새

### 세부 계획: 서클의 물질적 차원

서클의 물질적 차원의 대부분은 세부 계획logistics이 차지하고 있다.

서클이 균형을 잡으려면 서클 과정의 정신적·정서적·영적 차원에 주의를 기울이는 것만큼이나 세부 계획에 주의를 기울이는 것도 매우 중요하다. 안타깝게도 사람들은 서클의 물질적 측면을 대부분 서둘러 처리해 버리고 만다. 다음은 미니애폴리스에서 활동하는 어느 서클 진행자의 의견이다. "이는 당신 집에 찾아온 손님을 어떻게 맞이하는지와 일맥상통합니다. 그 손님이 불편을 느끼지 않도록 환대하고 싶지 않겠어요? 존중받는 느낌이 들도록 말이에요."

공동체가 창의성을 발휘하여 서클의 물질적 측면을 다루는 방식은 무궁무진하다. 소소한 것을 챙기는 사람들은 참여자들도 눈여겨보고 있음을 안다. 참여자들은 "사람들이 내가 오기를 정말 원했구나. 저렇게 기뻐할 줄이야."라고 생각하며 이내 편안함을 느낀다. 물질적 고려사항에 주의를 기울이면 서클을 순조롭게 시작할 수 있고 사람들은 계속 서클을 찾는다. "제가 여기 음식이랑 사람들이 좋아서 서클에 자꾸 참석한다고 말한 것이 다 농담인 것만은 아니에요." 어떤 서클 참여자가 한 말이다.

누가 서클 세부 계획을 책임지고 맡아야 할지는 공동체에 따라 달라진다. 상황에 따라 그때그때 자원자가 책임을 맡기도 하고 공동체 사법위원회 간사가 총괄책임을 지기도 한다.

서클 모임에 가장 좋은 장소는 쉽게 접근할 수 있고, 평화롭고 조용하며, 중립적이고 공동체에 소속되었다는 느낌을 주는 곳이다. 의자를 둥그렇게 놓고, 그 가운데에 탁자를 놓지는 않는다. 연장자를 위해서는 되도록 편안한 의자가 좋을 것이다. 의자를 둥그렇게 놓으면 평등하고 열려 있는 포용하는 분위기가 조성된다. 그리고 의자를 서로 가까이 붙여 놓아서 서로가 연결되어 있다는 의미를 나타낸다. 몇몇 서클에서는 나중에 오는 사람을 위해 의자 한두 개를 남겨놓기도 하지만 한 차례 소개가 마무리될 즈음이면 빈 의자를 치우도록 한다. 의자 뒤쪽으로는 되도록 넓은 공간을 두어 참석자들이 서클에서 벗어나 자유롭게 왔다 갔다 할 수 있도록 해야 한다.

종종 장식용 천을 서클 가운데 펼쳐 두고 그 위에 촛불을 하나 켜놓기도 한다. 준비 기간에 진행자는 참여자들에게 의미 있는 물건을 가져오도록 권하는데, 나중에 참여자들은 천 위에 그 물건을 올려놓고 서로 소개하는 자리에서 그 의미를 설명할 수 있다.

따뜻한 분위기를 조성하고 참여자들의 긴장을 풀어주기 위해 서클 관계자들은 사람들이 들어올 때마다 반갑게 맞이한다. 특히 처음 오는 사람들에게 더욱 신경을 써야 하며, 종종 사람들을 맞아들이는 사람을 따로 정하기도 한다. 때로는 참여자들이 모두 서로를 정겹게 맞이하는데, 이는 누구라도 지도자 역할을 할 수 있으며 서로가 함께 책임감을 가진다는 의미를 담고 있다. 다과를 준비해서 서클을 시작하기 전이나 휴식 시간 또는 서클을 마친 후에라도 참여자들이 편안하고 격의 없는 분위기에서 자연스럽게 교류할 수 있는 기회를 제공한다. 서클을 마치고 난 직후에 이루어지는 일도 간과할 수 없다. 사람들이 서클을 마치고 다과를 나눌 때 진행자는 참여한 것에 대해 자연스럽게 감사를 표할 수 있는데, 이는 시작할 때 사람들을 반갑게 맞아들이는 일만큼이나 중요하다.

이런 물질적 고려 사항에 주의를 기울이면 참여자들은 자신이 환영받고 있다고 생각하고 서클 모임 전이나 후, 또는 모임 중에 편안함을 느낀다. 이는 서클이 앞으로 지속적으로 공동체의 지원을 받는 데에도 커다란 영향을 미친다. 서클을 둘러싸고 형성된 비공식적 공간은 전혀 하찮거나 부수적인 것이 아니며 서로 존중하고 협력하는 분위기를 형성하도록 기여하는, 모든 서클 목표 달성의 중심축이 된다.

**서클 모임의 다섯 가지 국면**

세부 계획이 자리를 잡으면 서클 모임의 다섯 가지 국면에 눈길을 돌릴 수 있다. 강조해서 말하지만, 이런 국면은 일반적으로 갈등을 다루는 서클에서 일어나는 것이다. 치유나 지원, 공동체 형성이나 상호 이해에 초점을 둔 서클에서는 다섯 가지 국면이 다 드러나지 않을 수도 있다. 예를 들어 상호 이해 촉진을 위해 열리는 서클에서 참여자들은 합의에 도달하려는 기대를 가지지 않으며 서로 다른 관점에 단지 귀 기울일 뿐이다. 서클에서는 차이를 존중하며 굳이 차이를 해소하려 들지 않는다. 어떤 결정을 내리거나 행동을 취해야 할 때에만 합의가 문제로 떠오른다. 서클 모임의 다섯 가지 국면은 다음과 같다.

국면 1, 도입부: 대화를 위한 밑바탕 다지기
국면 2, 요구와 이해관계 표현하기
국면 3, 대안 탐색하기
국면 4, 합의 또는 일체감 형성하기
국면 5, 종결부: 성공 축하하기

## 서클의 일반 짜임새

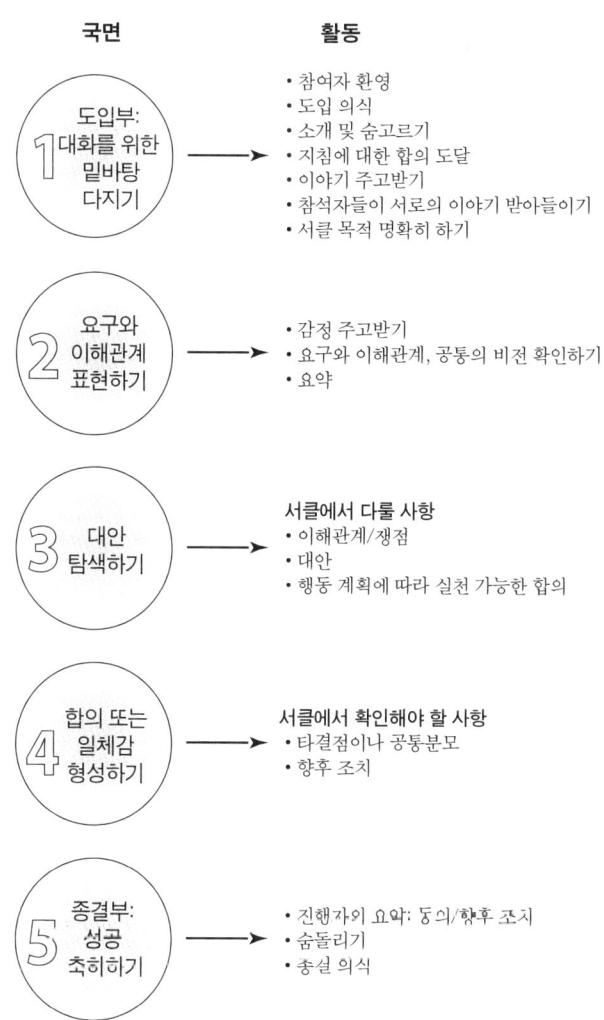

### 국면 1, 도입부: 대화를 위한 밑바탕 다지기

모든 서클에 필수적인 도입 국면은 일반적으로 여섯 부분으로 나뉜다.

1. 참여자 환영
2. 도입 의식
3. 소개 및 숨고르기
4. 지침에 대한 합의 도달
5. 이야기 주고받기
6. 진행자의 요약

이런 요소들은 여러 가지 형태를 띠고 있으며, 늘 정해진 순서에 따라 진행되는 것은 아니고 모든 도입부에 다 포함되는 것도 아니다. 같은 참여자들이 정기적으로 만나 서클을 열어 지침에 대한 이해가 쌓이게 되면 도입 국면에서 매번 지침에 관해 의논할 필요가 없어질 수 있다. 마찬가지로, 이야기를 주고받는 부분도 서클 도입부에서 특별한 요구에 따라 필요할 수도 있고 필요 없을 수도 있으며, 어쩌면 서클의 중심부를 구성할 수도 있다. 어떤 형태가 되었든 특정 형태의 도입부를 선택하는 이유는 그것이 서클에서 추구하는 것에 나름 의미를 부여하기 때문이다. 무심코 타성이나 의무감에 어쩔 수 없이 도입부를 행한다면 사람들의 관심과 참여를 충분히 이끌어낼 수 없다.

도입부의 의도는 사람들이 서로 고립되어 있다는 생각에서 벗어나 서로 연결되어 있음을 깨닫도록 하는 것이다. 제대로 된 도입부를 거치면서 사람들은, 개인 가치가 존중받고 격한 감정을 토해내도 문제가 되지 않는, 영적 경험과 각자의 삶에서 추구하는 의미를 소중히 여기는, 상호 존중과 이해와 신뢰가 공통 우선순위가 되는 공간으로 자연스럽게 인도된다. 그러므로 도입부는 한층 더 심오한 경지로 사람들을 이끄는 단계이며, 심오한 경지로 연결된 길이 꼭 하나만 있는 것은 아니다.

    진행자가 도입부를 이끌지만 다른 사람들도 도입부에서 여러 다른 부분을 계획하고 실행하는 역할을 맡는 것이 필요하다. 이렇게 역할을 분담하면 서클이 단지 진행자의 독무대가 아니라 모두에게 속해 있다는 메시지를 준다.

    **참여자 환영**  어떻게 사람들을 맞이하느냐에 따라 서클 전체 분위기가 달라진다. 사람들을 맞이하는 역할을 맡은 사람은 다른 사람들이 애써 참여해 준 것에 대해 감사를 표하며 도입부에서 앞으로 어떤 일이 일어날지 간단하게 알려준다. 그러면 진행자는 도입 의식의 목적, 즉 도입 의식이 사람들이 스스로 통찰과 안내의 원천을 이끌어내는 데 필요한 시간임을 설명하고, 반드시 참여할 필요는 없다는 점도 알려야 한다. 또한 대화 소품의 사용법을 설명해야 한다. 마지막으로 소개가 끝나면 모든 지침을 찬찬히 되짚어본다는 점도 확실히 말해야 한다.

    **도입 의식**  사람들을 맞아들이고 나면 그들을 좀 더 깊은 생각에 잠기는 경지로 이끌기 위해 도입 의식이 뒤따른다. 진행자(또는 다른 사람)는 도입 의식의 의미와 중요성을 설명하고, 서클에 모인 사람들에게 동의를 구한 후에 의식을 시작한다. 의식이 모든 사람이 참여하도록 계획

되었더라도, 진행자는 원하지 않는 사람은 참여할 필요가 없다고 말하여 서클에서는 모두 똑같이 존중받는다는 사실을 확실히 해야 한다.

앞에서 말했던 것과 같이 도입 의식은 여러 형태를 취할 수 있다. 책을 읽는다거나 잠시 명상 시간을 가진다거나, 단지 심호흡을 할 수도 있다. 의식은 그 형태에 상관없이 공동체 내에서 누구나 이해하고 받아들이는 특별한 의미를 가져야 한다. 쉽고 자연스러워야 하며 낯설거나 강압적이거나 불쾌감을 주어서는 안 된다. 때로는 웃음을 주고 가벼운 의식이 좋다.

도입 의식을 지나치게 서둘러 짧게 마무리 짓는 일이 흔한데, 이는 나름 이해는 가지만 안타까운 일이다. 서클 과정에서 참여자들은 도입 의식을 거치면서 일상의 어수선하고 빡빡한 느낌에서 벗어나 신성한 평화 형성 공간에 들어올 수 있다. 이런 효과를 내도록 도입 의식을 설계하려면 시간이 필요하다. 다행히 둘 또는 그 이상의 사람들이 함께 도입 의식을 계획하면 풍부하고 다양한 결과를 얻게 되어 사람들의 요구를 한층 더 폭넓게 수용할 수 있다.

**소개 및 숨고르기** 처음 대화를 한 차례 시작하면서 진행자는 참여자들에게 각자 자신을 소개해 달라고 요청한다. 자신이 누구인지, 지금 심정이 어떤지, 무엇을 얻고 싶은지 말하도록 한다. 몇몇 서클에서는 직위는 말하지 않고 이름만 밝히는 것을 선호한다. 그러면 누구나 평등하게 참여하고 있다고 느끼게 되고 서로를 직위와 상관없는 동등한 인격체로 바라보게 된다. 한두 사람이 진행자로 나서서 어떻게 더욱 깊이 자신을 드러낼 수 있는지 시범을 보이며 대화를 시작한다. 자기 소개서에 나올 법한 신상정보보다는 속마음이 어떤지, 무엇을 바라는지를 이야기한다. 서클 가운데에 의미를 간직한 물건을 놓아둔 참여자가 있다면 소개 및 숨고르기check-in 시간에 그 의미를 설명하도록 한다. 서로 소개하면서 숨고르기 시간을 가지면, 사람들은 서로가 어떤 감정 상태에 있는지 그리고 무슨 생각을 하고 있는지 이해할 기회를 얻는다.

**지침에 대한 합의 도달** 이 부분은 도입부에서 꼭 필요한 부분이다. 진행자는 기본 지침을 찬찬히 되짚어보고 누군가 추가 사항을 제안했다면 그것을 거론하며 참여자들에게 변경하고 싶은 사항이 더 있는지 질문한다. 그런 다음 진행자는 대화 소품을 건네거나 손에 든 채 질문이나 제안이 있는지 묻는다. 시간이 얼마나 걸리든 도입부에서 지침에 대하여 한 차례 심도 깊은 대화의 시간을 가지면 서클 절차의 참여적 성격이 재확인되고 안전하고 신성한 공간을 형성하는 것이 얼마나 중요한지 명확히 드러난다. 로카에서 청소년들을 대상으로 진행하는 서클처럼 지금도 계속되고 있는 여러 서클에서는 주기적으로 지침을 되짚어본다. 서클의 밑바탕이 되는 가치와 원칙을 다시 논의할 수 있기 때문이다. 다음은, 유아 과실치사 사건을 다룬 서클의 진행자가 시간이 들더라도 무엇보다 우선하여 가치와 지침을 의논하는 것이 얼마나 중요한지에 대해 말한 내용이다.

> 책을 읽고 몇 번인가 호흡을 가다듬은 후에 대화 소품에 대해 길게 이야기를 했어요. 대화 소품이 서클에서 사람들을 하나로 결집시킬 것이라는 느낌이 들었는데 딱 들어맞았어요. 우리는 각자

가 따르는 가치를 한 가지씩 판 위에 적어 서클 가운데에 놓았어요. 사람들은 몇 번에 걸쳐 자신들이 따르는 가치에 대해 언급했어요. 대화 소품 사용 지침을 잘 지켰고, 서로의 이야기를 끝까지 들었어요. 어떤 사람이 판 위에 인내심이라는 가치를 적어놓기도 했는데, 저도 사람들이 인내심을 발휘하여 잘 참아주었다는 점을 몇 번이나 이야기했고요. 한번은 어떤 분이 "판 위에 자제력을 쓰고 가운데 놓길 잘했어요. 다른 가치를 써놓았다면 자제력을 발휘하지 못했겠지요."라고 말하기도 했어요.

일이 뜻대로 풀리지 않을 때면 지침과 대화 소품이 버팀목이 되어주었고, 한계를 정하거나 안도감을 느낄 수 있는 범위를 설정해주었지요. 사람들은 지침 내용을 잘 이해했고 지침이 절차 진행에 꼭 필요하다는 점도 알고 있었어요. 서클이 벅차게 느껴지거나 어떻게든 일을 풀어가야 하는데 시간이 부족하여 압박감이 점점 커질수록 더욱 충분한 시간을 두어 가치와 지침을 정립해야 한다는 생각이 들더군요. 이번 사례에서는 30분 넘게 시간을 들인 후에야 모든 지침을 겨우 살펴볼 수 있었어요. 어느 정도 마무리가 되어갈 때쯤 사람들은 더욱 깊게 숨을 들이쉬었고 서로 애쓰다 보니 어느새 치유가 일어나고 있더군요.

**이야기 주고받기** 참여자들에게 각자가 살아오면서 개인적으로 겪은 경험을 서로 나눌 수 있는 기회를 주면 가면과 겉모습에서 벗어나 서로를 좀 더 분명히 이해할 수 있게 된다. 서로 이야기를 주고받으며 사람들은 서로의 삶에서 지혜를 얻고, 그런 지혜를 활용하면서 유대 관계가 형성된다. 당면한 쟁점과는 직접 관련이 없더라도 사람들은 서로 교감을 맺는다. 이야기를 주고받다 보면 개인 경험에서 우러나오는 이야기를 들려주는 분위기가 형성되기에 상대를 가르치려는 욕구는 줄어든다. 사람들의 인식은 넓어지고 마음속 깊은 감정이 나오며, 다른 사람에게 이래라 저래라 명령을 내리는 실수를 범하지 않으며, 끊임없이 자신을 되돌아보게 된다. 서로 이야기를 나누는 일은 서로의 겉모습이야 어떻든 사람들이 서로를 인격체로 받아들이는 데 본질적으로 도움이 된다. 다음은 서클 강사인 그웬 챈들러 리버스가 이와 관련하여 한 말이다.

그 서클은 절대 잊을 수 없지요. 당시에 어떤 경찰관이 함께했는데, 까칠하기로 정평이 나 있어서 사람들은 그 경찰관 가까이에 얼씬거리지도 못했어요. 몸에 손을 대기는커녕 말조차 붙이지 못했죠.

그는 시카고에서 열세 명의 자식 중 하나로 태어나 생활보호 대상자로 살아야 했던 자신의 이야기를 꺼내놓았어요. 꼭 성공해서 가족이 생활보호 대상자로 살지 않도록 하는 것이 그의 꿈이었지요. 재능 있는 미식축구 선수였던 그는 장학금을 받고 대학에 가길 희망했고, 실제로 주위에서도 한껏 기대를 받았다는군요. 그런데 대상자로 선발되어 훈련에 참여했지만 최종 선발 명단에는 들지 못했어요. 가족에게 전화를 걸어서 떨어졌다고 말해야 했던 그 순간이 인생에서 가장 고통스러웠다고 합니다.

현재 그는 아침에 일어나 경찰복을 입는 매순간 아직도 시카고에서 생활보호 대상자로 살고 있는 가족들을 떠올립니다. 그러니 얼마나 가슴이 아프겠어요. 지역 공동체에 외근을 나가면 언제나 그의 얼굴에는 그 모든 것들이 나타나겠죠. 사람들이야 다들 그가 심술궂고 언제 폭발할지 알 수 없고 피도 눈물도 없을 거라고 여기겠지만, 그는 사실 가족들에게 도움을 주지 못하고 있다는 자괴감에 빠져 다른 생각을 못 하고 있는 겁니다. 어깨에 무거운 짐을 짊어진 채 하루하루를 버티고 있는 거죠. 아쉽게도 그에 대한 사람들의 인식은 많이 달랐습니다. 그가 이야기를 모두 마쳤을 때 방안에 있는 사람들은 모두 눈물을 흘렸어요.

저는 이 사례를 겪으면서 어떤 상황에 매몰되지 않고 한 발 물러서 꺼내기 힘든 질문을 던져야 한다는 필요성을 절감했습니다. 이 특정 상황에서 그 경찰관은 자기 이야기를 해야 했고 우리는 들어야 했습니다. 그는 심술궂거나 화가 난 것이 아니었어요. 오히려 감내하기 힘든 짐을 짊어지고 있었던 겁니다. 그 경찰관과 함께 서클 과정에 참여하면서, 저는 왜 우리가 다른 사람들을 인격체로 받아들여야 하는지를 충분히 이해할 수 있었습니다. 우리는 서로 바람직한 관계를 유지해야 하며 다른 사람을 어림짐작으로 쉽게 판단해서도 안 됩니다. 그러려면 서로의 이야기를 들어야겠지요.

이 사례가 보여주듯이 이야기를 주고받으면 서로를 속속들이 이해하게 되고, 또 그래서 신뢰가 쌓인다. 여기저기 많은 어려움이 도사리고 있는 평화 형성 서클이라는 길을 걸을 때 신뢰는 없어서는 안 되는 그 무엇이다. 사람들이 마음을 열고 서로에게 자신의 삶을 드러낼 때 새로운 관계가 싹튼다. 이런 새로운 관계가 계속 자라나야 사람들이 힘을 얻어 어떤 어려움이 닥쳐도 개인적으로나 문화적으로 심오한 변화를 이루어낼 수 있다. 그것이 바로 서클에서 사람들이 해야 할 일이다.

하지만 사람들은 때로 자신의 삶에 어떤 이야기가 담겨 있는지 의식하지 못할 수 있다. 그런 이야기는 삶의 한 부분을 장식하는 배경이지만 눈에 띄지 않을 수 있다. 서클을 조직하는 과정에서 사람들이 자신의 삶에 담긴 이야기를 끌어낼 때 도움이 필요한데, 여러 다른 형태의 활동을 통해 사람들이 이야기를 끌어낼 수 있다. 미국의 유명한 서클 강사이자 미네소타 주 헤너핀 카운티에서 20년째 소년부<sup>juvenile justice</sup> 검사로 재직하고 있는 돈 존슨은 여러 활동을 활용하여 사람들이 자신의 이야기를 찾아내도록 돕는다.

> 우리가 마음속에 이야기를 간직하는 데는 여러 가지 다른 길이 있어요. 그리고 간직한 이야기가 어디 하나뿐이겠어요? 서로 다른 주소를 가진 마음속 이야기에 접근하려면 창조적 표현이라는 열쇠를 가지고 이야기로 통하는 문을 열어야겠지요. 각각의 이야기로 통하는 문에 맞는 열쇠가 필요하고, 문이 열리면 이야기는 저절로 흘러나올 겁니다. 마음속에는 수많은 문이 있고, 그 문에 맞는 자물쇠도 따로 있는 격이죠. 특정 문을 열 수 있는 열쇠는 인지적일 수도 있고 어쩌면 물질적, 직관적, 정서적, 미적일지도 모르고, 운동 감각과 관련을 맺을 수도 있어요. 말로 표현할 수도 있겠지만 그림으로 그리거나 북을 치고 춤추고 노래를 불러야 할지도 몰라

요. 우리 이야기에 담긴 모든 가능성을 활용하려면 우리 자신에게 접근하는 여러 다른 길을 찾아야 해요. 우리 자신의 이야기에서 배움도 얻지만 상처와 고통도 치유받기 때문입니다.

**진행자의 요약** 진행자는 서로 나눈 이야기를 요약하며 첫 번째 국면을 끝맺는다. 그리고 진행자의 요약은 서클 분위기를 정하는 중요한 요소다. 숨고르기 또는 이야기 주고받기 차례에서 사람들이 표현한 것들을 바탕으로 진행자는 맥락을 밝히고 서클 목적을 분명히 한다. 또한 공동체에서 있었던 새로운 소식을 전하고, 생일이나 결혼, 출산 같은 특별한 일을 챙기거나, 이전 서클에 참여했던 사람들이 삶에서 긍정적 변화를 얻었다면 그것을 축하하는 기회로 삼는다.

**관계를 형성하며 서클 대화 시작하기** 도입부에서는 서클 소집의 원인이 된 쟁점을 직접 다루지 않는다. 사실 쟁점을 바로 꺼내지 않으며 시작하는 것이 핵심이다. 서클에서는 먼저 사람들 서로서로가 교감을 나눔으로써 힘든 대화를 주고받으며 감정을 다칠 염려가 없는 안전한 공간을 만들어낸다. 관계가 돈독해질수록 차이를 더욱 쉽게 극복해 나갈 수 있기 때문이다.

도입부는 바람직한 관계를 형성하기 위한 밑바탕을 제공한다. 특히, 사람들은 도입 의식을 거치면서 자신의 내면에 있는 좀 더 평화로운 곳으로 인도된다. 참여자들은 함께 힘을 모아 지침에 따라 합의에 도달하는 것이 무엇을 의미하는지 체험한다. 또한 도입부는 사람들이 각자 자신을 소개하고 숨고르기를 거친 후에 이야기를 주고받으며 서로의 내면을 한층 더 깊이 공유하는 기회가 된다. 도입부는 어떤 문제를 해결하려는 의도가 아니라 다분히 공동체의 씨앗을 뿌리려는, 다시 말해 사람들이 시간을 들여 서로를 알아가고 서로 교감을 나눌 수 있도록 하려는 의도로 시작한다.

북아메리카 원주민 틀링기트 부족Tlingit First Nations의 일원이자 서클 실천가로 활동하는 교사인 해럴드 가텐스비는 주술원의 사분면四分面에서 영감을 얻어 참여자들이 시간을 들여 관계를 형성하는 것의 중요성을 강조하기 위해 서클을 네 부분으로 구분했다. '관계 트기, 상호 이해 및 신뢰 세우기, 쟁점 및 전망 다루기, 행동 계획 마련하기'라는 네 부분은 똑같이 중요하므로 대체로 비슷한 시간을 할애해야 한다. 바로 본론으로 들어가려는 조급함 때문에 사람들은 흔히 시간을 내어 관계를 트고 상호 이해와 신뢰를 세우는 일에 주저한다. 하지만 신뢰가 없으면 사람들은 쟁점에 대해 자신이 알고 있는 진실을 깊이 드러내지 않을지도 모른다. 따라서 무엇을 해결해야 하는지 완벽하게 인식하지 못하기에 최종 결과로 나오는 행동 계획은 아무런 효과도 내지 못한다. 관계 형성 단계를 대충 거치고 바로 본론으로 들어가려는 유혹에 빠지면 서클이 지닌 가능성이 약해질 수밖에 없다. 다음은 케이의 성찰이다.

> 상황이 주는 압박감에 밀려 어쩔 수 없이 본론으로 들어가야 할 때면 강력한 주술원 이미지를 떠올리고 관계 형성에 충분히 시간을 들여야 한다고 다시 한 번 마음을 다잡습니다. 훈련에 참여하는 사람들은 가끔 자신들의 생각에는 별 도움이 되지 않는 일들에 시간을 들인다고 불만을 표합니다. 사람들이 원하는 것을 들어주

고 싶기도 해서 갈등을 느끼지만 또한 제가 이해하는 서클 과정에 어긋나지 않기를 바랍니다. 그런 상황에서 주술원 이미지는 제게 길잡이가 되어줍니다.

도입부 이후에 뒤따르는 몇 가지 국면에서 서클 대화는 때때로 특정 요구와 필요에 따라 앞뒤로 왔다 갔다 할 수 있다. 서클의 역학 관계를 몇 개의 국면으로 따로따로 구분하기는 했지만 실제로는 참여자들이 힘을 합쳐 문제를 해결해 나갈 때 여러 국면은 순서에 관계없이 함께 움직인다.

### 국면 2, 요구와 이해관계 표현하기

두 번째 국면은 어떤 일이 일어났고, 그동안 어떤 조치가 있었으며, 사람들이 지금 무슨 일을 겪고 있는지 서로 이야기를 주고받으며 시작한다. 이때의 목적은 모두가 같은 정보를 바탕으로 힘을 합치고 바로 지금 누가 무엇을 하고 있는지 서로에게 알리는 것이다. 또한 두 번째 국면에서는 사람들이 감정을 표현하고 걱정을 드러낼 기회를 가진다.

어떤 배후 사정이 있는지를 알기 위해 진행자는 특정 정보를 가지고 있는 사람에게 그 정보를 말해 달라고 요청한다. 일단 모든 정보가 나왔다면, 다음은 참여자들이 그에 따른 반응을 표현할 차례다. 변화에 대한 희망과 함께 고통, 분노, 두려움, 혼란, 근심 등 자신의 감정을 표현한다.

대화 소품을 활용하며 이렇게 여러 차례 이야기를 나누다 보면 폭넓은 감정이 표출되고, 이야기를 이어감에 따라 문제의 규모는 점점 커지고 그 양상은 복잡해질지 모른다. 이는 자연스러운 현상이며, 진행자는 이 국면을 너무 빨리 진전시키려고 하면 안 된다. 서클 과정에서는 심정이 어떤지, 걱정거리가 무엇인지가 모두 드러나야 깊은 치유가 일어나고 무엇 하나 놓치지 않는 큰 변화가 일어날 수 있다.

진행자는 모든 사람이 한동안이나마 충분히 의견을 표현하고 반응을 보였다고 판단했을 때 사람들이 표현한 감정을 인정해 주고 걱정거리는 되짚어보며 이 국면을 마무리한다. 흔히 이때 잠시 쉬는 시간을 가지는 것이 좋다.

**관계 형성과 문제 해결의 균형 맞추기**

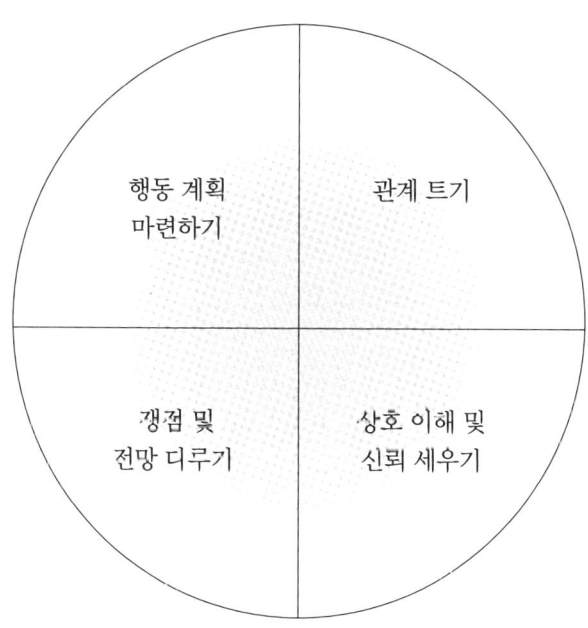

### 국면 3, 대안 탐색하기

세 번째 국면에서는 '무엇이 잘못되었는지, 무엇이 고통을 주는지'에서 '잘못을 바로잡고 치유를 촉진하고 긍정적 변화를 이끌어내려면 무엇을 해야 하는지'로 초점이 확대된다. 서클에서는 지원과 치유에 초점을 맞추는 것과 마찬가지로 다른 사람의 이야기에 귀 기울이는 것이 가장 중요하다. 그러면 사람들은 자신의 이야기를 들려주는 기회를 가지게 되고 다른 사람들은 공감하며 들을 수 있기 때문이다. 잘못을 바로잡으려는 조치를 취한다고 해서 그것이 언제나 환영받는다거나 적절한 것은 아니다. 다른 사람들에게 자신의 이야기를 들려주길 원했지만, 이는 선택 사항에 없었을 수도 있다. 이런 상황에서 다른 사람들이 이야기를 들어준다면 말을 한 사람은 진실을 인정받았다는 느낌을 갖게 되고, 그런 느낌이 점점 커짐에 따라 자신을 짓누르는 상황에서 벗어나 앞으로 나아갈 수 있다.

반면에 서클에서 대안을 찾다 보면 고통스러운 경험이나 자기 파괴적 생활 방식에서 헤어나오지 못한다는 느낌이 사라지고, 변화를 거의 불가능하게 만드는 벽이 허물어진다. 서클에는 다양한 특성을 가진 사람들이 참여하기에 서클에서 대안을 만들어내고 그것을 실행으로 옮기는 수단을 찾아낼 가능성은 무궁무진하다. 서클은 개인이나 가족이 접근하기 어려운 자원을 공동체에서 끌어들여 활용할 수 있다.

이 국면에서는 특정 문제에서 출발하여 그것을 해결할 때 유용한 조치를 찾아 나서지만 특정 문제에만 머무는 일은 흔하지 않다. 따라서 서클 대화는 두 가지 방향에서 눈앞의 쟁점을 초월하는 경향이 있다. 한편으로는 참여자들의 내면으로 향해 한층 더 개인적 이야기에 다다르며, 다른 한편으로는 범죄를 둘러싼 더욱 큰 맥락과 배경을 향해 밖으로 나아간다. 양쪽 모두 문제의 근원을 분명히 하고 해결점을 제시한다.

내면에 초점을 맞추면 개인 및 가족 차원에서 변화를 촉진하는 반면, 외부에 초점을 맞추면 범죄를 유발하는 사회, 경제, 인종, 정치, 교육, 종교, 성 역학 관계와 함께 다른 공동 역학 관계 collective dynamics 가 분명해진다. 서클 안에서는 문제의 근원에 다다르려는 추진력이 생기게 되어 사람들은 당장 눈에 띄는 변화보다는 더 근본적 변화를 추구한다.

서클 대화가 내면으로 향하든 외부로 향하든, 서클에서는 창조적 대안들이 떠올라 사람들의 요구에 세심하고 폭넓은 손길을 내민다.

### 국면 4, 합의 또는 일체감 형성하기

네 번째 국면에서는 합의를 형성하는 데 초점이 맞추어진다. 즉 합의 사항에 포함시킬 요소들을 살펴보고, 합의가 무엇을 뜻하는지 명확히 하며 합의를 실행으로 옮길 방안을 마련하는 국면이다. 갈등을 다루는 중에 결정을 내리고 행동 계획을 수립해야 하는 서클에서는 이 국면이 매우 중요하다. 하지만 모든 서클에서 이 국면이 필요한 것은 아니다. 많은 서클은 의사 결정이나 행동 계획을 목적으로 하지 않기 때문이다. 예를 들면, 서로를 더 잘 이해하거나 배우거나 치유를 얻으려는 데 초점을 맞추는 서클도 있다.

하지만 이런 서클에서도 일체감 sense of unity 을 통해 이와 비슷한 형태의 국면을 흔히 경험한다. 여기서 말하는 일체감이란, 모두가 같은 의견을 내고 모두가 같아야 한다는 의미가 아니라, 마음을 열고 서로를 존중하며 차이를 사람들 사이를 가르는 어떤 것이라 여기지 않고 사람들이 함께한다는 의미다. 사람들은 서로 똑같지 않지만 일체감을 가질 수 있다. 서클은 이런 일체감이 형성되는 면에서 다른 어떤 '공적 만남의 장public forum'보다 적합하다.

의사 결정을 내려야 할 때 서클에서는 합의를 형성하기 위해 힘을 합친다. 어떤 의견도 소홀히 하지 않으며 서로 다른 관점을 의사 결정 과정에 녹여 넣는 데는 솜씨가 필요하고, 주의를 집중해야 하며, 시간도 들여야 한다. 결과로 확실한 기득권을 얻는 측은 쉽게 입장에 얽매이거나 감정에 사로잡혀 공통 의견을 찾지 못할 수도 있다. 서클은 공동체도 자신의 목소리를 낼 수 있는 공간이 되기에, 서클에서 공동체는 어느 한쪽으로 기울지 않고 모두를 감싸 안으며 제삼자 역할을 할 수 있다. 공동체는 제삼자로서 서클에서 표출되는 힘든 감정을 흡수하고 양측이 견고한 입장에서 벗어나 앞으로 나아가도록 대안을 제시할 수 있다.

이런 이유로, 합의는 대부분 서클에서 강력한 의견을 내는 사람이나 몇몇 핵심 인물들에게서 나오지 않는다. 서클 공간을 지배하며 합의가 진전되도록 하는 것은 일반적으로 제삼자 역할을 하는 공동체 구성원들이다. 공동체 구성원들은 모든 의견을 동등하게 존중하고 차이를 이해함으로써 이런 역할을 수행한다. 또한 앞으로의 희망과 방안을 제시하는 것도 공동체 구성원의 몫이다. 마음을 열고 서로에게 질문을 던지고 서로를 공감하며 균형 잡힌 분위기를 만들어내어 핵심 인물들 사이에 입장의 차이가 매우 클 때도 이를 좁히는 데 도움을 준다. 관심과 배려를 보여주며 사람들이 폭넓고 창의력 넘치는 합의를 찾아갈 수 있도록 공간을 만들어낸다.

### 국면 5, 종결부: 성공 축하하기

종결부는 도입부에 못지않게 중요하며, 여러 부분으로 나뉠 수 있다. 모임을 잘 마무리하려면 진행자는 동의한 것과 동의하지 못한 것의 요점을 되짚어야 하고 참여자들은 최종 의견과 앞으로의 후속 조치에 대한 의견을 서로에게 밝혀야 한다. 그런 다음 진행자는 마무리로 한 차례 성찰의 시간을 이끌어내는 것과 함께 종결 의식을 진행한다.

**진행자의 요약** 진행자는 서클에서 언급된 모든 이야기들을 정리하며 종결 과정을 시작하는 한편, 모든 참여자들이 사리에 어긋나지 않게 의견을 제시하고 인내와 관용을 보여주며 서로 협조한 부분에 대하여 감사를 표한다.

**마무리 대화** 다음으로 마무리 대화 차례를 거치면서 진행자는 참여자들이 쟁점에 대하여 말하기보다는 서클 과정에 참여하면서 겪은 점을 말하도록 요청한다. 이때 참여자들은 자신의 감정에 대하여 다시 한 번 깊이 생각해 볼 기회를 가진다. 마무리 대화에서는 더 이상 쟁점에 대해 말하지 않고 모든 참여자들이 서클에서 겪은 점을 이야기하는 쪽으로 뚜렷하게 옮겨 가야 하므로 진행자는 흔히 분위기를 새롭게 하려고 한다. 한편으로는 허심탄회한 분위기일 수 있겠으나 다른 한편으로는 취약한 면도 있다. 마무리 대화를 끝내고 난 후 진행자는 최종적으로 간단하게 우려 사항을 밝히고 다시 한 번 의견을 내준 모든 사람들에게 감사를 표한다.

쉽지는 않겠지만 종결부에 충분한 시간을 할애하는 것은 매우 중요하다. 왜냐하면 사람들은 누구나 마무리 단계에서 한 발 뒤로 물러나 그동안 일어난 일을 좀 더 넓은 시야로 바라볼 수 있기 때문이다. 진행자는 합의한 제한 시간에 맞춰 서클 대화를 진행하고 바로 종결부를 시작하는 대신 참여자들이 30~40분 동안 성찰의 시간을 가지도록 한다. 흔치 않지만 진행자는 합의한 제한 시간을 넘겨 서클 대화를 지속할지에 대해 참여자들의 의견을 묻기도 한다.

**종결 의식**  종결 의식을 거치며 참여자들은 모두 마음속의 진심을 말하고, 서로를 존중하며, 서로에게 공감을 보내고 관계를 개선하기 위해 애쓴 점을 인정받는다. 또한 서클이라는 특별한 공간에서 인간관계가 늘 닫혀 있고 불안하기만 한 일상의 세계로 좀 더 수월하게 옮겨 갈 수 있다.

격벽으로 분리된 앵무조개의 내부 공간이 앵무조개의 살덩이를 감싸고 있듯이 이런 다섯 가지 국면은 생생한 서클 경험을 담고 있다. 이 생생한 느낌을 전달하기 위해 몇몇 참여자들이 서클 공간에 머문 경험을 다음과 같이 밝히고 있다.

서클에는 처음 참여했는데, 그때 처음으로 가족 말고도 서로를 보살펴주는 공동체가 있구나 하는 느낌을 받았어요. 눈물이 나더군요. 처음에는 왜 눈물이 흐르는지 몰랐는데 지금은 그 이유를 알 것 같아요. 제가 진정 공동체를 경험하고 있었기 때문일 거예요. 그것은 늘 원하고는 있었지만 감히 입 밖에 내지 못했던 것이었거든요. 늘 바라기만 했지 경험하리라고는 생각지도 못했던 공동체 의식, 바로 그걸 제가 겪었다니까요.

제가 가해자를 위해 무엇을 하려 하든 상관없이 공동체가 단지 저를 돕겠다는 의사를 분명히 했을 때, 저는 헤어나오지 못할 것만 같았던 고통에서 벗어날 수 있었어요. 제가 상처를 받은 것은 사실이지만 피해자로 불리거나 피해자 행세를 하는 게 정말 싫었어요. 제가 피해자라서 도움이 필요했던 것이 아닙니다. 제게 도움이 필요했던 이유는 제가 누군가에게 상처를 주고 있었기 때문입니다.

확실한 것은 우리에게 서클이 꼭 필요하다는 거예요. 이 공장에서 12년을 일했지만 우리가 서로 이야기하는 것은 처음입니다. 제 말은 우리가 진짜 마음을 터놓고 이야기를 했다는 뜻입니다. 오랫동안 함께 일했는데도 그 사람들을 알게 된 것은 이번이 처음입니다. 이게 잘못된 일이라고요? 누가 설령 잘못이라고 해도 이런 일이 좀 더 일어났으면 좋겠어요.

~

공동체 어느 곳에도 속하지 못했어요. 제가 도움이 될 일이 없어 보였거든요. 누가 무슨 일을 하든 그게 무슨 큰 차이를 만들어 낼 것 같지도 않았고요. 늘 그렇고 그런 일들의 연속이라고 생각했어요. 그런데 존을 위한 서클에서 제가 한 말이 중요하게 대우받는다는 사실을 깨달았어요. 그때나 지금이나 제가 도움을 줄 수 있어서 매우 뿌듯합니다. 그 서클에 참여해서 제가 속한 공동체의 전부는 아닐지라도 그 일부를 몸소 체험했어요.

~

제가 말을 꺼냈을 때 막상 다른 이야기를 하고 있더군요. 하려던 이야기가 있었는데, 막상 튀어나온 말은 전혀 딴판이었어요. 그리고 이야기를 하다 보니 제 감정을 주체할 수가 없더라고요. 눈물을 흘리고 있는 제 모습에 처음에는 당황스러웠는데, 나중에는 제가 눈물을 흘리고 있는지조차도 몰랐어요. 속이 시원했고 저를 짓누르는 것들에게서 해방된 느낌이 들었어요. 저는 손을 내밀어 다른 사람과 이어지려고 했지 도와주려고 한 게 아니에요. 도움을 갈구하거나 도움을 주려고 하지도 않았어요. 제가 수전과 헨리에게 그들을 이해한다고 말하는 순간, 저는 그들과 이어지고 있었어요. 그들이 어디에 있는지 왜 그곳에 이르게 되었는지 느낄 수 있었고 받아들여지더군요.

서클은 제가 지금까지 겪은 절차 중에서 가장 사리에 맞고 온당한 절차입니다.

# 범죄에 대응하는 전체 서클 과정

●● 　　　일단 서클에 참여하기로 했으니 중압감이 들 수밖에 없지요. 어디 호락호락하겠어요? 그렇다면 꼭 마음속 진심을 담아 이야기하겠다고만 다짐하세요.

― 어느 피해자

●● 　　　미국 흑인 공동체는 아직까지 활용해 보지도 못한 엄청난 힘을 가지고 있습니다.

― 미네소타 주 세인트폴, 서미트 대학교/프로그타운 공동체
서클 창립 위원인 에드워드 윌슨 판사

　　서클을 활용하여 범죄에 대응하기란 한 번에 끝마칠 수 있는 일이 아니다. 관련 사례나 필요에 따라 여러 단계를 밟아 몇 주, 몇 달, 몇 년이 걸리기도 하는 끊임없는 과정이다. 공동체에 따라 각 단계별 특성이 달라지기도 하지만 같은 공동체 안에서도 사례가 달라지면 단계별 특성이 달라질 수 있다. 이 장에서는 범죄 대응을 위한 전체 서클 과정에 포함된 각 단계를 제시할 것이다. 그러나 공동체가 서클을 활용하는 데 필요한 어떤 고정된 방식을 처방하겠다는 의도는 없다. 서클은 그야말로 지극히 유연한 과정이기 때문이다. 피해자나 가해자를 위한 특정 서

클 과정을 어떻게 전개해야 할지 알려주는 정해진 공식은 없다. 서클 과정은 예측 가능하고 한결같은 결과를 보장하는 자동화된 조립 공정이 아니다.

### 공동체 서클 계획 추진

공동체 서클 계획community Circle initiative은 가족이나 공동체 안에서 일어나는 범죄에 대응하기 위해 치유 효과가 더 높고 유익한 방안을 찾으려는 사람들이 시작하는 경우가 대부분이다. 뜻을 같이하는 사람들이 모이면 공동체 사법위원회community justice committee, CJC 설립의 씨앗이 뿌려진다. 소문이 퍼지고 그물망처럼 관계가 형성됨에 따라 공동체 여러 분야의 사람들이 이 계획에 관심을 보이며 접근한다. 시간이 흐르면서 공동체 내의 모든 관련 기관이나 분야에서 활동하는 사람들이 모일 수도 있고 순수하게 자원봉사자들로만 공동체 사법위원회가 구성될 수도 있다.

경험으로 볼 때 공동체 사법위원회는 공동체 자원봉사자들이 주도하고 사법 기관이나 다른 연관 기관을 대표하는 사람들이 참여하는 공동체 자원봉사자 및 전문가 혼합 형태로 구성되어야 균형 잡힌 평화 형성 활동이 가능하다. 어느 국선 변호인은 "공동체가 주도권을 쥐어야 합니다. 변호사가 있더라도 반드시 공동체가 이끌어야 합니다."라고 말했다. 미네소타 주 세인트폴, 서미트 내학교/프로그나운 공동체 서클 창립 위원인 앨런 발로Ellen Barlow는 공동체 지도력을 확립해 나가는 과정에 대해서 다음과 같이 언급했다.

1998년 우리가 처음 이 일을 시작했을 때 기관 사람들과 관계를 정립하느라 애를 참 많이 썼지요. 공동체가 주도권을 가진다는 점을 명확히 해야 했어요. 아프리카계 미국인 공동체에서는 경찰이나 정부 기관을 말도 못 하게 불신했으니까요. 공동체 사람들과 여러 차례 회의를 거쳤어요. 그렇게 한 걸음씩 차근차근 나아가며 공동체가 반드시 절차를 추진하고 모든 사람들이 평등한 발언권을 가진다는 점을 분명히 했지요. 에드워드 윌슨과 래리 코언 판사가 서클 계획의 출발을 돕기 위해 합류했지만 그들이 서클을 운영한다는 분위기는 없었어요. 기관 주도형 system-driven 과정에서 공동체 주도형 과정으로 옮겨 가기가 어디 쉬웠겠어요? 모든 측이 서로를 신뢰하는 데에는 많은 시간이 걸리더군요. 공동체 구성원들도 서로를 신뢰하기까지 배움이 필요했지요.

공동체 사법위원회는 서클 과정 전체를 관리하고 모든 관계자들 사이를 잇는 다리 역할을 한다. 법원과 사법 기관, 치료 프로그램과 사회 복지를 담당하는 관계 기관, 가족·학교·재계財界·종교계 관련 인사, 비영리 기관 및 정부 기관 대표를 서로 연결한다.

이런 관계가 형성되어야 사례가 서클 과정으로 위탁될 수 있는 통로가 확보된다. 또한 공동체 사법위원회는 이런 분야의 사람들에게 지원 책임을 맡겨, 필요할 때 기꺼이 적절한 자원을 제공할 수 있도록 조율한다. 관계가 성숙하면 성숙할수록 서클 계획의 성공 여부는 위원회나 공동체 구성원 몇 명의 어깨에 매달려 있는 것이 아니라 광범위한 공동체 참여에 의존한다. 또한 관계가 확대됨에 따라 특정 사례가 어느 정도 진척되었는지 더 많은 사람들이 알게 됨으로써 헛소문이나 오해가 점점 줄어들게 된다. 관계가 확대되면 서로 협력하여 문제에 맞서므로 서클 과정에서 신뢰가 쌓인다. 전문직 종사자는 전문가 또는 권위자이자 다른 사람들과 이웃하며 살아가는 공동체 구성원으로서 책임감을 공유하게 된다. 서클 과정이 작동하는 데는 공동체 사법위원회나 서클 참여자들뿐만 아니라 공동체 사람들이 연결되어 더욱 광범위하게 형성된 관계망이 투입된다. 다음은 미네소타 주 세인트폴 공동체 사법위원회 위원이 한 말이다.

> 우리 공동체에 꼭 들어맞는 과정을 만들어내기 위해서는 많은 사람들을 끌어들여야 했어요. 일이 제대로 이루어지고 있다는 데에는 의견이 분분했으니까요. 아무래도 많은 사람들을 끌어들여 우리와 함께 일하도록 힘쓴 후에나 우리 임무가 끝나겠지요.

### 사례 확보

사례는 대부분 사법 기관의 경찰이나 판사, 보호관찰관의 위탁을 통해 공동체 사법위원회로 이전된다. 변호사, 특히 국선 변호인도 사례 위탁에 중요한 역할을 할 수 있다. 그 외에 피해자 가족이나 가해자 가족이 직접 도움을 청하기도 한다. 다시 한 번 강조하지만, 일단 회복적 사법과 서클 과정 교육을 포함한 관계 형성이 이루어져야 사례를 위탁받을 수 있는 적절한 수단이 마련된다.

서클 과정에 대한 폭넓은 이해를 확보하고 있는 몇몇 공동체에서는 사례를 위탁받기 위해 더 이상 사법 기관에 기댈 필요가 없다. 대신 서클 과정은 가해자나 피해자 그리고 그들의 가족 또는 공동체 구성원 중 누군가에 의해 시작된다. 이때 법원으로부터 서클에서 내려진 결정을 따르겠다는 어떤 약속도 받지 못한 상태에서 서클 과정은 시작되지만, 이후 평상시와 다름없이 진행되어 관련 당사자들을 지원하고 법원에 권고하기 위한 행동 계획plan of action도 수립한다. 사법 분야 전문 종사자가 공동체 구성원 자격으로 참여하는 등, 서클 과정에 공동체가 폭넓게 관여했을 때 판사는 선뜻 권고안을 받아들이곤 한다. 이런 접근법으로 처벌을 정하고 그것을 실행하면 공적 사법 자원은 최소한으로 개입된다. 공동체 내에 서클 과정이 확립되어 있어 서클에 대한 사람들의 인식이 커지면 커질수록 더 많은 사례들이 사법 기관을 거치지 않고 공동체 사법위원회로 이전된다.

### 서클 과정의 네 단계

공동체 사법위원회에서는 사례 위탁을 받으면 먼저 서클 과정과 다른 종류의 회복적 사법 실천 분야restorative justice practice 중에서 어느 쪽을 적용해야 적절할지 결정을 내린다. 결정을 내리기 위해 앞 장에서 다루었던 네 단계 서클 과정 중 1단계가 열린다.

이 장에서는 범죄에 대응하기 위해 네 단계가 어떻게 적용되는지 자세히 살펴보도록 하겠다. 다시 한 번 간단히 언급하면 네 단계는 다음과 같다.

1단계, 적합성 결정: 서클이 관련된 상황이나 사람들을 위해 활용할 수 있는 최선의 절차인가? '가해자·피해자 조정victim-offender mediation'이나

'가족 회합family group conferencing'과 같은 다른 회복적 사법 실천 분야가 요구에 더 잘 맞을지도 모른다.

2단계, 준비: 범죄와 관련이 있는 당사자들이 함께 모이기 전에 무엇을 준비해야 하는가? 양형 서클을 열기 위해 전체 또는 일부 당사자를 모으려면 주요 참여자들을 위한 폭넓은 준비가 필요하다. 이런 준비 과정을 생략하면 양형 서클이 특히나 피해자에게 긍정적 경험이 될 수 있는 가능성은 사라진다.

3단계, **평화 형성 서클-양형 합의**: 범죄와 관련이 있는 당사자들이 범죄 해악을 어떻게 바로잡을지 결정하기 위해 서클에 함께 모인다면 참여하는 사람들 모두의 바람을 가장 잘 충족할 수 있는 절차는 무엇인가? 전 단계에서 달성한 성과를 기반으로 하여 이 단계에서는 모든 참여자들 사이의 약속을 의미하는 합의를 이끌어내는데, 합의는 가해자에게 내릴 처벌 역할을 한다.

4단계, 후속 조치와 책임 유지: 합의를 이끌어낸 다음에는 어떤 일이 일어날 것인가? 재판에서와 같이 형을 내리면 그것으로 끝인가, 아니면 새로운 시작인가? 서클 효과는 모두 사람들이 끝까지 합의에 따르고 도움이 필요한 사람을 계속 지원하느냐에 달렸다. 또한 합의를 어겼을 때 내려야 할 조치에 대한 조항도 마련해야 한다. 이 단계에서 검토 서클을 가지면 모든 사람들, 특히 가해자가 자신의 임무에서 벗어나지 않도록 하는 데 보탬이 된다. 검토 서클을 거침으로써 모든 사람들이 합의를 지켜내면 공동체 내에서나 사법 기관 내에서도 서클 과정에 대한 신뢰는 더욱 커진다.

## 1단계, 적합성 결정: 서클은 언제, 누구에게 적당한가

사람들이 어떤 갈등과 마주했을 때 과연 어떤 과정을 쫓아 갈등에 대응할 것인가? 이 질문에 대한 대답에 따라 최종 결과가 근본적으로 달라지므로 그 대답은 다른 무엇보다 우선하여 내려야 하는 가장 중요한 의사 결정이다. 선택된 과정은 특히 다음과 같은 내용에 큰 영향을 미친다.

- 누가 참여하는가?
- 어떻게 참여할 것인가?
- 어떤 가치와 이해관계에 따라 최종 결과가 정해지는가?
- 어떤 정보가 중요한가? 그리고 중요한 정보는 제시되는가? 제시된다면 언제 제시되는가?
- 합의에 이를 수 있는가? 무엇이 합의에 포함되는가? 합의가 효과를 나타내려면 참여자들은 어느 선까지 다짐을 지켜야 하는가?
- 갈등을 헤쳐 나갈 수 있는가? 또는 갈등을 적절히 마무리 짓거나 아니면 완전히 해소할 수 있는가?
- 앞으로 관계는 어떤 모습과 성격을 가질 것인가?

지난 30년 동안 독창적이고 유익한 갈등 해결 방식에 대한 이해가 높아지고 그런 방식이 점점 더 많이 활용됨에 따라 사람들은 재판, 다시 말해 적대적 갈등 해결 방식 외에 수많은 다른 선택을 할 수 있었다. 특히 범죄에 대응할 때 공동체 사법, 다시 말해 회복적 사법이라는 새로운 분야에서는 서클 외에 조정mediation이나, 가해자·피해자 대면 만남face-to-face victim-offender meeting, 가족 회합, 피해자 위원회victim panel라는 과정이 제공된다. 각 과정은 독특한 특징과 함께 한계, 강점, 이점이 있다. 현실에서는 어렵겠지만 이상적 공동체에서는 이런 모든 과정들을 손쉽게 활용할 수 있을 것이다.

과정 하나를 선택하려면 관련된 사람들은 먼저 목적이 무엇이고 어떤 과정이 최종 결과에 가장 잘 맞을 것인가를 정해야 한다. 그렇다 하더라도 모든 사람들은 새로운 정보에 유연하게 대응해야 한다. 사람들이 범죄, 즉 갈등 해결을 위해 애쓸 때 문제의 성격과 문제를 해결하는 최선의 방식 그리고 참여가 필요한 사람들이 극적으로 바뀔 수 있기 때문이다.

샘이라는 소년이 이웃집 자동차 창문 안으로 돌을 집어 던지는 사건이 일어났을 때 당사자들은 처음에는 조정에 의지하여 범죄를 해결하려 했다. 그런데 조정 과정에서 아동 보호 문제가 불거져 나왔다. 미혼모인 샘의 어머니 헬렌은 심각한 약물 남용 때문에 부모 역할을 세대로 하지 못하는 상황이었다. 당사자들은 아동 보호 문제를 서클에서 해결해 보기로 결정했는데, 서클 과정에서 헬렌이 마약 거래를 하고 있었고 이웃인 셀리가 그 사실을 경찰에 신고하겠다고 협박하고 있었다는 사실이 밝혀졌다. 변변한 직업을 가질 수 없었던 헬렌은 약물 남용 문제를 해결하기 위한 도움도 얻지 못하게 되자 샘에게 화풀이를 했던 것이다. 헬렌은 샘이 사건을 일으키기 한 달 전부터 자살을 생각하고 있었다. 이런 사실이 서서히 드러남에 따라 맨 처음 조정 과정은 한 차례 서클 과정으로 바뀌었고, 결국에는 서클이 여러 차례 이어졌다. 서클은 아동 보호 문제를 위해 한 차례, 그리고 마약 거래 문제에 대해 또 한 차례, 헬렌과 샘을 위한 치유와 지원을 위해 다시 한 차례 열렸다. 각각의 서클 과정에 여러 사람들이 참여했으며, 계속 참여하는 사람들도 있었다. 한편 샐리는 이 과정에서 헬렌과 샘의 강력한 후원자가 되었다.

범죄로 인한 해악을 다루기 위한 서클 과정을 선택할 때, 상황은 각각 다르고 단 하나의 과정으로 모든 범죄를 해결할 수 없다는 사실을 잘 기억해야 한다. 더 많은 실천가들이 여러 다른 과정을 익히거나 서로 다른 과정에 정통한 실천가들이 유연한 협력 관계 속에서 힘을 모을 때, 사례마다 다른 요구도 더욱 쉽게 충족할 수 있을 것이다.

### 서클 과정의 활용 시기

어떤 절차를 선택할 때는 먼저 상황이 얼마나 복잡한지 생각해 보아야 한다. 문제의 근원에 이르러 특정 상황에서 좀 더 광범위한 변화 가능성이 나오도록 할 것인지 질문을 던져보아야 한다. 복잡한 사례를 다루려면 유연하고 열려 있으며 결과보다 과정에 중점을 둔 절차가 가장 적합하다. 외곬으로 일정한 결과에만 집중한다면 뻔히 들여다보이는 문제에만 치우치게 된다. 그러나 드러난 문제는 흔히 더 깊은 문제의 증상일 뿐이다. 샘의 사례에서와 같이 겉으로 드러난 것보다 더욱 많은 변화가 필요할지도 모른다.

서클은 유연하고 열려 있어 한 범죄를 모든 차원에 걸쳐 살펴볼 수 있어서 복잡한 사례를 위한 훌륭한 선택이다. 서클에서는 갈등의 뿌리까지 파고들 수 있으며, 적절한 자원을 한데 모아 근본적 변화를 이끌어낼 수 있다. 서클에서 범죄들은 인간관계나 공동체를 위한 치유와 예방의 기회로 활용된다. 치유를 위해서는 바로 눈앞에 있는 해악이나 위험을 다루며, 예방을 위해서는 해결이 필요한 정신적 외상이나 고립 문제와 자원 분배 문제, 또는 변화가 필요한 정책과 실천 분야를 다룬다.

이 외에도 서클은 학교 폭력이나 괴롭힘bullying과 같이 피해자와 가해자가 명확하지 않고 누구에게 잘못을 물어야 할지 모호한 상황에서 해롭지만 책임이 얽혀 있는 행동을 다룰 때 효과가 매우 높다. 이런 사례들을 위한 과정에서는 다양한 시각이 표출되도록 하고 중요 인물들에게 누구는 가해자, 누구는 피해자라는 식으로 단정적 꼬리표를 붙이지 말아야 한다. 서클은 이런 상황에 안성맞춤이다.

이웃이나 가족, 같은 학급 친구들처럼 계속 관계를 맺어야 하는 사람들 사이에서 일어나는 범죄의 해결을 위해서도 서클이 바람직한 선택이 될 수 있다. 그런 상황에서는 당사자들은 대부분 언젠가는 또 만난다. 서클 절차에서 관계를 훼손하는 해악과 범죄를 야기했을지도 모르는 근본 문제를 다룬다면, 사람들은 앞으로 서로에게 더욱 유익한 접촉을 가질 것이며 또다시 해로운 행동이 일어날 가능성은 낮아질 것이다.

이론적으로 서클은 거의 모든 문제를 예방하고 해결하는 데 활용될 수 있다. 또한 누구든 서클을 활용할 수 있다. 참여자들이 서클 과정을 잘 이해할수록 서클의 효과는 더욱 높을 것이다. 어느 공동체든지 일단 서클에 익숙해지고 나면 문제가 일어날 때마다 서클을 활용할 수 있다. 2년에 걸쳐 공동체 서클 활동을 해온 어떤 젊은 부부는 이제 머리빗이나 연필, 아이 장난감 등 가까이에 있는 물건을 대화 소품으로 활용하여 부부 사이에 일어나는 분쟁을 해결한다.

서클은 '여러 가지로 다르게 적용할 수 있으므로' 어떤 상황에서 서클 과정을 적용하더라도 왜 효과가 없을지 그 이유를 따져보면 특정 사례, 무엇보다 공적 사법 절차를 거치는 사례에 서클을 적용하기가 적당한지 결정하는 것이 수월할 수 있다.

- **균형 결여**: 갈등에 관련된 모든 이해관계가 포함되는가? 서클은 불균형을 타개하려는 의도를 가지고 있다. 이를 위해서 서클에서는 모든 이해관계를 공평하게 대변해야 한다. 서클은 다수결 원칙이 아니라 합의를 바탕으로 하기에 균형을 맞추기 위해 대립 당사자의 수가 똑같을 필요가 없으며, 모든 견해를 선의를 가지고 표출해야 한다. 참여자들이 서클에 관한 훈련을 받으면, 특정 우려 사항에 대한 의견을 말하기 위해 굳이 서클에 참여하지 않더라도 쟁점의 모든 측면을 소홀히 하지 않고 가치를 바탕으로 서로 소통할 수 있다. 서클에서 균형 있게 이해관계를 대변하지 못하리라는 우려가 있다면, 또는 서클에 참여하게 될 공동체가 아직 훈련이 미숙하여 균형 능력을 갖추지 못했다면 서클을 진행하는 것은 현명하지 않다.

- **시간 부족**: 서클 절차를 계속 진행할 필요는 없더라도 오랜 시간 진행할 수도 있다면 관련 당사자들은 필요한 만큼 시간을 들일 수 있는가? 어떤 사례는 한두 번 모임으로도 해결할 수 있지만, 어떤 사례는

몇 개월 또는 몇 년에 걸쳐 끊임없는 지원을 필요로 한다. 비교적 짧은 과정이더라도 특히 당사자들이 준비를 마치는 데 적지 않은 시간이 필요한 형사 criminal justice 사례에서는 주요 참여자들이 서클에 상당히 전념해야 한다. 시간을 얼마나 들여야 할지는 당사자들이 누구인가에 달려 있다. 어떤 범죄든 계속하겠다는 의지 없이 서클을 시작한다면 모두에게 해로울 수 있다. 굳이 서클을 열 필요도 없는 간단한 문제는 다른 수단을 통하면 더욱 빨리 해결할 수 있다.

• **역량**: 서클을 진행하기 위해 활용 가능한 자원이 있는가? 공동체에 사례를 맡을 만한 훈련받은 서클 진행자와 자원봉사자들이 있는가? 자원봉사자들은 절차 시작뿐만 아니라 전체 단계를 끝까지 해내는 데 온 힘을 기울여야 한다. 또한 필요한 전문 인력이 관여하고 있는가? 성범죄나 배우자 학대와 같은 범죄를 해결할 수는 있으나, 전문 지식 투입 및 전문 치료를 위해서는 활용 가능한 적절한 자원을 갖추는 것이 무엇보다 중요하다. 이런 사례에서는 '피해자 전문 변호사 victim's advocate'가 처음부터 끝까지 관여할 필요가 있다.

• **안전**: 상황이 너무 종잡을 수 없거나 극히 위험한가? 피해자나 가해자, 공동체 구성원뿐만 아니라 사법 기관 종사자에게도 안전 문제가 생길 수 있다. 중요 인물들이 서클 안팎에서 기꺼이 서클 원칙을 따르려고 하는가? 그렇지 않을 경우에는 안전 문제나 피해사에 대힌 피해 재발 위험이 있어 정식 재판과 같은 다른 절차를 선택해야 할 필요가 있다. 안전에 관한 우려가 있는데도 서클이 활용할 수 있는 최선의 절차라면 피해자와 가해자를 위해 각각 다른 서클을 만들이내는 것이 대안이 될 수도 있다.

- 긴급성: 의사 결정 시한이 있거나 긴급히 사례를 해결해야 할 필요성이 있는가? 서클로는 정해진 날짜나 시간에 맞춘 해결책을 보장할 수 없다.

### 신청인에게 서클 과정이 적합한지 결정하기

공동체 사법위원회는 이 모든 요소들을 저울질해 보고 각각의 사례에 서클 과정이 적합할지 결정을 내린다. 다시 말하지만, 가해자와 피해자를 위한 개별 절차가 필요할 수도 있다. 피해자를 위해 서클을 마련하는 절차 procedure 는 여기에서 서술하는 것과는 다르다. 가해자가 서클 절차를 신청하면 전체 공동체 사법위원회나 소위원회에서 처리하면 된다.

흔히 공동체 서클에는 신청인 적격성을 가리기 위한 신청 절차가 있으며, 누군가를 지정하여 서클 과정에 대한 모든 의문 사항에 답하도록 한다. 서클 과정 대상으로 고려되려면 신청인은 먼저 범죄에 대한 책임을 전적으로 받아들여야 한다. 재판에서 유죄를 인정하거나 유죄를 인정하겠다는 의사를 내비쳐야 한다. 그러고 나면 신청인은 신청서를 작성하고 후원 집단 support group 을 불러 모아 신청 서클, 즉 면접 서클에 참여하며 개선 계획 plan for change 을 만들어내라는 요청을 받을 것이다.

**신청** 대부분 위원회는 신청인에게 혐의가 무엇인지, 공동체에서 누가 후원자가 되어줄 것인지, 서클을 신청한 이유가 무엇인지, 어떤 목표를 가지고 어떤 계획에 따라 실천할 것인지를 간단한 양식에 작성해 달라고 요청한다. 종종 일대일 면담을 거쳐 신청서를 작성하기도 한다.

또한 신청인은 공동체 사법위원회가 모든 관련 재판 서류를 열람할 수 있도록 허락해야 한다.

**신청(면접) 서클** 공동체 사법위원회는 신청인이 제공한 정보와 관련 기관에서 얻은 정보를 바탕으로 사례를 서클로 다루기에 적당한지 가늠해 보기 위해 신청인과 신청인의 후원 집단, 공동체 자원봉사자와 함께 교정 치료 전문 인력treatment personnel, 보호관찰관, 사회복지사, 경찰관 등 사법 기관 종사자로 구성된 서클을 소집한다. 어떤 공동체에서는 신청인이 지나친 부담을 느끼지 않도록 공동체 사람들은 세 명까지만 서클에 참여하도록 제한한다.

신청 서클을 거치면서 신청인은 절차를 익히게 되고, 신청인과 서클에 참여하는 다른 사람들 사이에서는 관계 형성을 위한 분위기도 이때 정해진다. 삶을 개선한다는 만만찮은 일을 앞두고 있는 신청인을 위해 보살피고 지원하는 분위기가 만들어져야 하며 심문하는 분위기가 조성되면 안 된다.

모임은 신청인이나 다른 참여자들 모두가 서로에게 배울 수 있는 기회가 된다. 따라서 공유하는 사적 정보가 신청인 쪽에만 머물면 곤란하다. 마찬가지로 신청인에 대한 부정적인 정보만 나오는 것도 바람직하지 않다. 신청 서클에서는 신청인의 강점이나 달성한 성과, 긍정적 유대 관계, 이해관계 및 열망도 살펴본다.

신청 서클에서는 결론을 내리기 전에 예비적 합의preliminary agreement를 이끌어내어 신청인이 '말한 대로 실천하는지' 지켜본다. 그런 다음 차후 모임을 잠시 미루고 추가 정보를 모으거나 신청인이 예비적 합의

사항을 지키기 위해 어떻게 하고 있는지 살펴볼 수도 있다. 신청 절차는 공동체 사법위원회가 무엇이 필요하다고 판단하는지에 따라 일주일이 걸리거나 한 달이 넘게 걸릴 수도 있다.

### 1단계: 신청인에게 서클 과정이 적합한지 결정하기

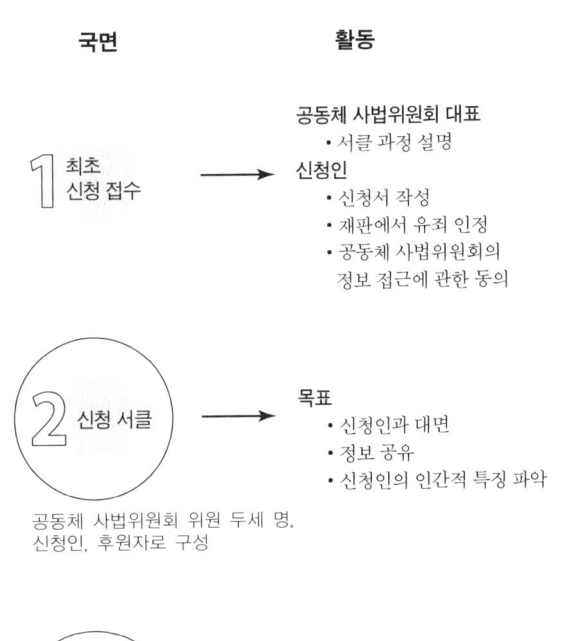

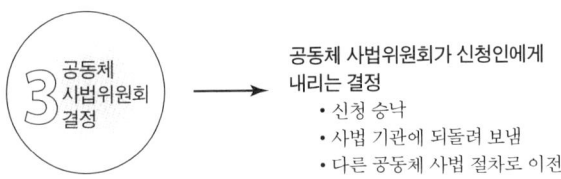

**결정 기준**  신청 수락 지침은 지역에서 어떤 의도로 서클을 계획했는가에 따라 다양하다. 예를 들어 미네소타 주 세인트폴, 서미트 대학교/프로그타운 공동체 서클은, 제1선거구에서 살거나 그 지역에서 범죄를 저질러 대체로 교도소 복역형을 선고받는 18~35세의 아프리카계 미국인 범죄자들에게 집중한다. 신청인 적합성을 살피는 데는 대부분 다음 사항들이 포함된다.

- 활용 가능한 모든 서류 검토
- 가해자와 후원자 면담
- 추천 후원 집단 역량 검토
- 주요 참여자의 열의 평가
- 주요 참고 자료 및 위탁 자료 조회
- 피해자 상담

이런 모든 정보를 고려한 후 서클을 열어 합의를 통해 신청을 받아들일지 거부할지 여부를 결정한다. 받아들이기로 결정했더라도 신청인이 요구 조건을 충족하지 못하면 검토를 거쳐 결정을 번복할 수 있다.

유콘 주의 어느 공동체 사법위원회는 모든 신청인을 초대하여 주간 모임에 참석하도록 한다. 신청인들은 다른 신청인의 적합성을 판단하는 토론을 관찰하거나 토론에 참여할 수 있다. 신청인들은 이런 특정 서클 과정 참여를 허락받으려면 원로 한 사람이나 열의를 가진 다양한 후원 집단의 지지를 확보해야 한다. 또한 자신이 저지른 범죄에 대한 책임을 받아들이고 개선하려는 다짐도 보여주어야 한다.

대부분 공동체에서는 어떤 가해자가 서클에 적합한지 결정하기 위해 다음 요소들을 고려한다.

1. **가해자의 태도, 투입, 행동** 가해자가 될수록 빨리 책임을 받아들이고 유죄를 인정하면 서클에 받아들여질 가능성도 그만큼 높아진다. 가해자가 결백을 주장하거나 반성의 기미가 없고 변화 의지를 보여주지 못한다면 서클 과정에 적합하지 않다. 그런 가해자들은 재판에 회부하는 것이 제일 좋다.

신청인이 책임을 인정하고 반성하는 모습을 보이면 공동체 사법위원회는 신청인이 기꺼이 서클 과정에 최선을 다할지 평가해야 한다. 가해자가 서클 회기에 빠짐없이 참석하고 서클에서 이끌어낸 합의 사항을 지키고 서클에서 제공하는 활발한 지원을 받으며 자신의 삶을 변화시키는지를 평가한다. 곤경에 처한 많은 젊은이들은 사실상 평생 동안 혼자서 삶을 꾸려야 했다. 사람들이 방안 가득 많이 모여 가해자들이 어떤 활동을 하는지 질문을 던지고 제안도 하며 지원을 베푸는 등 어떻게든 도움을 주려고 지나친 열의를 보이면 가해자들은 혼란스러워 움츠러든다. 그러므로 가해자, 특히 청소년 가해자를 돕기 위해 한두 명의 자원봉사자가 조언자mentor 역할을 맡으며 청소년과 개인적으로 만나 서클 전체 과정에 걸쳐 그 청소년을 안내할 수도 있다.

2. **가해자와 공동체 사이의 연결** 변화하는 과정에서 가해자를 후원하거나 그들의 행동을 관찰하려면 흔히 공동체 참여에 기대게 된다. 따

라서 공동체 사법위원회는 가해자가 공동체에 어떻게 연결되어 있는지 주의 깊게 살핀다. 공동체와는 지리적으로나 제도적으로 연결되어 있거나 또는 다른 식으로 연결되어 있을 수도 있다.

신청인은 힘든 치유 여정을 마칠 때까지 강력한 후원 집단의 도움을 필요로 한다. 공동체 후원은 가족이나 직장, 사교나 여가 영역, 교회, 또는 이웃에서 나올 수 있다. 신청인에게 후원 집단이 없다면 공동체 사법위원회에서 활동하는 자원봉사자들이나 관련 국가 기관에서 한 사람을 뽑으면 된다. 후원 의사가 있는 사람을 찾기 위해 공동체 사법위원회는 종종 가해자의 가족, 친구, 지인 관계나 가해자가 속한 공동체를 폭넓게 두루 조사해야 한다. 많은 사람들이 선뜻 지원하는 반면 불가피한 차질이 있더라도 굴하지 않고 끝까지 참아내는 사람은 극소수에 불과하다. 따라서 공동체 사법위원회는 후원 집단을 관찰하여 그들이 어떻게 일을 해내고 있는지 살펴보고, 가해자가 자신의 삶을 개선하기 위해 추가 후원을 필요로 할지 결정해야 한다.

**3. 범죄 성격** 신청인 적합성을 심사할 때 대부분 공동체는 범죄 자체의 성격보다 가해자가 처한 환경에 좀 더 무게를 둔다. 중요한 개인 또는 가정 문제를 서클로 해결할 수 있다는 믿음이 있다면 신청인이 경범죄로 기소되었더라도 받아들이기도 하다. 한 예로, 한 소녀가 음수물해서 서클로 위탁되었는데, 그 소녀나 그 소녀의 가족 모두에게 도움이 필요했기 때문이다. 가벼운 범죄는 더욱 중대한 문제를 해결하기 위한 열쇠이기도 하다.

반면 몇몇 공동체는 특정 종류의 범죄 행위자에게 초점을 맞춘다.

예를 들어 캐나다 위니펙 호의 할로 워터$^{\text{Hollow Water}}$ 공동체는 오직 성범죄만, 미네소타 주 공동체는 배우자 폭행만, 다른 곳에서는 오직 청소년 범죄만 서클로 다룬다.

중범죄는 해결책(교도소 수감 포함)은 다르지만 신청 절차는 별반 차이가 없다. 공동체는 중범죄를 저지른 범죄자를 맡을 때면 사례를 다루는 과정에서 맞닥뜨리게 될 어려움을 해결해 줄 만한 자원을 확보하는 데 소홀함이 없어야 한다. 예를 들어 약물 중독 범죄나 성범죄 사례에서는 치료를 위한 자원이 필요하다. 문제를 즉시 해결할 수 있는 경우는 매우 드물어서, 공동체는 장기간에 걸쳐 지원을 제공할 준비가 되어 있어야 한다. 이런 범죄자들과 오랫동안 씨름해야 하는 일은 힘겨운 책무이지만, 대부분 공동체는 심각한 범죄에 맞서지 않는 한 공동체에서 의미 있는 변화는 일어날 수 없다고 믿는다.

**4. 피해자가 가진 견해나 이해관계**  사례를 받아들이겠다는 결정을 내릴 때 공동체 사법위원회는 피해자가 어떤 의견을 가지고 있는지 묻는다. 피해자에게는 거부권이 없지만 피해자의 견해는 서클 활용에 중대한 영향을 미친다. 서클은 자발적 절차이기 때문에 서클에서는 피해자에게 자신을 위해서나 가해자를 위해서 재판 절차나 서클 중 어떤 것을 선택하도록 강요하지 않는다. 공동체가 가해자를 서클에 받아들일 때 피해자는 다음 중 몇 가지 선택을 할 수 있다.

- 서클에 참여한다.
- 피해자를 지원하는 활동가나 다른 후원자를 통해 서클에 참여한

다.(몇몇 공동체는 특히 비슷한 범죄 피해 경험이 있는 사람들을 초대하여 피해자를 돕도록 한다.)
- 오직 재판 절차를 통해 참여한다.(피해자가 재판에서 증언을 하면 그 증언은 서클로 연계될 수 있다.)
- 가해자 피해자 화해 후속 절차에 참여한다.
- 어떤 절차에도 참여하지 않는다.(서클 진행자나 피해자 지원 활동가는 가해자에게 어떤 진전이 있는지 피해자에게 최신 정보를 알려준다.)

가해자 참여 서클과 연관된 이러한 선택 사항들과 함께 피해자는 독자적으로 지원 서클에 참여하는 것을 선택할 수도 있다. 공동체 사법위원회는 경우에 따라 피해자 지원 활동가를 통해 사람들에게 피해자의 이해관계를 알려주고, 피해자는 참여할지, 참여할 경우 어떻게 참여할지를 자유롭게 결정하도록 한다. 공동체 사법위원회는 피해자의 참여 여부에 상관없이 전체 서클 과정에 걸쳐 피해자가 별다른 요구를 하지 않는다면 피해자에게 계속 정보를 제공해야 한다.

**5. 다른 이해 당사자들이 가진 견해**  이해 당사자 중에서 신청인을 서클에 받아들이는 것에 반대하는 사람이 있으면 신청 절차 진행 중에 시클을 얻이 그의 의견을 듣는다. 검사와 경찰관, 보호관찰관은 공식적으로 법원이나 공동체에 자신들의 우려를 밝힐 수 있는 기회를 가진다. 공동체 사법위원회는 반대에 부딪히면 우려를 해소할 수 있는 방안을 찾는다. 일단 서클 과정이 자리를 잡고 있으면 공동체와 사법 기관은 협력 관계를 맺어 서로가 가진 우려를 적절히 해소할 수 있다.

사법 기관 종사자, 특히 경찰관이나 검사가 단지 전문 역할에만 매달리지 않고 공동체 구성원 자격으로 서클 과정에 관여할수록 그들은 서클을 더 잘 이해하고 존중하며 서클에 전념할 수 있다. 공적 사법 기관 사람들이 일단 서클 과정을 경험하고 나면 서클이 공동체나 가해자, 피해자뿐만 아니라 사법 기관에도 유용하고 가치 있다는 점을 깨닫게 된다. "서클이 별만 도움이 안 되리라 생각했어요. 가해자에게 유리하고 어쩌면 몇몇 사례에서 공동체에 이득이 될 것도 같았어요. 그런데 서클 과정과 그 결과가 우리 검찰에서 이루려는 정책 방향에 전적으로 얼마나 잘 들어맞는지를 깨닫고는 깜짝 놀랐지 뭡니까?" 이는 미니애폴리스의 어느 검사가 한 말이다.

한편 사법 기관 종사자들은 소중한 자원과 협력자로서 점점 더 많은 역할을 하고, 공동체 사법위원회는 그들에게서 도움을 얻는다. "이전에는 그렇게 멀리 떨어져 있었던 판사, 검사와 우리가 이제 이렇게 가까워질 수 있다는 것이 가장 큰 변화입니다. 그리고 그런 접근이 가능해지자 엄청난 변화가 일어났어요." 미니애폴리스의 어느 공동체 사법위원이 한 말이다. 세인트폴의 어떤 공동체 사법위원회 간사도 똑같은 견해를 밝혔다. "검사에게 전화를 걸어 제가 알지 못하는 일들에 관해 이야기할 수 있다는 것이 제게 얼마나 큰 도움이 되는지 몰라요."

**개선 계획 만들기** 공동체 사법위원회나 전체 서클에서 신청을 받아들이면 가해자는 행위를 개선하고 자신에게 유익한 변화를 이끌어내기 위해 계획을 세우라는 요구를 받는다. 가해자가 자신이 저지른 범죄로 인해 어떤 해악이 일어났는지를 인정하고 잘못을 바로잡으려는 모습을 보일 때, 서클 참여자는 더욱 의욕을 가지고 가해자의 갱생을 돕는 일에 매진하게 된다. 이런 계획은 흔히 가해자와 공동체가 맺는 사회 계약social compact의 한 부분을 차지하며, 결국에는 처벌의 일부가 된다. 신청인 및 그의 후원자와 합의를 거쳐 만들어지는 계획은 다음과 같은 사항을 포함한다.

- 다른 사람들에게 끼친 해악을 인정한다.
- 정직하게 말하고 행동할 것을 약속한다.
- 특정 방식에 따라 치유를 얻고 자신을 스스로 돌보는 데 전념한다.
- 서클 과정을 통해 이끌어줄 안정된 후원 집단을 마련한다.
- 신청인의 후원 집단을 이끌어줄 보증인(존경받는 공동체 구성원)을 정한다.
- 필요할 때마다 서클에 참여하며 후원 집단이나 위원회와 만난다.
- 범죄에 대한 책임을 지기 위한 계획을 세운다. 이러한 계획에는 사과하고 화해하며 피해자 모두에게 보상하는 것이 포함될 수 있다.

서클은 신청인에게 필요한 계획을 마련해 주는 것 외에도 변화를 위해 노력하고 있는 사람을 지원하며 후원자와 공동체 구성원, 범죄 사법 분야 종사자들이 맡게 될 세세한 책임 사항을 정한다. 제2장에서 소개한 마약상 캐럴라인 모녀의 사례를 보자면, 공동체는 모녀를 위해 각각 쉼터를 마련해 주었고 모녀가 중독 치료를 마치고 새로운 삶을 찾으려고 애쓸 때 지원을 아끼지 않았다. 서클에서는 책임을 서로 분담하여 어느 한쪽이 모든 책임을 짊어지지 않도록 한다.

**여유를 갖고 모든 요소를 저울질하기**  어떤 방식으로 결정을 내리더라도 완벽할 수 없기에 신청인이 서클 과정에 적합한지 결정하기 위한 고정 불변의 공식은 없다. 공동체는 각각 독자적인 절차를 선택하되, 간단하고 활용하기 쉽도록 유지해야 한다. 어떤 절차를 활용하든, 특정 상황이나 신청인을 위해 여유를 갖고 정성을 들여 서클 적합성을 정한다면 다음과 같은 이득을 얻을 수 있다.

- 모든 당사자들이 헛된 기대를 버리고 서클에 참여하면서 절차에 어떤 것이 포함되는지 명확하게 이해할 수 있도록 한다.
- 모든 이해관계를 빠짐없이 다루기 위해 어떤 특별한 조치가 필요한지 찾아낸다.
- 상황에 더욱 적합하거나 서클을 대체할 수 있는 다른 절차를 살펴본다.
- 필요하면 서클 과정을 다듬어 특정 사례에서 불거져 나오는 특정한 요구에 맞추기도 한다.

지금까지 언급한 것 외에도 광범위한 고려 사항들이 있다. 새로운 사례가 나올 때마다 진행자나 공동체 사법위원회는 서클을 진행할 만한 역량을 갖추었는지에 관해 몇 가지 어려운 질문을 해야만 한다. 공동체에는 과연 새로운 책무를 떠맡기 위해 충분한 자원이 마련되어 있는가? 예를 들어 기존 업무량을 고려할 때 과연 새로운 사례를 맡을 충분한 자원봉사자가 있는가? 좋은 의도라 하더라도 자원봉사자에게 과도한 일거리를 맡기면 그들도 모든 에너지를 소진하여 견딜 수 없기에 위험하다. 꼭 필요한 전문 자원을 활용하지 않고 사례를 맡는 것도 마찬가지로 문제다. 공동체 사법위원회는 새로운 사례에는 어떤 것을 포함시켜야 할지 깊이 생각해 보고, 서클로 무엇을 할 수 있고 무엇을 할 수 없는지 현실을 직시하여 이 모든 요소들을 저울질해 보아야 한다. 미리 여유를 가지고 주의를 기울이면 공동체의 자원을 소진시키는 사례를 받아들인다거나 공동체가 가지고 있지 않은 자원을 요구하는 일은 피할 수 있다.

## 2단계, 양형 서클 진행을 위한 준비

신청인을 서클 과정에 받아들인 이후 다음 단계에서는 참여하기로 한 모든 당사자들을 준비시키도록 한다. 준비를 잘할수록 서클은 참여자들에게 더욱 좋은 경험을 제공할 수 있다. 준비가 충분하지 않으면 사람들은 불안하고 두렵고 혼란스러워서 마음을 닫은 채 서클에 올지 모른다. 그렇다면 서클 진행은 더욱 힘들어지며 합의에 이르는 밑바탕을 다지기 위해서 더 많은 시간이 걸린다. 준비를 철저히 해야 꼭 필요한 사람들이 함께 모여 가장 바람직한 방식으로 갈등을 그 뿌리부터 해결할 수 있다. 그러면 이런 준비 과정에 어떤 것들이 포함되는가? 그 여섯 가지 기본 영역은 다음과 같다.

1. 진행자 선정하기
2. 중요 인물 특정하기
3. 후원 집단 구성하기
4. 지침 마련하기
5. 스스로 준비하기
6. 예비 서클 주선하기

### 1. 진행자 선정하기

진행자가 준비 과정의 대부분을 담당하므로 공동체 사법위원회는 되도록 빨리 두 명의 진행자를 선정한다. 진행자는 준비 단계에서 중요 참여자들을 개인적으로 만나 자신과 자신의 역할을 소개하고 서클 과정에 대해 알려준다. 또한 필요하다면 예비 서클을 주선하기도 한다. 이런 초기 단계부터 진행자는 중요 참여자들과 접촉함으로써 무엇이 필요한지 가장 잘 관찰할 수 있으며, 참여자들이 좀 더 규모가 큰 서클에 참여할 수 있도록 준비를 갖추었는지 가장 잘 판단할 수 있다.

사람들에게 서클은 대부분 생소하다. 진행자는 서클이 어떻게 작동하는지 참여자들에게 설명하고 그들에게 무엇을 기대하고 있는지 알려주는데, 그렇게 하면 여러 가지로 도움이 된다. 특히 범죄와 그 여파로 인해 이미 스트레스를 받고 있는 참여자들이 새로운 상황을 접할 때에도 덜 걱정하게 된다. 더욱이 참여자들은 서클이 어떤 철학과 원칙, 가치를 기반으로 하고 있는지를 알면 유익한 서클 환경을 만드는 데 더 열심히 참여할 수 있다. 마지막으로 서클 과정을 이해하게 되면 참여자들은 서클 목표, 말하자면 사람들이 함께 모여 서로 진실을 공유하고

## 2단계: 서클 진행을 위한 준비

**1 진행자 선정하기**
- 진행자는 모든 당사자들에게 서클 과정을 설명하고,
- 관련 정보를 모은다.

**2 주요 인물 특정하기**
- 진행자는 전문 자원과 공동체 자원을 끌어들이고,
- 피해자와 영향을 받은 다른 사람들에게 정보를 제공한다.

**3 후원 집단 구성하기**

진행자는 가해자와 피해자의 후원 집단이 다 함께 다음 사항을 갖추도록 명확히 해야 한다.
- 어느 쪽에 치우치지 않고 균형을 갖춘다.
- 필수 자원을 지원받는다.
- 치유 계획에 힘쓴다.

**4 지침 마련하기**
- 진행자는 지침을 설명하고,
- 당사자들을 독려해 지침 마련에 이바지하도록 한다.

**5 스스로 준비하기**
- 모든 관련된 사람들은 여유를 가지고 마음의 중심을 잡고,
- 개인 가치를 명확히 하며,
- 상황과 관련하여 자신을 깊이 들여다보고,
- 자신의 행위를 가치에 어떻게 일치시킬지 깊이 생각한다.

**6 준비 서클 소집하기**
- 진행자는 준비 서클을 주선하는 데 도움을 주고,
- 주요 인물들이 반드시 참석하도록 하며,
- 공동체 사법위원회에 모두의 준비 정도를 알리고,
- 다른 사람들에게 기여하도록 요청한다.

모두가 치유를 얻을 수 있도록 뒷받침하는 길을 찾는 데 더욱 집중할 수 있다.

## 2. 중요 인물 특정하기

준비 단계는 누구에게 서클을 알리고 누구를 서클에 초대해야 할지를 결정하는 것으로 시작한다. 모든 범죄는 공동체에 영향을 주며, 서클은 공동체 구성원이라면 누구나 참여할 수 있는 열린 공간이다. 그렇지만 사례와 직접 관련이 있는 사람들과는 꼼꼼하게 접촉할 필요가 있다. 이때 서클 주최자나 진행자는 다음과 같은 사항을 고려해야 한다.

- 죄의 영향을 받은 사람은 누구이고, 어떤 사람들이 그 범죄에 대응하고 있는가?
- 누가 해를 입은 사람에게 도움을 줄 수 있는가?
- 누가 유용한 자원과 정보를 가지고 있는가?
- 가해자와 두드러진 관계를 맺고 있는 사람은 누구인가?
- 문제 해결을 위한 더 많은 대안을 이끌어내는 데 필요한 자원에 누가 접근할 수 있는가?
- 통찰력을 높여줄 적절한 경험을 가진 사람(약물 중독 경험이 있는 사람, 이전에 가해자였던 사람, 비슷한 피해 경험이 있는 사람, 가해자와 피해자의 가족 등)은 누구인가?

진행자는 서클 과정이 진전됨에 따라 또 다른 사람을 초대해야 할지 따져본다.

### 3. 후원 집단 구성하기

보살핌과 지원을 받을 수 있는 관계를 맺지 못한 채 정신적 충격을 극복하거나 위험을 감수하고 새로운 행동 양식<sup>behavior pattern</sup>을 갖출 수 있는 사람은 극히 드물다. 가족이나 친구, 동료, 이웃과 이런 관계를 맺을 수 있으며, 공동체 사법위원회는 이런 관계를 형성하는 데 도움을 줄 수 있다. 공동체 자원봉사자들의 에너지가 소진되는 것을 막으려면 후원 집단에 공동체 사법위원회 외부 사람들이 소속되어야 한다. 후원자들을 찾는 일은 시간이 걸리지만 그만한 가치가 있다. 피해자가 힘을 되찾으려 할 때나 가해자가 긴 인생에서 변화를 만들어갈 때 누군가의 지원이 필요하다. 서클 과정이 성공하려면 서클 모임을 벗어나서도 치유를 위한 추진력을 유지할 수 있도록 후원자들이 도움을 줄 수 있어야 한다.

누구를 후원자로 정할 것인지 살펴보며, 진행자나 공동체 사법위원회는 다음과 같은 질문을 해야 한다. 과거나 현재 당신의 삶에서 중요한 부분을 차지하는 사람은 누구인가? 고민거리가 있을 때 누구에게 터놓고 말하는가? 곤란을 겪을 때 누구에게 도움을 청하는가?

전혀 기대하지 못했던 사람이 후원자가 될 수도 있다. 어떤 고등학교 교사는 15년 전 자신이 가르쳤던 제자를 위해 후원 집단에 참여했으며, 이민 노동조합원은 이전 상관이 동료들에게 시위를 남용하고 폭력적인 행동을 보이는 문제 때문에 서클이 열리자 선뜻 나서서 그 상관을 도왔다. 당연하게 받아들이거나 눈여겨보지 못했던 것을 새로운 관점에서 되짚어보게끔 하는 질문을 던진다거나 전폭적인 지지를 보냄으로써 낯선 사람도 스스로 자원하면 소중한 도움을 줄 수 있다. 다음은 어느 가해자가 자신의 후원 집단에 들어온 낯선 사람에 대해 말한 내용이다.

> 그 여성은 제가 예전에는 전혀 몰랐던 사람입니다. 같은 공동체에 살면서도 그분에 관해 들어본 적이 없어요. 그런데 그분으로 인해 일어난 변화는 놀라울 따름입니다. 그분은 다른 데서 돈을 받은 것도 아니고, 제 가족도 아니며, 그렇다고 제게 신세를 진 것도 아닌데 저를 위해 서클에 참여했어요. 그러니까 그분이 후원자가 되어준 것은 단지 남을 배려하는 마음 씀씀이 때문 아니겠어요? 정말이지! 공동체 누군가에게 그렇게 큰 도움을 받았는데, 저도 누군가에게 도움을 주어야 그분에게 진 빚을 다 갚을 수 있겠다는 생각이 들었어요.

후원자들은 신청인에게 도움도 주고 신청인이 서클에서 한 약속을 잘 지키고 있는지 관심을 갖고 확인도 하며 그들의 삶에 개입하려는 의지를 가지고 있어야 한다. 중독에서 벗어나려고 몸부림치는 신청인을 위해서는 침착하고 안정감 있고 믿음직한 후원자가 필요하고, 그중 최소한 몇 명은 치유 여정에 오른 신청인이 앞으로 어떤 일이 경험하게 될지를 잘 알고 있는 경험자여야 한다.

유콘 주에서는 가해자와 별반 다르지 않게 자기 파괴적 경로를 걸어왔던 전과자들이 그들의 잘못된 개인사를 훌륭하게 바꾸었다. 후원 집단에 자원한 어느 전과자는 다음과 같이 자신의 깨달음을 전했다. "제가 겪은 모든 것들이 다른 사람에게 도움이 되더군요. 도움을 주게 되다니, 그 세월이 그냥 헛된 것만은 아니라는 생각이 들었어요. 제 삶의 일부분을 허비했는데도 그 부분이 다른 사람을 돕는 데 쓰임이 있네요. 다른 사람을 도우면서 실제로 제가 얼마나 큰 도움을 받는지를 어떻게 말로 다 표현할 수 있겠어요."

피해자를 위한 서클이 좋은 결과를 얻으려면 그들의 이해관계를 존중하기 위한 지원 서클을 별도로 열어야 한다. 공동체가 서클을 진행하여 가해자에게 도움을 주는 반면 피해자를 위한 서클을 진행하지 않거나, 피해자를 위한 서클인데도 가해자 위주로 진행된다면, 그로 인해 공동체는 뜻하지 않게 피해자를 무시하게 될 수 있다. 피해자를 위한 서클을 열면서 피해자에게 가해자를 위한 서클에 참석하라는 압력을 주면 안 된다. 어느 누구도 범죄 혐의를 받고 있지 않거나 가해자가 무죄를 주장하는 경우에도 여전히 피해자를 위한 서클은 가치가 있다. 피해자를 위한 서클이 별도로 확립되어 있으면 가해자가 어떤 상황에 놓여 있든 피해자는 공동체가 자신의 정당한 요구를 똑같이 중요하게 생각하고 있다는 느낌을 받는다. 재판 제도와 달리 서클은 기본적으로 가해자 주도로 움직이면 안 된다. 서클은 공동체를 포함하여 피해자와 가해자의 요구를 동등하게 반영하여 (때로는 별도로) 움직여야 한다.

### 4. 지침 마련하기

지침을 마련하는 작업도 준비 단계에서 시작한다. 진행자는 참여자들에게 어떻게 여섯 가지 핵심 지침이 안전한 공간을 만들어내는 데 보탬이 되는지 설명한다. 참여자들은 서클에 들어서기 전부터 핵심 지침을 알고 있어야 한다. 또한 진행자는 참여자들이 서클 대화에 참여하도록 독려하는 추가 지침을 제안하도록 해야 한다.

### 5. 스스로 준비하기

논쟁이나 토론에는 무턱대고 들어갈 수 있으나 서클은 다르다. 대화 분위기에 젖어들려면 내적 준비가 필요하다. 여유를 갖고 마음의 중심을 잡고 개인 가치를 명확히 하고 자신의 행위를 가치에 어떻게 일치시킬지 생각한다면 논쟁을 하려는 마음가짐을 버리고 대화를 하려는 마음가짐을 가지는 데 도움이 된다. 이것은 진행자나 참여자 모두에게 해당되며, 스스로 준비하는 것은 두 번째 단계에서 빠져서는 안 될 강력한 부분을 이룬다. 다음은 케이가 진행자나 일원으로 서클에 참여할 때 스스로 어떻게 준비하는지 이야기한 내용이다.

> 제가 스스로를 준비하는 데는 두 가지 측면이 있어요. 하나는 특정 서클에 들어가기 전에 하는 구체적인 준비이고, 다른 하나는 하루하루 늘 가치에 따라 행동하려고 마음먹고 이런 마음가짐에서 벗어나지 않도록 행동하는 것입니다. 그러면 그것은 모든 것에 스며들죠.
>
> 서클을 준비할 때는 어떻게든 시간을 내어 홀로 고요히 숨을 깊이 들이쉬며 호흡을 가다듬으려 합니다. 제 삶에 영적 도움을 줄 수 있는 사람을 찾아가기도 하고요. 또한 긴장을 풀고 부정적 에너지를 내보내려고 애씁니다. 마음을 열고 정신을 맑게 하라고 제게 속삭이는데, 그래야만 서클에 참여하여 그 안에서 흐르는 에너지를 온전히 담을 수 있기 때문입니다.

일반적 준비를 위해서는 저와 연결된 자연에 크게 의존하여 주기적으로 제 자신을 정화하고 사물들이 서로 연결되어 있다는 사실을 되새깁니다. 때로는 의식적으로 어머니 대지 위를 사뿐사뿐 걷거나 나무들과 친구가 되려고 합니다.

이렇게 준비하면 마음과 정신이 맑아지고 또한 저 혼자만 애쓰는 것이 아니라는 점을 깨닫게 됩니다.

특정 쟁점이나 상황에 맞물려 좀 더 중심을 잡기 위해 자기 자신에게 다음과 같이 면밀한 질문을 던질 수 있다.

- 이 과정에서 내가 진정 얻고자 하는 것은 무엇인가?
- 내게 그런 것들이 필요하다고 생각하는 이유는 무엇인가?
- 어떻게 행동해야 나 자신이나 다른 사람들을 믿고 이해하고 존중할 수 있는가?
- 내 행위는 나 자신이나 다른 사람들에게 어떤 영향을 미치는가?
- 어떻게 내 생각과 느낌, 욕구와 우려를 표현해야 나 자신과 다른 사람을 존중할 수 있는가?
- 다른 사람들이 내 행동과 내가 가진 이해관계를 이해하고 받아들일 수 있는가? 나 또한 다른 사람들의 행동과 이해관계를 이해하고 받아들일 수 있는가?
- 다른 사람의 말에 진심으로 귀 기울이려면 어떻게 해야 하는가?
- 다른 사람이 바라는 것 중에서 내가 무엇을 이해하지 못하는가?
- 어떻게 하면 다른 사람에게 자신의 요구를 명확히 하라고 북돋울

수 있는가?
- 내 행동이 다른 사람들에게 어떤 의미를 가지는지, 반대로 다른 사람의 행동이 내게 어떤 의미를 가지는지 이해하고 있는가?

스스로에게 이런 질문을 던지면 자기 자신과 함께 다른 사람들이 지닌 동기와 요구에 대한 인식이 한층 더 넓어지고 자신과 동료 참여자, 과정을 존중하며 서클에 참여할 준비를 마칠 수 있다.

### 6. 예비 서클 주선하기

피해자나 가해자를 위해 별도로 여러 가지 목적(이해, 지원, 치유)을 지닌 소규모 서클을 열 수도 있다. 초대를 받은 사람들만 참석하므로 이런 서클은 철저한 비밀 유지와 함께 높은 수준의 폐쇄성을 가지며, 문제 해결을 위해서가 아니라 관련된 사람들이 상황을 제대로 이해하는 데 도움을 주기 위해서 열린다. 또한 보살핌과 도움이 제공되기도 한다. 범죄로 인한 영향과 근본 원인, 행위 개선이나 개인적 변화를 위한 선택, 활용 가능한 자원을 살펴볼 수도 있다. 위기를 겪고 있는 사람들이 자신들은 혼자가 아니며 아직도 유익하고 치유를 낳는 결과가 가능하다고 생각할 수 있도록 힘을 모은다.

치유와 이해를 이끌어내기 위해 열리는 소규모 서클에서는 중요 인물들의 욕구에 초점을 맞춘다. 이런 서클은 매주 또는 매달 정기적으로 열리며 범죄에서 영향을 받은 사람들이 공동 모임에 참여하기 위해 준비할 수 있다. 대규모 서클에서 격렬한 감정을 다루지 못한다거나 변화<sup>transformation</sup>를 만들어내지 못한다는 의미가 아니다. 오히려 준비 서클을 거치면 한 걸음 한 걸음 차분히 나아가려는 참여자의 요구를 존중하고 모든 것을 한꺼번에 해내려고 무리할 필요가 없다. 또한 사람들에 따라 자기 인식과 치유, 변화를 이끌어내는 속도가 다르다는 점도 존중받는다. 준비 서클에서는 가장 큰 영향을 받은 당사자, 특히 피해자를 격한 감정으로 차 있는 공간으로 성급하게 밀어넣기 전에 사람들에게 필요한 지원을 제공한다. 이런 서클에는 때에 따라 진행자 한 명이나 두 명이 모두 참여하기도 한다. 진행자들이 예비 서클에 참여하면 누구를 추가로 영입해야 하는지, 언제 전체 서클을 소집해야 하는지를 가늠하는 데 보탬이 된다.

**제대로 된 준비를 통해 얻는 이득**

세심한 준비보다 서클의 성공을 더 많이 좌우하는 것은 없다. 제대로 된 준비 과정을 거치면 다음과 같은 이득을 얻는다.

- 미리 서클 절차에 익숙해지므로 참여자들의 안정감이 높아진다.
- 참여자들에게 사례와 관련된 정보를 신속하게 제공하므로 사람들이 자신의 입장만 고수하게 만들 수 있는 소문이나 잘못된 정보를 차단할 수 있다.
- 상처를 치유하려는 피해자와 삶을 변화시키려는 가해자를 돕겠다는 공동체의 의지를 보여주며, 다방면의 지원을 촉진한다.
- 공동체 참여 기반이 확장되어 서클의 성공 가능성이 높아진다.
- 전체 서클에 투입해야 하는 시간을 단축한다.
- 약한 사람들은 안전과 지원을 보장받고 어떤 압력도 받지 않으며 참

여 여부와 참여 방식을 자유롭게 선택할 수 있으므로 힘을 얻는다.
- 참여자들은 받은 만큼 되갚아주고 본때를 보여주겠다거나 책임을 회피하려는 동기에서 벗어나 자신들이 진정 어떤 결과를 원하는 지를 명확히 할 수 있다.
- 모든 참여자들은 자신의 평화 형성 역량을 키운다.
- 고통과 갈등에 대응하는 새로운 길을 찾는다.

준비가 꼭 필요하다는 데에는 이론의 여지가 없다. 케이가 말한 것처럼 사람들이 문제를 다루며 대체로 빨리 해치우려는 유혹에서 벗어나지 못하기에 준비 기능은 강조된다. 그러나 기능만 강조하면 서로를 보살피고 관계를 돈독히 하려는 서클의 본질을 놓쳐버린다. 지나친 준비도 문제지만 준비가 안 된 상태에서 사람들을 불러 모으면 이전에 없던 해결책을 이끌어내는 서클의 가능성만 줄어들 뿐이다. 서로 다른 당사자들에게 어떤 준비가 필요한지 알아내는 일은 진행자나 참여자의 개인 판단에 맡길 수밖에 없다. 정해진 공식도 없고 사례마다 처한 상황이 다르므로 진행자는 어느 정도 준비해야 최적인지 가늠할 때면 어두운 길을 갈 때처럼 신중을 기한다.

## 3단계, 참여하기로 동의한 사람들을 양형 서클에 불러 모으기

평화 형성 서클 과정의 네 단계를 거치면서 범죄에 대응할 때 3단계에서는 가해자에게 처벌을 내리려는 목적에 따라 참여하기로 결정한 모든 당사자를 불러 모은다. 서클 절차에서 형을 정하는 것은 재판에서 형을 정하는 것과 완전히 다르다. 재판에서는 처벌을 내리는 것이 중요하다. 처벌이 정해지고 나면 모든 일은 끝나고 재판은 다음 사건으로 옮겨 간다.

서클에서 사람들은 처벌을 결정하는 과정에서 어쩌면 치유를 경험한다. 다시 말해 그런 과정은 자기인식과 변화의 여정이다. 마음속 깊은 감정을 표현하고 관계를 형성하며 새롭게 시작하기로 약속하는 시간이다. 또한 가해자가 자존감을 형성할 수 있는 시간이기도 하다. 즉 자신감과 자율 의식을 높이는 유익한 방식으로 자신이 저지른 잘못에 책임을 다함으로써 자존감도 자라난다.

서클에서 합의 과정을 거쳐 처벌을 정할 때 피해자와 가해자, 가족과 친구들, 공동체 구성원, 사법 분야 전문가들이 참여하면 그 과정에서 모든 사람들이 어느 정도 변화를 경험한다. 일단 관계가 형성되고 나면 몇 달, 어쩌면 몇 년에 걸쳐 처벌이 실행되는 동안 그런 관계는 피해자와 가해자를 지탱해 준다.

처벌은 그 자체로 합의에 참여한 모든 사람들이 좀 더 나은 삶과 건강한 공동체를 만들겠다는 약속을 의미한다. 서클에 내려진 처벌은 참여자를 소외시키거나 멀리하지 않는 반면 재통합을 위한 수단이 되어 준다. 서클에서 내려진 처벌은 재판에서 받은 처벌보다 훨씬 더 많은 것을 포함하고 있기에 많은 서클에서는 '약속 agreement'이라는 용어를 선호한다. 그리고 그 약속은 나중에 재판에서 판사에게 처벌로 제시된다.

서클에 다 함께 모이기로 약속한 모든 당사자들이 마음의 준비가 되었을 때 처벌을 내리는 서클은 어떤 식으로 진행되는가?

### 양형 서클의 세부 계획을 위한 고려 사항

거듭 강조하지만, 서클의 물질적 차원은 특히나 범죄를 둘러싸고 표출되는 격렬한 감정을 다룰 때 굉장히 중요하다. 물질적이고 실질적인 세부 사항에 주의를 기울이면 심지어 대화를 시작하기 전부터 공손한 분위기가 형성되어 모든 참여자들은 존중받는다는 느낌을 받는다. 당연히 각각의 범죄가 얼마나 복잡하고 독특한지에 따라 세부 계획을 어떻게 처리할 것인가가 정해진다. 이렇기 때문에 진행자는 세부 계획을 세울 때 물질적 차원과 함께 당사자별로 특정 요구와 상황을 제대로 처리하는 데 차질이 없도록 한다. 모든 서클에는 무엇인가 특별한 눈길을 필요로 하는 것이 있게 마련이다.

서클에서 범죄와 갈등에 대응하여 사람들의 삶을 다시 일으키는 일은 만만치 않다. 여러모로 물질적 준비를 갖추면 양형 서클이라는 특별한 형태의 서클을 활용하며 서로 도움을 주고받는 공간이 마련되는 데 보탬이 된다. 예를 들면, 이전에 어느 진행자가 언급한 것처럼 몇몇 서클에서는 참여자들이 서로 함께하기 위해서 꼭 지키자고 정한 가치를 종이에 적은 다음 서클 가운데에 놓아두어 눈으로 보며 되새기도록 한다. 같은 목적으로 서클 원칙과 지침을 적어 벽에 걸어놓을 수도 있다. 캐나다 새스커툰에는 서클을 위해 특별히 설계된 법정이 있다. 방에는 주술원medicine wheel이 새겨진 양탄자가 깔려 있고 그 안에는 네 방향으로 서클 가치를 표현해 놓았다. 방에 들어서면 법정에 있는 것이 아니라 서클에 참여한다는 생각이 든다.

사례가 얼마나 복잡한가에 따라 서클에 필요한 시간은 천차만별이다. 서클은 완전히 열려 있어 누구라도 참석할 수 있어야 이상적이다. 원주민 공동체에서는 사람들이 진심에서 이야기를 시작할 때까지 이야기는 끊임없이 이어져서 어느 정도 시간이 걸릴지 누구도 알 수 없다. 하지만 대부분 사람은 육체나 정신 면에서 세 시간이 한계다. 한계를 넘어섰다 싶으면 계속 밀고 나갈 것이 아니라 일단 멈추고 다른 때를 정하여 계속하는 편이 더 낫다. 서클을 저녁에 열거나 늦은 오후에 열면 많은 사람들이 일정을 맞추기에 나올지도 모른다.

공동체 구성원이나 사법 기관 전문 종사자들의 참여를 권장하기 위해 서클 진행자나 간사는 서클이 열리는 시간이나 다루는 사례를 일반 사람들이 손쉽게 접근할 수 있는 장소에 게시할 수 있다. 또한 사례와 직접적으로 이해관계를 가진 사람들뿐만 아니라 관련 공공기관이나 민간단체에 서클 모임을 알릴 수도 있다. 진행자는 중요 참여자들과 밀접한 연락을 주고받음으로써 그들의 참석을 확보할 수 있다. 서클이 열리기 하루 전에 진행자와 간사는 참여자들에게 참여하지 못하게 될 돌발 변수가 있는지 미리 확인하여 처리할 수 있다. 다음은 양형 서클을 맡은 유콘 주의 어느 진행자의 견해다.

그저 놀라울 따름입니다. 서클이 열리는 시간이 나가올수록 꼭 무슨 일이 일어나니까요. 그저 시간이 임박할 때 생기는 초조함일 수도 있겠죠. 하지만 어떻게 이런저런 피치 못할 사정들이 그렇게나 많이 생기고 해야 할 일이 그렇게나 자주 생겨 못 오는 걸까요? 참여자들과 미리 꼭 확인해야 합니다. 서클 바로 직전에 온갖 소문들이 떠도니까요. 저는 꼭 그렇게 합니다. 몇 번인가 확인을 거치지 않았더니 서클에 꼭 참석해야 하는 중요한 사람인데 뭔가를 완전히 오해하는 바람에 참석하지 않았지 뭡니까?

범죄를 둘러싸고 솟아나는 감정을 감안할 때 좌석 배치에도 신경을 써야 한다. 어떤 진행자는 양측을 옆에 두고 앉고 어떤 진행자는 양측을 마주 보고 앉는다. 나중 방식을 선택하면 진행자가 여러 차례에 걸쳐 대화를 진행하며 중간중간 대화에 균형을 맞추는 데 도움이 된다. 다른 참여자들은 일반적으로 원하는 곳에 앉기를 권한다. 몇몇 공동체는 특정 방식으로 좌석을 배치하여 의식 ceremony 측면과 함께 안전을 촉진한다. 피해자와 신청인은 후원 집단에 속한 사람 옆에 앉는다. 피고 측 변호인이 참석할 경우에는 신청인 옆에 앉으며, 추가로 누군가를 후원하는 사람이 있으면 그들은 여기저기 섞여 앉는다.

몇몇 공동체에서는 어항 형태의 서클 inner and outer Circle 을 활용하여 많은 사람들을 수용한다. 중요 참석자들은 안쪽 원에 앉는다. 바깥쪽 원에 앉은 사람들은 대부분 참관인 역할을 한다. 하지만 어려운 시기에는 대화 소품을 잡고 격렬한 감정에 대응하거나 쟁점을 다루는 데 힘을 보탠다. 어항 서클은 사람들의 숫자가 많을 때 요긴하지만, 보통은 한 원의 형태로 둘러앉는 서클이 선호되며, 현재까지는 여덟 사람이 같이 참여한 것이 최대치였다.

많은 고려 사항들이 있겠지만 그것들을 빠짐없이 예측하기는 불가능하다. 중요한 것은 물질적 차원에 담긴 지원 기능을 소홀히 하지 않고 충분한 시간과 노력을 들이고 주의를 기울여야 한다는 것이다.

## 3단계: 양형 서클 모임

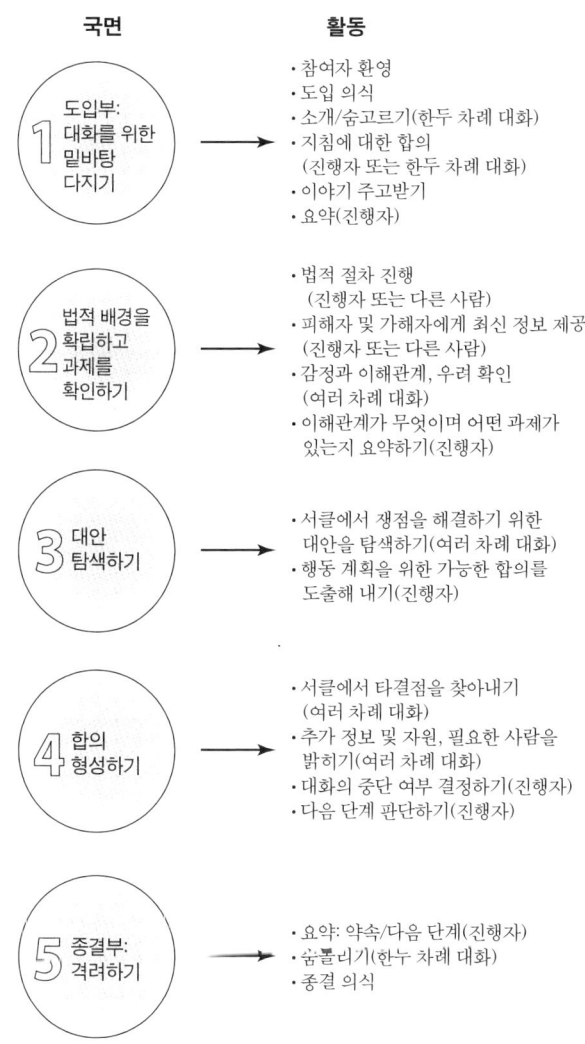

양형 서클은 2~4단계에서 여러 차례 대화를 가질 수도 있으며, 진행자는 언제라도 대화 소품을 사용하지 않고 자유롭게 대화하기 위해 서클을 열 수 있다.

## 양형 서클의 다섯 가지 국면

서클을 처벌을 내리는 것에 맞추려면 특별한 고려 사항들이 있다. 다른 서클과 짜임새는 같지만 양형 서클의 목적은 모든 이해 당사자들이 한자리에 모여 가해자에게 유익하고 합당한 처벌을 결정하기 위해 노력하는 것이다.

### 국면 1, 도입부: 대화를 위한 밑바탕 다지기

도입 국면의 여섯 부분(참여자 환영, 도입 의식, 소개 및 숨고르기, 지침에 대한 합의, 이야기 주고받기, 진행자의 요약)은 각각 양형 서클에서 긍정적 분위기를 형성하는 데 중요한 역할을 한다.

**참여자 환영** 양형 서클에서는 일반적 환영의 말 외에도 서클이 공동체에 얼마나 폭넓게 기여하는지 인정하는 말로 환영 인사를 한다. 서클에서는 서로 책임을 공유함으로써 개인과 함께 공동체의 삶도 여러 수준에서 향상된다. 진행자가 이 점을 언급하며 시작하기에 모든 참여자들은 자신들이 지금 힘을 기울이고 있는 대상이 얼마나 중요한지 완벽하게 이해하게 된다.

환영 인사에서 도입 국면의 나머지 부분을 간략하게 설명한 후에는 서로에 대한 소개를 한 차례 마치고 나서 지침을 검토하고 지침에 대한 합의를 이끌어내야 한다는 점을 되짚어준다.

**도입 의식** 진행자는 모든 참여자들에게 도입 의식을 베풀도록 권한다. 다양한 의식이 있지만 목표는 비슷한데, 말하자면 사람들이 서클 공간으로 옮겨 가도록 도움을 주는 것이다. 범죄 영향을 다루는 서클에서 도입 의식은 일반적으로 삶은 서로 연결되어 있고 피해자와 가해자, 그들의 가족 및 친구 그리고 전체 공동체 등 다른 사람들이 겪는 고통을 가벼이 여기지 말아야 한다는 점을 사람들에게 일깨워준다.

**소개 및 숨고르기** 사람들이 자신을 소개할 때 소개가 출석 확인처럼 이루어지는 것을 피하기 위해 진행자는 서클 경험이 있는 사람을 자신의 옆에 앉히고 자신을 의미 있게 소개하는 법을 몸소 보여주도록 할 수 있다. 숨고르기는 예상했던 것보다 길어질 수도 있으나 계획에 없었던 과정에서 참여자들이 서로 더 깊은 교감을 나눌 수 있어서 나중에 일이 좀 더 수월해질 수 있다.

**지침에 대한 합의** 지침에 대한 합의는 양형 서클 도입 국면에서 비교할 수 없을 만큼 중요한 부분을 차지한다. 세심하게 공들인 지침은 다양한 기능을 발휘한다. 준비 과정을 거치며 진행자가 참여자들에게 지침에 대한 약속을 이루어내면, 심지어 격렬하고 고통스러운 감정이 일더라도 서클이 더욱 안전한 공간으로 만드는 데 도움이 된다고 거듭 확신을 주었다면, 지침에 대한 합의는 그 확신을 매듭짓는다. 또한 다 함께 지침을 마련함으로써 서클 공간의 질과 참여자들이 대회를 진행하는 방식에 대한 공동 책임이 부각된다. 사람들은 지침에 대한 합의를 추구하며 공통분모를 찾기 위해 애쓰는 것이 어떤 느낌인지 맛보게 된다.

**이야기 주고받기**  양형 서클에서 이야기를 나누는 것은 연결과 변화를 일으키는 강력한 수단이 된다. 누군가 자신의 삶을 이야기하면 사람들은 자기 자신이 겪어온 삶의 여정을 떠올린다. 더 이상 고립감을 가지지 않고 다른 이들과 유대감을 느낀다. 고통을 겪거나 무엇인가를 열망할 때 또는 실수를 저지르거나 기쁨을 만끽할 때 혼자가 아니라는 보편적 인간애를 느끼면서 힘을 얻는다. 앞에서 언급되었지만 집에 도둑이 침입한 사건을 겪은 캐시 할머니는 소년범의 이야기를 들었을 때 무서움을 떨쳐버리지 못해 생긴 고정관념에서 벗어나 두려움과 무관심, 학대 그리고 그로 인한 정신적 충격으로 가득 찬 악몽 같은 삶의 이력에서 허우적거리는 동료 인간의 모습을 떠올렸다. 서로 이야기를 주고받는 과정에서 고통에 갇혀 얼어붙은 감정은 눈 녹듯 사라지고 배려와 공감이 그 자리를 대신했다.

예를 들어 청소년을 위한 서클에서는 부모와 갈등을 겪었던 때나 소외받고 있다는 느낌이 들었을 때, 아니면 어떻게 해야 할지 모르는 상황에 처했을 때와 같이 자신이 어렸을 적 이야기를 나누도록 사람들에게 요청할 수 있다. 그런 경험이 담긴 이야기가 오가면 청소년들은 사람들이 자신을 이해하고 측은하게 여긴다고 느낄지도 모른다. 슬픔과 충격에 휩싸여 있는 사람이 고통스러운 경험을 말할 때 다른 사람들이 정중하게 들으면 상처는 아물고 고통도 인정받는다. 이야기를 주고받으면서 사람들은 서로의 공통점을 발견하게 되고 서로에게서 느끼는 거리감도 해소되기에 다른 사람 안에서 자신을 발견하는 데 도움이 된다.

또한 서로 이야기를 나누면 서클에서 개인 경험을 직접 표현할 때 대화의 틀이 잡힌다. 참여자들은 판례를 들먹이고 사실 관계와 법적 문맥을 따지며 말꼬리를 잡거나 설교를 늘어놓는 대신 살아가면서 얻은 교훈을 진심으로 이야기한다. "이야기는 정보를 간추리는 가장 좋은 방식입니다. 제가 아는 한 어떤 문화에서도 예외는 없죠." 교육 전문가인 토머스 앤젤로 박사Dr.Thomas Angelo의 말이다. 이야기를 들으면 사람과 상황에 대한 이해가 높아진다. 이야기 속에는 삶의 경험이라는 정보 맥락이 이해하기 쉽게 들어가 있기 때문이다. 다른 사람의 고군분투에 공감하며 사람들은 우리와 남을 구별하는 적대적 분위기에서 벗어나 좀 더 인정 어린 마음을 갖게 된다.

마지막으로 사람들의 이야기는 희망을 불어넣는다. 시간이 흘러 공동체 서클이 성장함에 따라 과거에 죄를 지었던 사람은 이제 막 가해자가 된 사람에게 자신이 겪은 변화의 이야기를 들려주고, 과거에 피해를 당했던 사람은 아직도 쓰라린 슬픔에 젖어 있고 충격적 사건에 얽매어 삶을 포기하고 있는 사람에게 치유의 경험을 들려준다. 이런 이야기에는 회복과 성장을 이루어내는 인간 역량에 관한 비전이 담겨 있다.

**진행자의 요약** 기본적으로 진행자는 진행 사항을 요약하며 서클이 마주하고 있는 과제를 전반적으로 이야기한다. 하지만 특정 사항에 중점을 두기보다는 공통점을 찾아내고 바람직한 방향으로 문제를 해결하기 위해 모두가 노력한 점에 신뢰를 보내는 일에 더욱 집중해야 한다. 참여자들이 모두 모임에 와준 것만으로도 해결책을 찾기 위해 힘을 합치는 데 중요한 첫발을 내디딘 것이다.

**관계 형성과 함께 서클 대화에 들어가기**  모든 서클과 마찬가지로 양형 서클이 추구하는 목적은 단지 형을 정하는 것뿐만 아니라 새롭게 관계를 형성하거나 깨진 관계를 되돌리는 것까지 포함한다. 도입부가 굳이 쟁점을 내용으로 하지 않는 점도 이런 목적을 반영한다. 서로 다른 사람들이 가진 가치와 시각 그리고 처한 상황을 깨달으면 사례 속 사실에 초점을 맞추는 것보다 범죄를 놓고 어려운 대화를 시작하기가 훨씬 편하다. 사실에 바로 접어들면 격한 감정 반응을 일으킬지도 모른다. 더욱이 참여자들은 피해자나 피해자의 후원자, 가해자나 가해자의 후원자, 전문가 등 특정 범주로 분류되어 서로를 한 인간으로 받아들이기 전에 자신의 입장만 고집하려 할 것이다.

서클에서는 모든 사람들이 같은 공동체에 속한다는 사실을 인정하며 서로가 어떻게 연결되어 있는지 밝혀내고 공동 가치와 목표를 살펴보는 등 관련된 사람들에게 집중하며 어려운 대화를 시작한다. 참여자들은 개인으로서 서로에 대해 배우고 절차를 거치면서 다른 사람들이 자신의 이야기를 들어주므로 존중받는다는 느낌과 함께 힘을 얻게 된다. 서클에서는 어떤 문제에 마주하는지와 상관없이 참여자들이 처음부터 서로를 인격체로 받아들이면 더욱 쉽게 유익한 방향으로 문제를 해결할 수 있다.

### 국면 2. 법적 배경을 확립하고 과제를 확인하기

도입부가 지나면 다음 단계에서는 사실 관계를 드러내고 과제를 밝힌다. 대부분 이 국면에는 다음과 같은 세 부분이 포함된다.

1. 법적 절차 진행 및 최신 정보 제공
2. 우려와 쟁점, 이해관계 확인
3. 진행자의 요약

**법적 절차 진행 및 최신 정보 제공** 양형 서클에서 두 번째 국면은 법적 절차 진행과 함께 시작된다. 만약 판사가 참여한다면 법정에서 형을 결정하는 순서에서 거의 벗어나지 않고 이 부분을 이끌 것이다. 검사가 기소 사실을 읽고 난 후 신청인이 그 사실을 받아들이면 서클에서 유죄 인정guilty plea이 정식으로 받아들여진다. 모두가 범죄 사실을 알고 책임을 받아들이는 신청인의 모습을 목격하는 것이 중요하다. 검사와 변호인은 짧게 모두 진술을 하도록 요청받을 수 있다. 범죄 경력, 재판 전 조사 기록, 피해 결과 진술 등 중요 정보는 공유되고, 필요할 경우 서클에서 돌아가며 읽게 된다. 보호관찰관은 자신이 작성한 기록을 요약 설명할 수도 있다. 마지막으로 판사는 법정에서는 어떤 형이 내려질지 짧게 말하며 법적 일처리를 마무리 지을 것이다. 이때 판사는 어떤 우려가 있으면 표현하고, 모든 우려 사항을 처리하는 최선의 수단을 찾고자 함께 애쓴 공동체와 다른 사람들에게 감사를 표한다. 판사는 가끔 서클에 모인 사람들에게 모든 결과는 합의에 바탕을 두어야 한다는 사실을 주지시키면서 판사가 한 말도 단지 히니의 의견일 뿐이라고 말한다. 이러면 서클에 모인 사람들은 서로서로에게 말해야지 판사를 상대로 말하면 안 된다는 점을 깨닫는다.

양형 서클에서 판사나 검사, 피고인 측 변호인 또는 보호관찰관이 참석하지 않으면 진행자가 직접 법적 절차를 진행하거나 다른 누군가에게 부탁하여 처리할 수 있다. 하지만 대부분 공동체 사법위원회는 사법이나 법 집행 부서 전문 종사자들과 충분히 긍정적 관계를 형성하고 있기에 그들 중 최소한 몇 명은 정식 회원이나 객원으로 서클에 참여한다. 그들은 범죄자를 다루는 남다른 경험을 가지고 있으므로 그들이 서클에 참여하도록 적극 독려하는 것이 중요하다.

진행자나 내용을 알고 있는 사람은 이후에 피해자나 가해자의 근황을 비롯한 사례의 진행 상황을 서클에 모인 사람들에게 설명한다. 진행자는 미리 후원 집단이나 다른 사람들과 협의하여 그 사람들이 정보를 공유할 의사가 있는지 확인한 후에는 알고 있는 내용을 서클에서 짧게 말해 달라고 요청한다. 진행자는 이런 최신 정보가 필요한 때가 되면 대화 소품을 들고 말할 의사가 있는 사람에게 전달하도록 요청하거나 배경이나 법적 사실 관계를 알려줄 사람에게 직접 전달할 수도 있다. 몇몇 서클에서는 그 후 신청인이나 피해자가 처음으로 발언한다. 그러나 대부분 서클에서는 신청인이나 피해자가 준비가 되었을 때 그들의 의견을 끌어내려면 대화 소품에 의존하여 여러 차례 이야기를 나누어야 한다.

다시 말해서 두 번째 국면에서는 정보 공유를 위한 공통 기반이 확립되어 현재 상황이 어떠한지, 누가 무엇을 하고 있는지를 모두 알게 된다. 이 시간에는 개인적 변화를 위한 아주 사소한 움직임이라도 언급할 가치가 있다. 그런 움직임으로 인해 서클 안에서 긍정적 탄력에 불이 붙을 수 있기 때문이다.

**우려와 쟁점, 이해관계 확인**  일단 모든 정보가 제시되면 서클 진행자는 어떤 과제에 직면해 있는지에 대해 먼저 말을 꺼내고 다른 사람들이 이에 응해 말할 수 있도록 대화 소품을 건네며 대화를 한 차례 시작할 수도 있다. 이어서 여러 차례 이야기를 주고받으며 진행자는 마음을 열고 정직함을 보여주는 것, 즉 진심에서 우러나오는 자신의 마음속 이야기를 숨김없이 말하는 것이 중요하다고 강조할 수 있다. 힘든 감정도 표출되어야 한다. 그래야 서클에 모인 사람들이 사실과 감정이 결부된 전체 그림을 보게 된다. 사람들이 자신의 느낌에 따라 말할 때 다른 사람에게 상처를 주지 않고 정중하게 감정을 표현할 수 있다. 예를 들면 "이 일 때문에 너무 힘들어요. 잠도 잘 수 없고 불안하기만 합니다. 화도 나고 두렵기도 해서 이제는 어떻게든 되갚아주고 싶은 마음이 들어요. 정말 이렇게 살아야 하나요?"라고 말할지도 모른다. 서클에서 이런 힘든 감정과 그 감정에 붙어 다니는 복잡한 문제를 숨김없이 서로 나누면, 그것들은 더 이상 장벽이 아니라 실현 가능하고 지속 가능한 결과를 만들어내는 데 반드시 필요한 요소가 된다.

**진행자의 요약**  모든 사람들이 자신의 감정과 우려를 속 시원하게 표현하고 나면 이쯤에서 진행자는 제기된 우려 사항을 한 번 더 분명히 언급하고, 용기를 내어 감정을 표현해 준 것과 참여해 준 것에 감사를 표하며 이 국면을 마무리한다.

처음 두 국면에 많은 시간을 들였다면 잠시 휴식을 취하는 것도 좋다. 휴식을 가지면서 후원 집단은 일어난 일을 되짚어보고 두드러진 우려 사항을 제기하며 대안을 생각해 볼 여유를 갖는다. 진행자는 주요 참석자들을 일일이 확인하여 그들에게 별일은 없는지, 혹시라도 걱정 거리가 없는지 살펴볼 기회를 가진다.

### 국면 3, 처벌을 내리기 위한 대안 탐색하기

세 번째 국면에서는 참여자들이 어떤 형을 내릴지 대안을 탐색하고 행동 계획을 마련한다. 진행자는 이 국면에서 이전에 서로 이야기를 주고받으며 나온 방안을 기반으로 참여자들에게 범죄를 둘러싸고 나오는 우려와 해악을 어떻게 다룰지 다른 의견이 있으면 제시해 달라고 요청하면서 대화를 시작한다. 한 차례 대화를 마친 후에 진행자는 대화 소품을 들고 즉흥적인 논의를 시작할 수 있다. 또한 참여자들에게 어떻게 쟁점을 해결할 것인가 물어보며 한 차례 대화를 시작할 수도 있다. 논의를 거쳐 떠오른 대안은 잊지 않도록 차트로 만들어 잠시 기록해 둘 수 있다.

경험에 비추어 보면 양형에서 대안을 마련할 때 공동체는 창의력이 넘치고 섬세하며 적극적이다. 법정에서 내려지는 형과는 달리 서클의 형에는 범죄에 상응하는 해악과 고통을 주려는 어떤 의도도 없다. 처벌이 아닌 개인의 긍정적 변화에 목적을 두기 때문이다. 이런 목적에 따라 양형 서클은 다음과 같은 세 영역에 초점을 맞춘다.

1. 어떤 식으로든 피해자에게 미친 해악을 바로잡는다.
2. 공동체에 끼친 손실을 보상한다.
3. 근본 원인을 해결하여 될 수 있으면 더 이상 범죄가 일어나지 않도록 한다.

그웬 챈들러 리버스는 아프리카계 미국 청소년들이 자신들의 삶을 변화시켜 더 이상 교도소에 들어가지 않도록 돕기 위한 서클 계획에서 겪은 일을 바탕으로 다음과 같은 예를 들려준다.

> 공동체는 형을 정할 때 창의력이 넘칩니다. 우선 범죄가 자신들에게 미친 영향이 무엇인가 들여다보고는 피해를 회복하기 위한 방안들을 생각해 냅니다. 우리가 다루었던 첫 사례는 코카인 거래 혐의로 기소되었다가 불법 총기류 소지 혐의도 추가된 청소년과 관련이 있었습니다. 그가 받은 형은 사회봉사community service 처분으로, 지역 병원에서 코카인에 중독된 아이들과 총격 피해자를 돌보는 일을 해야 했습니다. 이런 독창적인 양형은 소년이 저지른 두 가지 범죄 모두에 손길을 미쳤습니다.

물론 이런 해결책이 나오려면 공동체와 가해자가 오랜 시간 머리를 맞대어야 한다. 그웬은 다음과 같이 덧붙였다. "서클에서 형을 내릴 때 사람들이 혼동하는 일 중 하나는 공동체나 가해자가 모두 준비가 된 후에야 형을 정할 수 있다는 점입니다. 준비가 되었다는 의미는 가해자는 어느 정도 눈에 띄게 달라졌고 자신들이 저지른 해악을 바로잡으려 조치를 취했다는 것입니다."

진행사는 어느 의견도 소홀히 하지 않고 특정 대안을 편애하지 않도록 주의하며 사람들이 내놓은 의견 중에서 핵심 요점과 남겨진 쟁점, 떠오르는 긍정적 기대를 간추릴 수도 있다. 여러 방안을 살펴보는 일은 서클 참여자들의 몫이지 진행자의 몫은 아니다. 대안을 떠올리며 사람들이 정보가 더 필요하다는 점을 깨달으면 서클 진행자는 필요한 정보를 얻는 방법에 초점을 맞추도록 할 수도 있다. 진행자는 사람들이 어려운 상황에서도 긍정적으로 머리를 맞대고 애쓴 점을 치하하며 세 번째 국면을 갈무리한다.

### 국면 4, 처벌이자 약속을 위해 합의 형성하기

형을 내리기 위해 합의를 형성하는 데는 시간이 필요하다. 형을 정하는 데 어떤 경우에는 몇 주나 몇 달이 걸리기도 하고, 또 어떤 경우에는 단지 한 번의 회기로 끝날 수도 있다.

어렵고 복잡한 사례라면 시간을 연장해서라도 절차를 진행하면 도움이 될 수 있다. 실제로 잠시 시간을 내어 휴식을 취하거나 절차를 중단하고 좀 더 오래도록 시간을 가지면 사람들은 실제로 서클에서 멈춤 없이 합의를 향해 나아갈 수 있다. 휴식을 취하며 잠시 뒤로 한 발 물러서 이것저것 사적으로 논의할 수 있는데, 진행자와 참여자 사이에서 이루어지는 논의는 무엇보다 생산적이다. 다시 모였을 때 사람들은 서클에서 다루기 원하는 어려운 문제들을 꺼내놓을 수 있다.

몇 주나 몇 달 동안 모임을 정지하는 것도 이점이 있다. 우선, 사람들은 시간을 내서 서클에서 제기된 대안을 깊이 생각해 보고 추가 정보를 모을 수 있다. 둘째, 주요 참여자들은 모임 연기를 기회로 예비 서약을 지키거나 성실한 자세로 삶에 변화를 주어 자신들의 의지를 증명할 기회를 가진다. 참여자들은 제안된 합의에 반대하지는 않을지 모르지만 가해자가 그것을 실행에 옮길지는 확신하지 못할 수도 있다. 가해자에게 말한 대로 행동할 시간을 주면 흔히 이런 거부감은 사라진다. 셋째, 모임을 잠시 멈추면 공동체와 전문가들 또한 서클에서 한 약속을 마무리 지을 시간을 가진다. 마지막으로, 잠시 시간을 가짐에 따라 모든 사람들은 정신을 차리고 감정을 추스르며 놓치고 지나간 일을 따라 잡을 수 있다. 이해하고 받아들이는 데 시간이 걸리는 변화가 서클에서 만들어지기도 한다. 다음은 어느 피해자의 후원자가 언급한 내용이다.

> 정신을 차리고 감정을 추스르며 서클에서 일어났지만 놓치고 지나간 일을 따라잡으려니 시간이 필요했어요. 다른 각도에서 바라볼 필요가 있더라고요. 하지만 제가 정말 준비가 되었는지, 그러니까 제 느낌에 올바른 변화를 받아들일 준비가 되었는지 명확히 하려니 시간이 필요했어요.

**양형에 관한 합의에 도달한 경우** 서클에서 합의에는 도달했으나 세부 사항을 정하는 데 시간이 충분하지 않다면 진행자는 요점을 간추리고 합의를 개선하거나 그것에 힘을 실어주려면 어떻게 해야 할지를 모두에게 물어본다. 그러고 나서 합의 실천 계획을 마련하기 위해 다시 모일 것을 정한 다음에 서클을 중단한다. 빈노모 서클을 얼어 합의를 분명히 하고 합의가 어떻게 작동할지 따져보면 혼동과 억측, 헛짐작을 막는 데 도움이 된다. 서클에서 모든 것이 분명해지면 모두가 똑같이 이해하고 떠난다. 빈틈없는 증명clarification을 거치지 않으면 누가 무엇을 하고 언제 어떤 일이 있을지에 대한 오해가 쌓여 합의를 심각하게 훼손할 수 있다.

딕은 '약물중독입원치료 프로그램residential addiction treatment program'을 끝마치면 가족의 품으로 되돌아가리라 기대를 품은 반면에 다른 사람들은 가족과의 재회가 단계에 따라 점진적으로 이루어져야 한다고 생각하고 있었다. 그래서 딕이 치료를 마치자마자 가족에게 되돌아갔을 때 심각한 문제가 발생했다. 공동체는 딕이 약속을 무시했다고 믿었고, 딕은 부당하게도 자신에게 새로운 요구가 내려졌으며 고생고생해서 얻은 치료 성과도 제대로 인정받지 못했다고 생각했다.

이런 오해는 쉽게 일어날 수 있으므로 따로 서클을 열지는 않더라도 합의를 명확히 하는 일에는 절대 시간을 아낄 수 없다. 게다가 합의 이전에 잠시 모임을 중단하고 시간을 가지는 것과 같이, 합의를 만들어내고 난 후 그 합의를 명확히 하려는 모임을 가지기 전에 잠시 모임을 중단하고 시간을 가지면 추가로 다음과 같은 이득이 생긴다.

첫째, 합의 후에 펼쳐질 새로운 세상이 자리를 잡을 기회가 생긴다. 사람들은 한 걸음 물러나 무엇을 성취했는지 가늠해 보고 어떤 영향이 있을지 하나하나 생각할 기회를 얻는다. 한 사례에서는 처음 합의를 맺으며 가해자가 주말마다 약물중독입원치료 프로그램을 받을 때 가해자의 두 아들에게 어떤 일이 생길지 고려하지 않았다. 합의를 명확히 하고자 서클이 열렸을 때, 또래 아이들을 자녀로 둔 두 가족이 주말에 야외 활동을 할 때 가해자의 아이들을 데려가겠다고 나섰다.

둘째, 서클 진행이 멈춘 시간 동안 참여자들은 세부 사항들을 생각해 낼 뿐만 아니라 어떻게 하면 합의를 개선할 수 있을까 곰곰이 생각해 볼 수도 있다. 합의에 도달하기가 너무 힘들어서 마침내 합의가 마무리되면 이야기 도중에 다시 합의가 무너질까 봐 염려되어 서둘러 떠나게 마련이다. 하지만 그렇게 서두르면 더 나은 무엇인가를 만들어낼 기회를 놓치게 된다. 합의에 도달하면 새로운 세계가 열린다. 일단 합의가 성립되면 그 합의를 훨씬 폭넓고 포용력 있게 만들기 위해 검토해보기가 수월해진다. 한 발 물러서더라도 이미 그 자리에 이미 합의가 마련되어 있기 때문이다. 또한 합의에 따라 단지 개인 입장만 내놓기보다는 문제를 해결하려는 의지와 믿음이 감도는 새로운 환경이 조성된다. 새롭게 합의하려는 당사자들이 개선 가능성을 만끽할 수 있을 만큼 한동안 충분히 멈추지 않는다면 황금 같은 기회는 실현되지 못할 수도 있다.

판사는 서클에서 메리가 약속한 것을 지키기만 한다면 메리를 위해 고용 추천서를 써주겠다고 나섰다. 그러자 메리도 직업을 가져 재봉틀을 마련할 수 있다면 마을의 젊은 여인들에게 봉제를 가르쳐주겠다고 제안했다. 메리의 약속에 고무되어 어떤 여인이 메리에게 재봉틀과 봉제 수업을 진행할 방을 내주었다. 그리고 일은 그대로 순조롭게 진행되었다. 사람들이 서로의 차이를 극복하고 마침내 합의를 맺는다면, 즉 여유를 가지고 합의에서 나올 수 있는 가능성을 키울 수만 있다면 새로운 땅에서는 놀라운 것들이 자라날 수 있다.

셋째, 서클 진행이 멈춘 것을 기회로 다짐도에서 합의 내용을 빠짐없이 작성할 수 있다. 서클 합의에서는 책임을 지는 사람은 가해자만이 아니다. 가해자, 가족, 친구, 후원자, 공동체 구성원, 국가 공무원 등 모든 참여자들은 저마다 해야 할 일이 있다. 서클 합의는 의미 있고 한결같은 변화를 만들어내려면 온 동네가 나서야 한다는 '통합적 이념'을 반영한다. 누가 언제 누구와 어떤 상황에서 무엇을 해야 할지 복잡하게 얽혀 있는 일들을 단지 글로만 표현할 것이 아니라 그림이나 표로 생생하게 표현하는 것이 좋다.

예를 들어 가해자, 공동체 구성원, 국가 공무원이 약속한 것을 따로따로 원을 겹쳐 그려 공통된 약속이 드러나도록 하면 각각의 사람들이 약속한 것을 시각적으로 잘 확인할 수 있다.

합의에 도달하고 양형 서클을 마칠 무렵이면 사람들은 모두 조바심이 나고 지칠 대로 지쳐 합의한 내용을 상세하게 정리하지 못할 수도 있다. 그러면 서클 진행을 멈추고 누군가를 지정하여 되도록 빨리 초안을 만들어내도록 하는 것이 최선이다. 이런 일을 진행자가 하는 것이 가장 합당한 선택이다. 진행자는 주요 참여자들에게 물어 다음 서클이 열리기 전까지 초안에 잘못이 없는지 확인할 수 있다. 다음 서클에서는 합의를 마무리 짓거나 계속해서 합의 사항을 다듬을 수 있다.

서클이 일정 기간 멈추었다가 다시 소집되면 진행자는 다음과 같은 질문을 던지며 합의를 명확히 한다.

- 모든 이해관계를 고려했는가?
- 필요한 자금을 비롯하여 계획을 실행하는 데 필요한 모든 자원은 활용 가능한가?
- 계획을 제대로 진행하기 위해 힘을 합쳐야 할 사람들과 단체들은 모두 합류했는가?
- 임무 수행과 약속 이행, 활동을 위한 시간 계획은 명확히 정해졌는가?

- 목적과 목표, 시한은 현실에 맞고 실행 가능하거나 지킬 수 있는가?
- 실행 지연이나 약속 위반, 예측하지 못했던 사건에 대비할 수 있는 조항이 마련되어 계획 수정을 위한 절차를 모두 알고 있는가?
- 참여자들은 약속을 지켰을 때와 지키지 않았을 때 어떤 일이 생길지를 인식하고 있는가?

진행자는 합의(처벌)가 복잡하지 않고 현실적이며 공정하고 포용력을 가지도록 확실히 해야 함은 물론, 서클에 모인 사람들에게 안전망을 형성하도록 요청하여 누군가 서클 약속을 지키기 위해 높이 걸린 외줄을 타다 떨어지더라도 다치지 않도록 해야 한다. 이런 안전망은 관찰과 재검토, 그리고 어려움이 생길 때 서클로 돌아오겠다는 약속과 같이 여러 형태를 띤다. 또한 안전망은 다음과 같이 서클 처벌의 몇 가지 추가 특징에서 형성되어 나올 수 있다.

**분명한 의사로 표현된 실현 가능한 약속**: 사람들 각자에게 무엇을 기대할 수 있는가? 사람들은 언제, 어디서, 어떻게 합의로 정한 약속을 실행하는가? 모든 사람들의 책임을 명확히 해야만 약속을 실천으로 옮기는 것뿐만 아니라 어떻게 실천하고 있는지 관찰하기가 수월해진다.

**명확히 표현한 성공 결과**: 무엇이 성공을 의미하고 무엇이 실패를 의미하는가? 약속을 지키지 않으면 어떤 일이 일어날 것인가? 약속을 위반하면 뒤따르게 될 제재를 정해놓지 않으면 서클에 대한 공동체나 사법 기관의 신뢰가 무너지고 서클에 필요한 자금은 끊길 위험에 처한다. 더욱이 약속을 어긴 가해자에게 아무런 조치를 하지 않는다면 공동체와 국가 기관은 다른 가해자들에게 똑같은 기회를 주는 데에 주저할 것이다. 가해자는 자신의 행동이 새로운 삶을 위해 자신에게 주어진 기회뿐만 아니라 뒤따르는 다른 가해자들이 가질 수 있는 기회에도 영향을 미친다는 사실을 깨달아야 한다. 성공 결과를 명확히 하는 것의 중요성도 별반 다르지 않다. 가해자에게 성공은 국가에서 더 이상의 제재가 없다는 것을 의미할지도 모른다. 가해자는 물론이고 피해자에게는 주거를 제공하거나 취업을 알선하고, 자녀 돌봄 서비스나 상담을 받을 수 있도록 돕겠다는 공동체의 다짐을 의미하기도 한다. 성공은 실제로 어느 한 사람이 회복을 위한 고된 여정에서 한 걸음씩 나아갈 때 가족이나 공동체가 도움을 줄 수 있는 여러 가지 방안을 의미하기도 한다.

**약속 위반 처리**: 합의 실행 계획은 유연하고 현실에 맞아야 한다. 합의 위반에 엄격하게 반응하는 것이 최선은 아니다. 서클 역량은 합의 위반을 다른 방식으로 다루는 데 있다. 서클에서는 왜 위반이 일어났는지, 무엇으로 위반이 촉발되었는지 그 전체 맥락을 이해하기 위해 애쓴다. 가해자에게 자신의 행위를 해명할 기회를 주고 문제가 무엇이든지 그것을 해결하기 위해 가해자와 힘을 합칠 수 있다. 제인은 다시 약물 중독에 빠져들어 아이들을 돌보지 못했을 때 그 즉시 교도소에 수감되지 않았다. 제인은 몇 년 만에 처음으로 두 달 동안 약물에 취하지 않고 맨정신으로 지낼 수 있었다. 그러나 계속 취업에 실패하자 또다시 약물에 빠져들었다. 아이들은 다른 곳으로 보내졌고 제인은 약물에 빠져 일

주일을 보냈다. 하지만 한 주가 지나고 공동체가 나서서 제인에게 임시 일자리를 주선해 주자 제인은 회복을 위해 애쓰던 예전으로 되돌아갔다. 몇 년 동안 약물 중독에 빠져 허우적거렸던 사람은 쉽게 다시 약물 중독에 빠져들기도 한다. 약물 중독 상담사는 이 사실을 잘 알고 있다. 치유 과정에서 중독 상태로 되돌아가는 것은 흔한 일이기에 공동체는 중독자가 회복 과정에서 이런 시간을 무사히 거치도록 어떻게 도울지 깨달아야 한다.

요약하면, 처벌에 대한 합의에 도달했다면 여유를 가지고 그것을 명확히 해야 서클이 일구어낸 성취가 손상되지 않는다. 여유를 가지고 합의 내용을 명확히 하는 것은 미래라는 불확실한 바다 위에 표시해 놓은 합의 실행 여정을 위한 보험과도 같다. 여정 성공 여부에 이해관계를 가지지 않은 사람은 없다. 여정에 근본적 변화를 위한 희망이 달려 있기 때문이다. 합의로 인해 서클에서 가장 중요한 일, 희망과 꿈을 현실로 바꾸는 일을 위해 길이 열린다.

**양형에 관한 합의에 도달하지 못한 경우**  오랫동안 많은 노력을 기울였다 하더라도 서클이 매번 합의에 도달할 수는 없을 것이다. 그러면 판사는 서클에서 나온 모든 정보를 바탕으로 양형을 내리게 된다. 판사가 전 과정에 참여하면 최선의 결정이 나오겠지만 판사 없이 서클이 진행되면 합의된 점과 합의되지 못한 점들이 양형 절차에서 일부분으로 제시될 수 있다. 어떤 합의를 이루었든 그것은 판사가 내리는 판단에 섞여 들어가며, 판사의 판단은 서클에서 나온 것들에 강력하게 의존한다. 하지만 실제로 처벌에 관한 합의에 도달하지 못하는 경우는 매우 드물다. 특히나 가해자에게 충분히 시간을 주어 스스로 말한 것을 실천하고 자신이 약속한 것을 증명하도록 하면 이런 일은 거의 일어나지 않는다.

다시 말해서, 비록 합의에 도달하지 못했다 하더라도 들인 시간과 노력이 사라지지는 않는다. 서클 과정을 거치면서 참여자들은 범죄가 불러오는 광범위한 영향력을 깨닫고 한층 더 통찰력 있게 양형 결정을 내릴 수 있다. 다음은 어느 판사가 한 말이다. "합의에 도달하지 못하는 드문 경우에도 재판에서 양형을 결정하는 일은 더욱 수월하고 효과적이었다. 그것은 단지 합의 과정을 거치면서 얻게 되는 교훈 때문만은 아니었으며 가해자나 피해자, 공동체에 대한 이해가 커졌기 때문이다. 처벌은 근본적 문제에 초점을 맞출 수 있었다."

### 국면 5, 종결부: 애썼으니 격려하기

서클에서 합의에 도달했는지 여부에 상관없이 서클에 참여한 바로 그 과정이야말로 축하해야 마땅하며, 종결부에는 이런 의도가 담겨 있다. 해결책을 찾기 위해 함께 애쓰고 용기를 내어 마음을 열고 정직하게 말하며, 감정이 끓어올라도 정중함을 잃지 않고 교착 상태에 빠져 당황해서 어찌할 바를 몰라도 흔들리지 않고 서클 과정에 신뢰를 보내는 것은 결국에는 자신과 함께 서로에게 믿음을 가진다는 의미이며, 이 모든 노력에 의해 참여자들은 서로를 더 잘 이해하고 관계를 개선하며 공동체를 굳건히 세울 수 있다. 대부분의 경우, 이런 것들이 서클에서 얻는 가장 중요한 성과다. 합의에 도달하지 못했다고 해서 열심히 노력하지 않은 것은 아니다. 종결부는 지금까지 애써온 모든 것들과 바람직한 성취를 인정해 주는 과정이다.

**진행자의 요약**  진행자는 양형 과정에서 의견이 일치된 사항과 그렇지 않은 사항을 요약하며 종결부를 시작한다. 한 발 더 나아가, 대화 소품을 활용하며 한 차례 대화를 진행하여 모든 사람들의 의견을 확인하고 진행자가 적절한 요점을 짚어주었는지 명확히 할 수도 있다. 이후에 모든 사람들이 다음 단계에서 하기로 약속했던 것을 검토한다. 마찬가지로 진행자는 존중과 정직, 열린 자세로 쟁점을 다루며 서로를 진정성 있게 대한 모든 사람들의 노고에 감사를 표한다.

**한두 차례의 끝맺음 대화**  이때는 진행자가 대부분 먼저 말을 꺼낸다. 왜냐하면 쟁점을 이야기하는 것에서 서클에 참여하면서 개인적으로 느낀 점을 되돌아보는 것으로 어떻게 전환할지 적절한 방식으로 몸소 보여줄 수 있기 때문이다. 한두 차례의 끝맺음 대화를 가지면 사람들이 서클 과정을 통해 느낀 점을 서로 나눌 수 있어서 인간애와 평등을 확인하는 효과가 나타난다. 지위나 역할은 의미를 잃고, 사람들이 함께 모여 삶을 개선하기 위해 서로 돕는다는 의미가 살아난다. 누군가 서클에서 어떤 역할을 맡든지 그 일에는 심오한 의미가 있으며, 종결부에서는 끝맺음 대화를 나누면서 변화와 치유의 과정 속에서 함께 나누었던 시간을 기린다.

**종결 의식** 양형 서클 종결 의식에서는 형식에 상관없이 관련된 사람들이 적절하고 의미 있다고 생각하는 방식으로 지금까지 성취한 일을 축하한다. 양형 서클의 예측 불가능한 성격으로 인해 종결 의식을 위해 미리 계획을 세우는 일은 만만치 않을 수도 있다. 종종 감명을 받은 누군가가 즉흥적으로 몇 마디 이야기를 하는 것으로도 충분할 수 있다. 어떤 형태로든 종결 의식을 거치고 나면, 사람들은 인생에서 겪은 가장 어려운 일을 이성적으로 해결하려고 함께 모였을 때 어떤 일이 일어나는지 깨달으며 서클을 떠나 개인 삶으로 되돌아간다.

───

이제 가해자와 피해자, 공동체 구성원, 사법 전문가들이 양형 서클 모임에 참여하면서 얻는 경험에 대해 살펴볼 것이다. 어떤 피해자는 처음 참여한 양형 서클 모임에 대해 다음과 같은 의견을 내놓았다.

> 가해자가 사과할 거라는 이야기를 듣기는 했지만 그가 정말 사과하리라고 기대하지는 않았어요. 그리고 그 사과가 제게 그렇게 큰 변화를 가져올 줄도 미처 몰랐고요. 사과하고 책임을 받아들이는 일이 가해자의 가족에게 얼마나 큰 의미를 갖는지 저로서는 놀라울 따름이었어요. 정말이지 제가 생각했던 것과는 많이 다르더군요. 그 느낌을 알 것 같아요.

다음은 어느 피해자의 가족이 한 말이다.

여기 올 때는 그 사람들이 죽도록 미웠어요. 어디 오고 싶었겠어요? 정말이지 신물이 나더군요. 제가 받은 상처를 생각하면 받은 만큼 그대로 되갚아주고 싶었고요. 정말 화가 나서 때로는 그 사람들을 괴롭히기 위해서라면 무슨 짓이든 하겠더라고요. 어떤 때는 울화가 치밀어 제 자신을 괴롭히기도 했어요. 어떻게 이 서클에 오게 되었는지 잘 모르겠지만, 제 후원자이신 몰리를 제게 인도해 주신 것에 대해 신께 깊이 감사드려요. 이제 제게 쌓인 분노는 사라졌어요. 머지않아 이 자리에 모인 사람들, 제가 미워했고 해치려고 했던 사람들을 포함하여 여러분 모두를 용서할 수 있길 바랍니다. 여기에 있는 많은 분들께서 제가 좀 더 나아진 상태에서 떠날 수 있도록 해주셨어요. 우리 모두는 위험을 감수했어요. 모두가 함께할 수 있도록 자신의 고통을 토해낸 모든 분들, 정말이지 감사할 따름이에요. 어떤 고통일지 이해해요. 제 고통을 들어주신 모든 분들께도 감사드려요. 모두들 공감해 주시고 심지어 고통을 함께해 주신다는 느낌이 들었어요. 틀림없이 우리는 이전과는 다르게 생각하고 행동하기 시작했어요. 제게는 새로운 세상이 열렸습니다. 그게 정말 감사해요.

다음은 어느 공동체 구성원이 서클에 참여하기 전에 가졌던 두려움을 되돌아보고 한 말이다.

서클에서 어떤 일들이 터져 나올지 정말로 걱정이 되었어요. 글쎄, 모인 사람들 중에 분노에 찬 눈빛을 한 사람이 한둘이 아니지 뭡니까? 서클을 연기해야 하지 않겠느냐고 고민하기까지 했어요. 뭐, 결국 터질 것은 터지더라고요. 우리가 예상했던 대로였어요. 그런데 분노가 폭발해서 어떤 피해라도 생길 줄 알았는데, 그 예상은 빗나갔어요. 수많은 것들이 쏟아져 나왔죠. 그런데 사람들은 아무 문제 없이 잘 헤쳐 나갔어요. 정말이지 참 잘 해내더군요. 서클을 취소하지 않길 정말 잘했어요. 최고의 선택이었죠. 언제라도 늘 명심해야 할 점은, 서클을 믿어야 한다는 것입니다.

다음은 범죄 전력이 있는 공동체 구성원을 서클에 참여시키는 것이 새롭게 참여하는 신청인에게 미치는 영향에 대해서 어느 피고인 측 변호인이 설명한 말이다.

서클을 시작하며 일어났던 최고로 멋진 일은 (새롭게 참여한 가해자인) 제시가 (이미 가해자로 서클에 참여하고 있었던) 짐이 자기 의견을 말할 때 그것을 보고 들었다는 점이 아닐까 생각합니다. 그로 인해 제시는 자신도 할 수 있다는 깨달음을 얻었습니다. 자신을 위해 열린 서클에서 짐이 사람들에게서 그렇게 많은 지원을 받는 것을 본 제시는 이후 몰라보게 태도가 바뀌고 희망도 커졌습니다.

사법 전문가들도 마찬가지로 서클에 참여하여 도움을 받는다. 다음은 게리 슈러 판사가 서클에서 받은 영향에 대해 한 말이다.

사법부 소속 공직자도 마찬가지로 서클에서 치유를 경험합니다. 서클로 인해 사람들은 화합하게 됩니다. 그리고 인간과 인간이 서로 접촉하며 맺는 관계는 더욱 발전합니다.

가해자들은 서클에 참여하는 일이 무척 힘들었으며, 그 과정과 이후에 자신이 놀라운 변화를 겪게 되었다고 입을 모은다. 다음과 같은 진술은 드물지 않다.

> 서클이 만만해 보였어요. 교도소에는 가기 싫었거든요. 서클에서 더 가벼운 처벌을 받으리라고 기대했고요. 그런데 전혀 만만치 않았어요. 지금 제가 여기에 있는 것은 서클 덕분입니다. 교도소에 갔더라면 어디 가망이나 했겠어요? 소름이 돋지만 정말로 서클에 참여하는 일이 그렇게 어려울 줄 알았다면 차라리 재판을 받고 교도소에 갔을 거예요. 그런데 정말 무서운 게 무엇인지 아세요? 교도소에 갔더라면 지금 제가 어디에서 무엇을 하고 있을까요? 서클이 아니었으면, 서클에서 받은 그 모든 보살핌과 지원, 지혜가 아니었더라면 저는 죽은 것과 별반 다르지 않았을 거예요.

## ● 4단계, 후속 조치: 성공 보장을 위한 책임과 합의 이행

서클 모임이 성공적이라고 해서 결코 과정이 끝난다는 의미는 아니다. 오히려 모두에게 새로운 출발이 된다. 즉, 성공적 모임을 밑바탕으로 삼아 쟁점을 해결해 나간다는 의미다. 네 번째 국면에서는 합의를 통해 맺은 약속을 현실에서 실천해야 하는 도전에 맞닥뜨린다. 후속 조치는 대단히 중요하다. 후속 조치가 없다면 희망은 어긋나게 되고 계획은 실현되지 않으며 옛날 양상이 되살아나기 때문이다. 그렇게 되면 사람들은 서클 과정이나 그곳에서 나온 합의 그리고 마침내는 서로를 더 이상 신뢰하지 못한다. 서클에서 주고받은 말이 결코 전부가 아니라는 점을 명심해야 한다. 공동체는 서클을 활용할 때 후속 조치가 가진 중요성을 간과할지도 모른다. 하지만 때가 되면 그 중요성을 깨닫게 된다. 다음은 《로카 보고서》의 일부이다.

> 후속 조치는 현재 서클을 성공적으로 활용하기 위한 가장 중요한 과제 중 하나다. 서클에서 합의를 맺은 이후에 사람들이 합의에 따라 책임을 이행하고 있는지 확인하는 것이 중요하다. 격한 감정이 오갔다면 그들이 어떻게 지내고 있는지 살펴보고 필요한 지원을 보장하기 위한 후속 조치가 필요하다.[28]

후속 조치 과정에서는 공동체 안에서 치유를 낳는 긍정적인 연결 관계를 강화하고, 공동체 자립 역량을 확대하며, 범죄에 대응하고 나아가 미래에 일어날지도 모를 해악을 막기 위한 책임을 공유하기 위해 끊임없이 여러 방안을 찾아낸다. 후속 조치는 서클 추진력이 지속되도록 뒷받침한다. 다음의 몇 가지 기본 조치는 공동체가 이와 같은 후속 조치를 취하는 데 도움을 준다. 이 조치들은 특히 형사 사례에서 서클 과정과 서로에 대한 모든 사람들의 책임을 강화한다.

---

[28] 위의 책, 10-11.

**주기적 검토**

가해자와 후원 집단, 그리고 기관에 몸담은 전문가들은 자신들이 서클에서 맺은 약속을 지키기 위해 무엇을 했고 무엇을 하지 않았는지 검

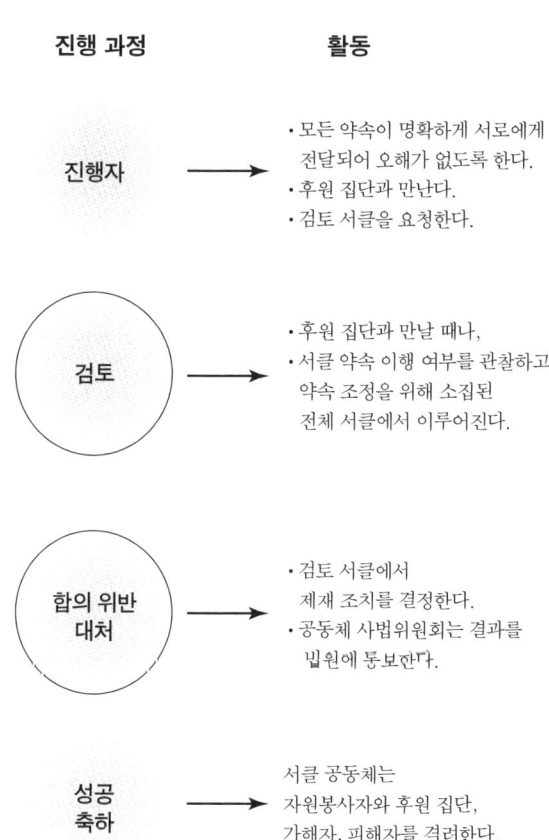

4단계: 후속 조치

토 서클에서 평가한다고 인식하고 있을 때 더욱 행동할 자극을 받는다. 그러나 단지 검토만 거친다고 해서 그 자체로 굉장한 효력이 있는 것은 아니다. 주기적으로 검토 서클을 열면 약속의 질이 달라진다. 자기 자신과 함께 전체 공동체에게 책임을 지는 것은, 그저 유급 보호관찰관에게 보고하거나 눈코 뜰 새 없이 바쁜 판사 앞에 얼굴을 비추는 것과는 비교할 수 없을 정도로 무게감을 가지기에 책임을 완수하겠다는 강력한 동기가 된다.

가해자나 서클 참여자의 경우에는 책임 완수 여부에 따라, 전혀 모르는 사람도 아닌 평생을 알고 지냈던 사람들에게 자신의 이미지와 평판이 좋아지거나 나빠질 수 있다. 그들은 자신들이 긍정적 변화를 만들려고 애쓸 때 개인적으로 도와주었거나 도와줄 사람들에게 책임을 완수하겠다고 약속했다.

가해자가 검토 서클에 이를 때쯤이면 대부분 서클 과정에 충분히 익숙해져서 스스로의 입장을 말할 수 있다. 수많은 가해자들이 자신이 들인 노력과 거둔 성과에 관해 말하면서 커다란 자부심을 가진다. 성인이 된 이후 삶의 절반을 교도소에서 보낸 어떤 가해자는 실제로 검토 서클을 몹시 기다렸다고 고백했다.

> 누가 저보고 서클에 참여하기보다는 차라리 재판을 받고 싶어 할 거라고 말했다면 제가 어디 콧방귀나 뀌었겠어요? 서클은 재판과는 정말 달라요. 그렇고말고요. 검토를 위해 서클을 열 텐데, 저는 그 서클이 정말 기대가 돼요. 사람들한테 제가 잘하고 있다고 증명하고 싶으니까요. 잘하고 있으니 자신감이 되살아나고, 다른

사람들도 저를 신뢰할 수 있게 되지요. 그건 제게 엄청난 일입니다. 정말 엄청난 일입니다.

검토 서클에서는 모두가 각자 해야 할 일을 세밀하게 조정한다. 계획이 아무리 희망적이라고 하더라도 현실에 부딪치면 가해자나 공동체는 너무 욕심을 부렸다는 생각이 들지도 모른다. 그러므로 검토 서클에서는 예상치 못했던 변화에 대응하고 필요하면 계획을 조정한다. 검토 서클에서는 매일매일 부딪치는 과제들을 놓고 사람들은 머리를 맞대며, 일을 마무리 짓거나 모두가 이해하고 받아들이며 해낼 수 있도록 합의 내용을 변경하는 데 소홀함이 없도록 한다.

서클에 참여한 사람들은 헨리라는 사내아이가 서클에서 맺은 합의 내용을 어기고 몇 달째 분노 조절 수업을 거르자 슬슬 화가 나고 기운도 빠지기 시작했다. 그들은 헨리가 매번 핑계를 대면서 꾸물거리고만 있다고 생각했다. 검토 서클에서 사람들이 그 문제에 대해 헨리를 압박하자 헨리는 폭발했다. "전에 분노 조절 수업을 들었다고요! 아무 소용이 없었어요! 제 머리에 뭔가 문제가 있어요. 그러니까 저에게 필요한 건 정신과 의사란 말이에요." 대화 소품이 서클을 돌 때 사람들은 헨리가 용기를 내서 사실대로 말해 준 것에 고마움을 표했다. 헨리는 합의 내용을 정할 때는 불안해서 그 말을 꺼내지 못했던 것이 분명했다. 이제 그들은 다 함께 합의 내용을 수정해 분노 조절 수업을 정신과 의사와의 일대일 면담으로 대체했다. 다음 서클이 열리기 전에 헨리는 의사와 면담을 시작했으며 이후에는 한 번도 면담에 빠지지 않았다.

가해자가 약물 중독에서 벗어나거나, 직업을 갖고 그것을 유지하거나, 살 곳이나 교통편을 마련하거나, 제대로 된 진료 치료 상담을 받거나, 학업을 끝마치거나, 개인적·법적·금전적 문제를 해결해 나갈 때나, 어떤 경우든 지원을 약속한 참여자는 약속을 이행해야 한다. 지원이 불가능하다면 도와줄 여력이 있는 다른 사람을 찾거나 합의된 지원 수준을 조정해야 한다. 아무것도 하지 않고 손을 놓는 것은 대안이 되지 못한다. 그러면 온갖 억측이 나오고 서클에서 생겨난 새로운 관계와 긍정적 기대가 무너지기 때문이다. 서클 공동체나 후원 집단이 임무를 완수하지 못하면 가해자는 배신감을 느낀다. 다른 가해자들은 공동체를 믿고 의지할 수 없다고 생각하여 서클을 선택하려 들지 않을 수도 있다.

검토 서클을 거치면서 사람들이 서클에서 다 함께 어떤 전망을 가졌는지, 얼마만큼 시간과 노력을 들이기로 약속했는지 되새길 때 의지는 더욱 굳어진다. 검토 서클에서는 예상치 못했던 상황이 닥쳐도 기존 약속을 다시 맞추어 나가고, 그래서 합의는 무너지지 않고 새로운 모습으로 바뀐다. 또한 현실에 맞는 목표 완료 시한을 정하는 것과 더불어 누가 무엇을 어떤 식으로 할지가 명확해진다. 한편 처음 맺은 합의의 강점과 약점이 함께 드러나고 뭔가가 제대로 작동되지 않으면 언제 계획을 조정하거나 바꾸어야 할지가 바로 밝혀진다. 검토 서클 각 단계를 거치는 동안 퇴보한 점은 잡아내고 나아진 점은 축하한다.

무엇보다 중요한 것은, 책임지고 함께 힘을 합쳐 변화를 만들어내려는 공동체 의식이 검토 서클을 통해 유지된다는 점이다. 다음은 어느 자원봉사자가 공동체에서 쓸모 있는 존재가 된다는 느낌을 생생하게 묘사한 내용이다.

처음 참여한 서클이 끝나고 집으로 돌아왔을 때는 완전히 녹초가 되었어요. 말도 마세요. 신은 났지만 보통 힘든 게 아니더라고요. 정말 힘들어서 다시는 참석할 마음이 들지 않았어요. 그게 아마 몇 년 전이었겠죠. 그런데 그 후로도 서클에 꼬박꼬박 참여했지 뭡니까. 왜냐고요? 바로 그곳에서 제가 진심으로 공동체의 일부가 된다는 느낌이 들었기 때문이에요. 서클은 변화를 이루어내야 하는 곳입니다. 그곳에서 우리는 변화를 만들어내고 있더군요. 서클에서 우리는 단지 사람들의 삶을 바꾸는 데 그치지 않고 서로의 차이를 극복하며 공동체를 새로 만들고 있어요.

검토 서클에서 참여자들은 서로에게 책임이 있다. 즉, 책임과 약속에 따라 행동해야 한다는 의미다. 책임과 약속은 변할 수 있다. 책임과 약속을 지키는 방식이야 여러 가지겠지만 반드시 서클 과정을 거쳐 변화를 만들어내야 한다. 서클에서 한 약속을 끝까지 지키면 서클 과정에 대한 믿음은 쌓이지만, 반면 그러지 못하면 서클에 대한 신뢰는 무너진다. 서클의 성패가 달려 있기 때문에, 특히나 형사 사례에서는 모든 면에서 합의가 잘 지켜지고 있는지 누구든 살펴보아야 할 책임이 있고 서클 과정에 대한 책임을 서로 공유해야 한다.

### 전체 공동체와 소통 유지

진행자는 광범위한 지원을 얻기 위해 될 수 있는 대로 거르지 않고 전체 공동체를 대상으로 합의 내용을 어떻게 이행하고 있는지 알려준다. 합의 위반이 없는데도 있는 것처럼 근거 없는 소문이 나면 실제로 위반이 일어나는 것만큼이나 공동체의 신뢰에 금이 간다. 공동체의 지원은 성공 이야기가 알려지는 것 외에도 일이 잘못되었을 때 대처하는 방식에 따라 갈린다.

### 책임 공유

합의에 따른 후속 조치는 팀을 만들어 실행해야 한다. 중범죄에 대한 해결책으로서 관계를 형성하고 공동체를 세운다는 서클 이상을 반영할 뿐만 아니라 현실성이 있기 때문이다. 책임은 서로 나누어야지 몇몇 사람에게만 무거운 짐을 지워서는 안 된다. 그래야만 어떤 자원봉사자든 아픈 가족을 돌보거나 자녀의 경기를 관람해야 하는 상황에서 서클 약속을 지켜야 할지, 아니면 당장 급하게 꼭 해야 할 일을 먼저 처리해야 할지 갈팡질팡하며 힘들어하지 않는다. 이때는 같이 일하는 자원봉사자 중 한 사람이 나서서 서클 약속 내용을 대신해 주면 된다.

더구나 모든 일처리를 몇 사람이 도맡아 하게 되면 오래 견뎌낼 수 없다. 공동 책임감이 형성되지 못하고 능력이 탁월한 자원봉사자에게 너무 많이 무게가 쏠리기 때문이다. 서클이 바라는 것은 공동체의 몇몇 전문가에 대한 의존을 탁월한 자원봉사자에 대한 의존으로 대체하는 것이 아니라 사회 모든 분야가 공동체 형성에 광범위하게 참여하도록 하는 것이다. 몇몇 사람이 많은 일을 하는 것이 아니라 많은 사람들이 조금씩 역할을 맡는 것을 의미한다.

공동체가 몇 안 되는 탁월한 자원봉사자에게 의존하고 있다면, 그들이 결국 탈진하게 되면 어떤 일이 일어날까? 약속된 행동의 이행 여부를 관찰하기 위해서 전문가, 다시 말해 돈을 주고 사람을 고용해야 하는 결과가 초래되며, 사법 제도의 권위에 바탕을 둔 강제력이 서클의 협력 분위기를 덮어버리게 된다.

양형 과정 이후에도 공동체 자원봉사자들이 계속해서 관여할 때 서클의 성공률은 상당히 높아진다. 자원봉사자들은 후원 집단과 검토 서클에서 중요한 역할을 한다. 그들은 관점을 넓혀주고 무엇이 성취하고 있는가에 관해 좀 더 큰 의미를 부여해 주기 때문이다. 가해자들이 새로운 삶을 찾으려고 할 때 생면부지의 사람들이 스스로 시간을 내고 기술과 지식을 활용해서 도움을 주려고 애쓰면, 가해자들은 격려를 받고 의욕이 생긴다. 마이클은 자신을 담당하는 지원 팀support team에서 활동하는 자원봉사자에 대해 다음과 같이 언급했다.

> 그러니까 그때가 새벽 3시였어요. 술을 마시지 않고는 단 1분도 견딜 수가 없었어요. 술을 들이켜거나 게리에게 전화를 하거나 둘 중 하나를 선택해야 했죠. 저는 게리에게 전화를 했고, 그는 그 즉시 나타났어요. 우리는 새벽까지 이야기를 나누었고 함께 아침도 먹었어요. 덕분에 저는 술을 마시지 않고 견뎌낼 수 있었죠. 보호관찰관에게 전화하는 일은 절대로 없었을 겁니다. 설령 제가 전화를 했다손 치더라도 똑같은 일이 일어날 리 만무했겠죠. 게리는 제게 아주었어요. 그런다고 누가 게리에게 돈을 주는 것도 아니잖아요. 게리가 온 것은 제가 어려움을 이겨내길 정말로 원했기 때문이에요. 저를 담당하는 지원 팀은 언제나 저를 위해 그런 일들을 했어요. 그 덕에 제가 알코올 중독을 이겨낼 수 있었고요.

### 성공 인정

피해자가 고통을 이겨내거나 가해자가 변화하기 위해 노력하고 점점 더 나아지는 모습을 보여줄 때, 그리고 공동체 자원봉사자가 이들을 지원하며 향상된 모습을 보일 때, 이에 대해 아낌없는 칭찬을 하는 것은 큰 동기 부여가 된다. 소소한 일이든, 커다란 이정표가 되는 획기적 사건이든, 모두 다 인정받을 만하다. 가해자나 피해자의 후원자들의 사진을 벽에 걸어 전시하면 그들이 무엇을 했는지 되새기고 역사적 의미도 남길 수 있다. 좌절과 절망에 허덕이는 것만큼이나, 충격에서 벗어나 치유를 얻거나 삶을 변화시키는 일도 치열하다. 사람들은 성공을 인정받으면 서클에서 힘든 시간을 겪을 때에도 강인함과 균형감을 잃지 않는다.

그렇다면 무엇을 성공이라고 말할 수 있는가? 성공은 가해자가 약속을 어기는 횟수가 줄어들고 약속 위반 내용도 덜 심각해진다거나 약물 남용이 감소한다는 의미일 수도 있다. 또는 공동체가 힘을 합쳐 문제 해결을 위해 도전한다는 의미일지도 모른다. 의심할 필요도 없이 피해자에게는 자신들에게 미친 해악이 바로잡혀야 성공이다. 또한 성공은 피해자가 치유 여정에 있을 때 빈틈없고 지속적인 지원을 받는다는 것을 의미하기도 한다. 공동체는 성공을 어떻게 평가하면 좋을지 주의를 기울여야 한다. 그리하여 공동체가 무엇에 초점을 맞출지, 무엇을 개선하기 위해 노력할지 결정할 수 있기 때문이다.

### 실패의 의미: 서클에서 요구하는 책임

절망의 시간은 변화를 만들어내는 데 필수 불가결한 부분이므로 서클에서 무엇을 실패로 여겨야 할지 곰곰이 생각해 볼 필요가 있다. 신청인이 약속을 지키지 못한 것을 실패라 할 수 없다. 셀 수 없을 만큼 나아감과 물러남이 반복된 후에야 삶에서 심오한 변화가 일어나 새로운 길이 열리고 그 길이 자리 잡는 법이다. 신청인이 안 좋은 상태로 되돌아갈 때 아무 조치도 취하지 않거나 심지어 포기하고 더 이상 서클 절차를 진행하지 않는 것이 실패일지도 모른다. 삶이 수월하다면 사람들이 서클에 참여하겠는가? 사람들이 서클에 참여하는 이유는 때로는 고통스러울 만큼 삶이 어렵기 때문이고, 위기에 처해 있을 때 어려움을 이기고 긍정적인 방향으로 움직이려면 인간관계에서 힘을 얻어야 하기 때문이다. 다음 내용은 1년이 넘도록 마약에 손대지 않고 범죄도 저지르지 않았다가 다시 약물 남용에 빠져든 어떤 신청인을 놓고 한 공동체가 논의하는 과정에서 나온 말들이다.

"최악의 경우라도 베니가 실패한 것이지 우리가 실패한 건 아닙니다. 우리는 서로에게서 많이 배웠잖아요. 아직도 함께 노력하고 있고요."

"지금 우리가 서로를 신뢰하고 이해하며 존중하는 것은 예전에 비할 바가 아니지요. 이 모든 것들을 얻도록 기회를 준 베니에게 감사하지 못할 게 뭡니까?"

"베니가 또나시 약물 남용에 빠져들었다면 우리도 또 한 번 노력해야 한다는 의미겠죠. 포기라니 당치도 않아요."

"베니 같은 가해자들에게 약물 남용은 오랫동안 지속된 문제이며, 자존감이 낮은 것은 물론이고 무엇인가 해낼 수 있다는 힘과 의지도 부족합니다. 그러니 힘을 되찾고 치유되려면 시간이 필요하겠죠."

"기적을 일으키는 약 같은 건 없어요. 그러나 공동체에는 기적 같은 인내와 배려를 보여주는 사람들이 있더군요."

"첫 번째 치료가 실패했다고 어디 의사가 포기하나요? 우리 공동체도 포기는 절대 안 됩니다."

가해자는 서클과 공동체에 대하여 약속을 지킬 때 구원redemption을 얻는다. 오리건 주 데슈츠 카운티Deschutes Conuty에서 공동체 및 회복적 사법 실천 영역을 개척한 데니스 멜로니Dennis Maloney는 다음과 같이 말했다. "가해자가 자신의 약속을 지켜냈을 때 공동체는 그들의 이마에서 주홍글씨를 떼어내고 그들이 구원이라는 영광을 얻는다는 사실과 함께 공동체 안에서 존중받아 마땅한 자리를 차지했다는 사실을 축하해 줄 의무가 있습니다."

서클 모임에서는 개인과 공동체가 함께하는 새로운 방안을 찾기 위해 가능성을 탐색하고, 후속 조치를 거치면서 그 가능성은 현실이 된다. 후속 조치를 통해 새로운 방안이 실행되며, 이는 차차 새로운 문화로 정착되는 양상을 띤다. 후속 조치를 통해 사람들은 서클이라는 신성한 공간에서 얻은 깨달음을 하루하루 자신들이 살아가는 평범한 삶으로 옮길 수 있다.

하나하나 후속 조치를 이행하면서 서로 소통하고 교류할 때는 서클을 떠받치는 원칙이 언제나 길잡이가 되어야 한다. 신뢰, 용기, 포용, 공유, 이해, 용서, 겸손, 존경, 평등, 사랑을 포함하는 모든 가치들이 여전히 적용된다. 그러나 달리 그렇지 않다고 증명될 때까지 가해자를 무책임한 '열등한 존재'로 대하거나, 아니면 짐짓 겸손한 체하며 생색내는 듯한 태도로 피해자에게 용서하라거나 마음의 정리를 하고 잊어버리라거나 이제 그만하고 새로운 삶을 살라는 둥 이래라 저래라 명령할 때마다 아무도 의식하지 못하는 사이에 이런 가치들이 무시될지도 모른다.

사람들이 각자 삶이라는 과정을 헤쳐 나가는 방식은 나름대로 정해진 시간에 맞춰 독특한 경로를 따라가므로 신성하지 않은 것이 없다. 누가 어떤 경로를 따르든, 그걸 가지고 다른 사람이 왈가왈부 따질 일은 아니다. 각자가 선택한 길은 마땅히 존중받아야 한다. 그것이 서로의 독립성을 존중하는 것이다. 가해자들이 다른 사람들, 특히 피해자들에게 저지른 행위에 대해 책임을 지도록 하는 것은 동등한 인격체로 그들을 존중하는 것이며, 이는 한층 더 건강한 미래 관계를 형성하는 밑바탕이 된다.

'집단적 자율성 collective autonomy'을 존중하는 것이 또한 공동체에게는 중요하다. 범죄에 대응하고 미래의 해악을 방지하기 위해 서로 책임을 공유하며, 공동체는 다른 곳에서 힘을 빌리지 않고 스스로 발전해 가는 데에 자부심과 긍지를 갖는다. 또한 이것은 공동체 안의 모든 개인과 집단 사이에 건강한 관계를 형성하는 기초이기도 하다. 공동체는 서클을 활용하여 상처와 갈등에 대처하며 주체성을 증명하고, 이전에 팽배

하던 절망을 극복하면서 스스로의 역량에 대한 신뢰를 회복한다. 다음은 어느 진행자가 밝힌 견해다.

> 결국에는 다 그만한 가치가 있습니다. 범죄를 저지르며 말썽을 일으키던 존이 마을에서 아들과 함께 나들이를 가고 가족들과 함께하는 모습을 볼 때면 우리의 노력이 헛되지 않았다는 생각이 들어요. 저뿐만 아니라 우리 모두가 저마다 일익을 담당해서 그 일이 가능했지요. 순식간에 성공하리라고 기대하지 않아요. 우리가 돕는 사람이 끝없이 긴 힘든 시간을 거칠 때는 우리도 함께 인내해야 합니다. 우리는 그 사람 마음에 씨앗을 심고 그것이 자라나도록 돕고 있어요. 그들도 우리가 언제라도 도울 준비가 되어 있다는 것을 잘 알아요. 그렇기 때문에 그들의 삶에서 변화를 만들어내기 위해 필요로 하는 것을 얻는 것이지요. 우리가 필요할 때면 늘 여기에 있다는 사실은 정말 큰 차이를 만들어냅니다. 그들이 변화될 준비가 되었을 때 우리는 변함없이 도움을 줄 준비가 되어 있길 희망합니다.

# 6

# 한 발 물러서야 보이는 서클의 성과

●● 옳은 일을 하려는 사람은 수없이 많지요. 마음속으로야 무엇이 옳은지 다 알고 있잖아요. 그러나 망설이죠. 이 사람은 저 사람이 먼저 나서기를 기다리고, 저 사람도 이 사람이 나서길 기다립니다. 누군가 의미 있는 한 마디 말을 던지고, 망설임 없이 가슴을 열어젖힌 후 용기백배하여 감히 길을 나서면, 바로 그 순간 다른 이들도 따르지 않겠어요?

— 아프리카계 미국인 성악가, 마리안 앤더슨(1956)

공동체 안으로 서클을 들여오면 범죄 문제를 처리해야 하는 당면 요구에 더하여 훨씬 많은 이득이 생긴다. 범죄에 초점을 맞춘 최종 결과는 특정 해악을 바로잡거나 상처를 치유하는 '치료' 효력이며, 그 외의 다른 이득으로는 예방 효력이 있다. 범죄는 더 이상 최우선 문제가 되지 않는다. 서클은 결국 긴강한 공동체를 세우는 것과 관련이 있다. 서클에서는 위기를 기회로 삼아 보이지 않거나 치료하지 못한 병폐에 손길을 내민다. 또한 사람들과 그 가족들은 서클의 평화 형성 과정을 거치면서 힘을 얻고 인간관계를 더욱 굳건히 한다. 하지만 이런 효력이 과연 서클에서 얻을 수 있는 모든 이득을 다 말해 주는 것일까?

시간이 흐르면서 사람들은 서클을 통해 상처와 갈등에 대응하는 다른 방법을 익힌다. 서클은 제1장에서 설명했던 패러다임의 변화를 촉발하는 역할을 한다. 서클은 평화 형성 습관이 사람들의 몸과 마음, 감정과 영혼에 스며들도록 하는 '공적 만남의 장'이 된다. 이런 역할을 하는 다른 공간은 거의 찾아볼 수 없다.

참여자들은 서클에 참여하는 경험을 거듭 쌓으면서 거의 자각하지도 못한 채 이런 패러다임 변화에 익숙해진다. 그저 막연히 추상적 관념에 머물러 있던 패러다임의 변화는 현실에서 구체화된다. 패러다임 변화의 실제 과정에서 인간의 지식과 감정, 영혼이 각각 영향을 받을 뿐만 아니라 모두 함께 영향을 받기도 한다. 이러한 변화는 이론 안에서만 일어나는 것이 아니며 흔히 힘들고 견고한 실천 과정 안에서도 일어난다.

더구나 서클에 참여한 사람들이 시작한 평화 형성 훈련은 물결처럼 잔잔히 외부로 퍼져나가 영향을 미친다. 피해자와 가해자의 가족, 친구뿐만 아니라 피해자와 가해자 자신들도 틀림없이 뭔가 새로운 것, 다시 말해 서로의 목소리에 귀를 기울이고 긍정적 변화를 위한 조건으로 서로의 요구를 진지하게 받아들이는 과정을 경험한다. 공동체 구성원들도 함께 참여하여 실질적 변화, 즉 소외와 수동성에서 벗어나는 패러다임의 변화를 만들어낼 기회를 얻는다. 이 변화는 점차 일반 규범으로 자리 잡을 수 있다. 사법 기관에 몸담고 있는 일부 사람들은 직접적으로, 또 어떤 사람들은 입소문으로 패러다임 변화에 노출된다. 서클의 자원이기도 하고 서클에 기대기도 하는 학교, 종교 단체, 경제계, 사회봉사 단체에서 활동하고 있는 사람들도 열린 마음으로 서로 존중하며 도움을 주고받는 방식으로 갈등을 해결하여 공동체를 굳건히 세우는 과정에서 패러다임 변화를 목격한다.

간단히 말해서, 서클을 매개로 하여 개인, 관계, 공동체, 제도, 문화에서 오래도록 지속되는 변화가 일어난다. 차이를 해소하고 고정관념에서 벗어나 해결책을 이끌어내는 공동체 역량이 증가한다는 점에서 이런 변화의 증거를 찾아볼 수 있다. 또한 서클에서 사람들이 서로 긴밀하게 연결되어 있음을 더 깊이 인식하게 됨에 따라 이해와 신뢰, 공감, 사랑같이 좀 더 무형에 가까운 열매도 수확할 수 있다. 서클에서 이런 무형의 결과를 더욱더 많이 거두어들일수록 사람들은 합의 실행 계획, 공동 사업처럼 손에 잡히는 성과도 한층 더 수월하게 얻을 수 있다. 이렇듯 서클은 '빠른 해결을 낳는 묘책quick fix'이 아닌 근원적이고 지속 가능한 변화를 만들어낸다. 다음은 저자들과 다른 사람들의 경험을 통해 입증된, 서클이 제공하는 여러 가지 이득에 관한 내용이다.

### 서클 과정은 관계를 형성한다

파탄 난 결속을 회복하는 것에서 새로운 결속을 형성하는 일까지, 관계 형성은 단연코 가장 중요한 서클의 결실이다. 합의를 맺고 혁신적 해결책을 찾아내는 일은 값진 성과이지만, 평화 형성에서 서로 연결되어 있다는 의식을 함양하는 것만큼 중요하지는 않다. 관계 강화는 다른 모든 서클 결과의 주춧돌이다.

저자들은 처음 서클을 활용할 때 서클에 이런 함의가 있는지 미처 알지 못했다. 서클에서 형을 정하는 일이 공동체뿐만 아니라 공동체와 국가 기관의 결속 역시 강화한다는 사실을 깨닫지 못했다. 이런 결속이 형성되면 갈등 해결에 필요한 자원이 늘어날 뿐만 아니라 범죄를 일으키는 문제를 바라보는 사람들의 시각도 급격하게 변한다. 서클은 범죄에 대한 책임을 어느 한 개인이나 기관에 전가하지 않으며 공동체 전체가 책임을 져야 한다고 본다. 참여자들은 과거에 일어난 잘못에 대해 다 함께 책임을 받아들이고, 잘못을 바로잡기 위해서 힘을 모을 때도 함께 책임을 진다. 사람들은 서클 경험이 쌓이면 쌓일수록 책임을 공유한다는 것의 의미를 더욱 잘 이해하게 된다. 로카의 청소년들은 서클을 진행하며 '우리we'로 뭉쳤을 때 나오는 힘을 발견한다고 말한다. 다음은 캐럴린 보이스 왓슨의 설명이다.

> 서클 과정이란 우리가 함께 뭉쳤을 때 나오는 힘을 깨닫는 과정입니다. 서클에서는 안전한 공간이 마련되어 모든 목소리를 공평하게 빠짐없이 들을 수 있고 사회 격차를 넘어 공유 가치와 공통 이해관계를 서로 깨달을 수 있기에, 이를 기회로 참여자들은 '우리'로 함께 뭉쳤다는 의식을 가지고 다른 사람에게 문제를 해결하라고 요구하는 대신에 다 함께 해결책을 찾으려 할 것입니다. 조세파 수녀님은 서클의 힘은 사람들이 자신들이 무엇을 할 수 있는지 깨달을 수 있도록 돕는 데 있다고 말씀하시죠. 사이라는 아이들이 더 이상 로카 직원에게 옳지 못한 행동을 처리해 달라고 부탁하지 않고 스스로 나서 서로에게 책임을 묻는 쪽으로 변했다고 말합니다. 사로이엄은 변화하려는 사람들의 의지에 대해 이야기합니다. 서클의 힘은 서클 안에 있는 사람들 내면에 있습니다.[29]

---

[29] 위의 책, 41.

'사람들이 함께 뭉쳤을 때 나오는 힘'에 대한 이런 믿음은 사람들이 서로 가치를 공유하고 공동체의 바람직한 모습에 공통 희망을 걸고 밀고 나갈 때 자라난다. 매사추세츠 주 서퍽 카운티Suffolk County에서 피해자 지원 전담 변호사인 마이클 글레넌은 서클에 참여한 경험을 다음과 같이 언급했다.

> 사람들은 같은 것을 믿고 신뢰 속에서 관계를 형성하며 공통 목적common purpose을 찾으려고 지금도 서클에 모여들고 있습니다. 그래서 아름답지요. 이미 정해진 공통 목표가 있어 모인 것이 아닙니다.[30]

## 서클 과정을 통해 고립에서 벗어날 수 있다

사람들이 긴밀하게 연결되어 있다고 느낄 때 고립감은 줄어든다. 이는 뻔해 보이지만 중요한 추론이다. 다른 사람들과 섞이지 못하고 따로 떨어져 혼자라고 느끼는 것이 위기를 의미할 수도 있기 때문이다. 고립되어도 잘 지내는 사람은 극히 드물다. 그런데 정신적 충격이나 격한 변화의 와중에 있을 때가 바로 고립감에 빠져드는 순간이다. 누구나 고립되었을 때 상황이 더욱 힘들게 느껴진다. 전환점을 만들어내기 위해 스스로 힘을 내고 가족, 공동체에서 도움을 이끌어내야 하는데, 고립은 단절을 가져오기 때문이다. 어떤 일에 억측을 하게 되고, 아무도 위기를 극복하는 데 도움을 주지 못할 것이라고 마음을 굳히게 된다. 다음은 어떤 가해자가 1년 동안 서클 과정을 거친 후에 수년간 가졌던 고립

---

30 위의 책, 40.

감에서 벗어나게 됨으로써 어떤 변화가 왔는지 표현한 내용이다.

저는 열세 살부터 말썽에 휘말려 들어갔고 그때부터 늘 혼자였어요. 가족도 저를 포기한 거나 마찬가지였고요. 분노가 쌓인 이유의 일부는 외로웠기 때문이었어요. 저를 담당하는 보호관찰관이나 사회복지사 같은 전문가들은 늘 바뀌었어요. 그분들은 그저 직업으로 저를 대했을 뿐, 제 가족은 아니잖아요. 그분들을 신뢰한 적은 한 번도 없었어요. 그래서 처음에는 서클에서 저랑 교감을 가지려고 하는 사람들을 솔직히 믿지 못했어요. 그분들이 지금까지 저를 어떻게 대해 주셨는지 이제 다 알게 되니까 그분들께 저절로 믿음이 가네요. 외로움에서 벗어나니 모든 것이 정말 달라졌어요.

고립은 분명히 피해자나 가해자의 치유를 가로막는 방해물이다. 뿐만 아니라 공공기관에 몸담고 있는 전문가들이 서클이 이끄는 변화의 깊이를 충분히 경험하는 데에도 장애가 된다. 운신의 폭을 제약하고 고립을 한층 더 강화하는 제도화된 장벽에 갇혀, 자신이 추구하는 내적 가치뿐만 아니라 공동체와의 연결도 끊어지고 만다. 다음은 매사추세츠 주 리비어 경찰서 서장 테리 리어던<sup>Terry Reardon</sup>이 서클에서 피해자와 가해자뿐만 아니라 사법 분야 전문 종사자가 함께 참여할 때 달라지는 것에 대해 설명한 내용이다.

서클에서 서로 만나면 진심을 담아 이야기합니다. 방에 들어가기 전에 상대방에 대해 어떤 선입견을 가졌든 간에 상대방은 상당히 다른 모습으로 다가오죠. 뿐만 아니라 청소년 보호 관찰부서나 청소년 교정부서 같은 형사 사법 관련 기관에서 온 사람들도 피와 살을 가진 사람이라는 것을 느끼게 됩니다. 직업이니까 어쩔 수 없이 획일적으로 움직이는 기관에 몸담고 있겠지만 그래도 결국 그분들도 사람입니다. 그러니 슬쩍 빠져나가려는 생각을 접고 서로서로 친구가 되죠. 그러면 틀림없이 이전에는 존재하지 않았던 대화의 창이 열리고 직업을 기반을 두지 않은 채 서로에게 연결될 수 있습니다. 본모습 그대로를 보지요. 그러니까 모두는 같은 인격체로 받아들여집니다. 이제 누구는 경찰이고 누구는 사회복지사가 아닙니다. 서클에서 서로가 맺는 연결은 점점 공적인 수준에서 멀어지고 훨씬 개인적으로 바뀝니다.31

서클에서는 전문가 이전에 먼저 한 사람으로 연결된다. 상대방의 이름을 부르며 접촉하다 보면 서로 입장을 고수하려다 고립을 자초하여 쌓인 장벽은 허물어지고, 공동체는 전문가 역할에 가려져 보이지 않았던 그 사람을 제대로 바라볼 수 있다. 다음은 비체이 퐁이 밝힌 견해다.

> 서클에서는 어느 누구도 아닌 자신 본모습으로 돌아가게 됩니다. 공동체 안에서 경찰관이든 자치 단체장이든, 자신의 위치나 지위가 아니라 관련된 시민으로서 의견을 표명하게 되지요. 사람들이 만날 때면 늘 지위 때문에 이 사람 저 사람으로 나뉘잖아요. 하지만 서클에서는 누가 어떤 지위를 가지든 무슨 상관이겠어요. 그

---

31 위의 책, 38, 36

런 것은 내려놓고 정말 본모습만 그대로 가지고 서클에 와야 합니다. 그래야 진정한 유대감도 형성되고 서로를 알게 되지 않겠어요?[32]

비체이의 형제인 사로이엄도 같은 의견을 표명한다.

판사라고 하더라도 그저 한 사람으로 와야 합니다. 배우지 못했다고요? 괜찮아요. 사람들이 당신의 감정을 존중해 줄 테니까요. 그러니 나이가 많든 적든 인종이나 성별이 무엇이든 상관없이 누구나 똑같은 사람으로 서클에 참여하게 됩니다. 서클에는 언제나 당신을 위한 자리가 마련되어 있습니다.[33]

서클의 도입 의식부터 종결 의식까지 사람들은 서로가 연결되어 있음을 확인받는다. 서클에서 사람들은 가족, 친구, 이웃, 동료와 같은 서로 다른 사람들 사이에 존재하는 교감에 기대어 힘든 상황과 정신적 외상을 이겨낼 수 있다.

공동체 안에서 심각하게 갈라선 사람들이 서클에 모여 대화를 나누며, 덜 명확하나 더욱 힘든 관계에 손길을 내민다. 적과 함께 서클에 있는 것은 그 자체로 강력한 힘을 가진다. 로카에서 일어난 일을 예로 들자면, 서클에서 청소년과 경찰이 모여 대화를 나누면서 청소년들은 경찰을 똑같은 인간으로 바라보기 시작했고 반대로 경찰도 청소년들이

---

[32] 위의 책, 36.
[33] 위의 책.

자신들을 인간으로 바라보며 자신들의 말에 귀 기울인다고 느꼈다.[34] 몇 년 동안 경찰과 대치하며 적개심을 가졌던 청소년들에게 그런 경험은 새로운 전환점을 마련해 줄 수 있었다.

### 서클 과정은 열린 대화를 촉진한다

참여자들이 직분을 내려놓고 적대감에서 벗어나 동료 인간으로 한자리에 모이면 서로 맞서지 않고 함께 힘을 합쳐 쟁점을 해결해 나갈 수 있다. 사람들은 서클에서 때로 생각의 차이와 상처를 드러낸다. 그래야만 이해 당사자들을 포용하는 해결책을 찾을 수 있다. 사람들은 열린 대화를 나누며 상황이 얼마나 복잡한지, 당사자들의 요구가 무엇인지 이해하려는 탐구 여정에 함께 오른다. 이런 맥락에서는 생각의 차이를 드러낸다고 해서 대립으로 치닫지 않으며, 오히려 무엇이 더 중요한지 잘 이해할 수 있게 된다. 이런저런 이야기나 바라는 점, 겪어온 일, 감정 상태 등, 전혀 관련 없는 말을 불쑥 꺼내도 불현듯 돌파구가 생길 수 있다. 그러면 다른 사람들도 덩달아 자신들의 이야기를 내놓기도 할 것이고 새로운 시야가 열려 독특한 해결책이 제시될지도 모른다. 서클에서 터놓고 이런저런 일을 탐색하는 분위기가 사람들 사이에 정착됨으로써 사람들은 평화 형성 필수 능력을 갈고닦는 기회를 가진다.

### 서클 과정은 가치에 바탕을 둔 행동을 북돋워준다

책 첫머리에 "어떻게 하면 사람들이 서로를 해치지 않으며 함께 살아갈 수 있을까?"라는 질문이 제시되었다. 이를 달리 표현하면, "무엇

---

[34] 《로카 보고서》, 37 참조.

이 믿을 만한 행위 기준이 되어 서로 바람직하게 어울려 살도록 사람들 행동을 이끌 수 있을까?"라는 질문이 된다. 기존 문화에서는 대부분 보상과 처벌 모형으로 이런 질문에 대응한다. 즉, 사람들은 외부 유인 때문에 규칙을 지킨다. 예를 들어 재판에서는 더욱 엄한 처벌을 내린다는 위협이나 형량을 줄여준다는 보상을 주요 수단으로 활용하여 파괴적 행위를 변화시키려 한다.

보상과 처벌은 극한 상황에서 잠시나마 효과를 보여 나름 쓰임새가 있지만 항구적 변화를 생성하는 변화는 거의 일으키지 못한다. 이유는 간단하다. 보상-처벌 기제는 내부적 동기 부여를 외부적 동기 부여로 대체함으로써 행동을 통제하기 때문이다. 다시 말해서, 보상-처벌 기제는 개인 가치에 호소하여 책임 있는 행동을 이끌어내기보다 당근은 쫓고 채찍을 피하라는 외부적 유인을 강조한다. 보상과 처벌이 더 이상 존재하지 않으면 사람들은 흔히 이전 습관으로 되돌아간다. 어느 전과자가 "보호 관찰 기간이 끝날 때까지 잠자코 있는 척했을 뿐이에요."라고 말한 것과 같다.

서클에서는 외부에서 내부로 되돌아오는 변화가 촉진된다. 핵심 가치에 의한 변화 욕구가 촉진될 때 사람들은 가치를 따르며 유혹을 뿌리치고 외부 보상이든 처벌이든 그것들의 유통 기한이 다하더라도 자기 자신을 지탱한다. 사람들은 외부 영향에 이끌리지 않고 존중, 신뢰, 정직이라는 가장 심오한 가치와 서클 안 틀을 이루는 다른 모든 가치에 따라 어떻게 행동할지 깨닫는다. 다음은 서클에 참여했던 어떤 전과자가 밝힌 견해다.

속이는 거야 식은 죽 먹기죠. 재판에서 어떻게 말하고 행동해야 할지, 보호관찰관에게 어떻게 하면 들키지 않을지 잘 아니까요. 모두 다 사기극이었죠. 잘하면 두둑한 보상이 따르고 그렇지 못하면 끝장이에요. 그런데 서클에서는 속임수가 통하지 않았어요. 우선은 모두 저를 알고 있었기 때문이었고 무엇보다 왠지 모르게 어색했어요. 서클에서 사람들이 저에 대해 파고들면 들수록 제 모습이 더 잘 드러났어요.

제 욕구, 그러니까 제가 중요하다고 생각하는 것에 충실하게 행동했죠. 그런데 (서클에서) 무엇이 중요한지에 대한 생각이 확 바뀌었어요.

보상과 처벌은 외부에 초점을 맞추기 때문에 보상과 처벌을 활용하여 행동을 조정하면 내부의 깊은 문제를 해결할 수 없다. 사람들이 내적 삶에서 분리되는 느낌을 받으면 외부 통제를 가한다 하더라도 사람들 사이는 더욱 멀어질 뿐이다. 좀 더 자세히 말해서, 어떤 사람의 내적 삶이 고통으로 가득하고 그 사람의 고통이 행동을 통해 다른 사람으로 옮겨 가면 외부 통제를 가한들 고통은 치유되지 않으며 오히려 고통은 더욱 심해질 수 있다. 외부 통제 접근법은 사람들이 자신들의 핵심 가치를 명확히 하고 그에 따라 행동하도록 도움을 주는 대신 사람들을 억압하려 할 뿐이다.

하지만 모든 사람들은 억압에 저항한다. 심지어 보상이 따르더라도 저항한다.[35] 외부 통제를 벗어나지 못하는 사람들은 흔히 그저 제도를

---

[35] Alfie Kohn, *Punished by Rewards: The Trouble with Gold Stars, Incentive Plans, A's, Praise, and*

따르는 척 속임수를 쓰며 저항한다. 프리실라는 자신이 경험한 수많은 청소년 프로그램juvenile program과 시설에 대해 이렇게 말했다. "그저 다 비슷비슷했어요. 이래라 저래라 거들먹거렸죠. 그렇지만 저는 스스로 변하기 원할 때까지는 꿈쩍도 않겠다고 다짐했죠."36

서클은 프리실라에게 큰 전환점이 되었다. 서클에서 사람들은 수년간 범죄 피해를 당해 마음속에 쌓인 프리실라의 고통과 분노에 귀 기울였다. 서클은 프리실라가 자신의 내적 진실과 다시 연결될 뿐만 아니라 다른 사람들이 그 진실을 받아들여 주는 계기가 되었다. 서클 참여자들은 프리실라의 이야기와 감정을 공감하며 들어주고 받아주었다. 바로 그런 경험이 프리실라를 변화로 이끌었다.

프리실라와 마찬가지로 사람들은 누구나 원할 때, 다시 말해서 하고 싶은 마음이 들 때에만 변화하는 경향이 있다. 서클에서는 이런 내적 방향을 다시 잡을 수 있다. 당연하지만 내적 방향을 잡는 것은 외부에서 지원해 줄 수 있을 뿐이지 강요할 수는 없다. 내적 동기가 자라는 공간을 마련해 주는 것, 서클은 바로 그런 소망을 담은 공간이다. 마음속에서 싹튼 변화의 싹을 키우기 위해 서클에서는 초점을 외적 경험에서 내적 경험으로 옮긴다. 사람들 각자가 마음속에 품은 것과 다시 이어짐에 따라 긍정적 변화는 가치에 바탕을 두고 의미 있게 살리는 사람들의 갈망에서 자연스럽게 나온다.

해로운 행동은 반드시 억제해야 한다. 서클에서 참여자들은 자신들의 고통과 갈등, 차이를 바람직하게 해결하기 위해서 이미 따르고 있었

---

*Other Bribes* (Boston and New York: Houghton Mifflin Company, 1993) 참조.
36  Rubén Rosario, "Abused Teenager Becomes 'Million-Dollar Kid.'"

고 앞으로도 존중해야 하는 가치를 놓고 의견을 주고받으며 이에 대응한다. 사람들은 외적 요소가 아니라 내적 요소에 의해 해로운 행동을 억제한다. 처벌을 피하거나 보상을 얻기 위해서가 아니라 가치에 따라 행동하는 완전히 다른 사람으로 태어나기 위해서다.

서클에서는 가해자가 새롭게 바뀔 수 있도록 가해자 스스로가 건전한 내적 통제를 기르게끔 거드는 한편, 단기 통제 기제로 외부 제약을 활용할 수도 있다. 가해자가 가치에 바탕을 둔 내적 접근법에 반응하지 않으면 외부 통제 수단이 더욱 필요하고 이런 사람들에게는 흔히 서클보다는 재판이 더욱 적합한 절차일 수 있다.

누군가가 바뀔 준비가 되어 있는지는 서클 과정을 거치면서 분명해지며, 이를 미리부터 알 수는 없다. 사람들은 서클 대화 과정에서 자기 발견의 기회를 얻어 예전에는 사는 데 달리 쓸모가 있으리라고 생각하지 못했던 가치를 살펴보게 된다. 20년 넘게 서클에 참여했던 배리 판사는 서클에서 내적 가치에 주의를 기울이라는 요청에 누가 반응할지, 그리고 누가 외적 통제에 지나치게 의존하게 될지 가려내는 데 어려움을 겪었다고 다음과 같이 술회했다.

> 지금이야 행동을 바꾸는 서클의 심오한 잠재력을 알지만 저는 긴 세월 동안 판사로서 사법 제도에 이골이 났기에 그런 제도에서 살아남기 위해 필요한 속임수에 완전히 매몰된 사람들은 서클 과정을 거치더라도 절대로 내적 가치를 진지하게 받아들이지 못하리라고 생각했어요. 그들이 아는 것이라고는 보상-처벌 모형이고, 그것이 그들의 반사회적 행동을 억제할 수 있는 전부라고 믿

없어요.

최근에도 제 판단은 여지없이 빗나갔네요. 찰리는 교도소에서 풀려난 지 채 몇 주도 안 되어 어느 가정에 무단 침입했고 그 사건 때문에 서클에 참여해야 했어요. 찰리는 전에도 몇 번 똑같은 범죄를 저질러 2~5년씩 교도소에 수감되었죠. 자신의 집에서 찰리와 맞서 싸웠던 피해자도 서클에 참여했어요. 왜 공동체가 찰리 같은 사람에게 에너지를 쏟는지 이해하지 못하는 사람이 저 혼자만은 아니라는 생각이 불현듯 들었어요.

처음에 찰리는 서클도 그냥 새로운 사기극이라고 여기고 행동하더군요. 찰리가 처음 서클에 참석하고 나서 거의 3년이 지났네요. 서클에 참여했던 찰리나 저나 다른 많은 사람들은 아주 먼 길을 걸어왔어요. 결코 쉬운 길은 아니었죠. 찰리가 두 번이나 약물중독에 빠져들었거든요. 그럴 때마나 그는 간절히 도움을 요청했고요. 범죄를 또 저지르거나 하지는 않았어요. 이전에는 교도소를 나와서 1년, 때로는 한 달이 안 돼 기어코 범죄를 저지르고 말았거든요.

찰리와 처음 서클에서 만나고 난 후에도 찰리에게 변할 가능성이 있을 거라곤 생각지도 못했어요. 하지만 찰리는 자신의 내적 진실과 가치를 발견해 냈어요. 그리고 그 후 3년 동안 그 가치가 안내하는 길을 변함없이 걸어왔지요.

25년 동안 보상-처벌 행동 변화 모형은 찰리의 반사회적 행위를 전혀 변화시키지 못했어요. 변화가 있었다면, 찰리가 보상-처벌 모형으로 인해 점점 더 반사회적 행위에 빠져들었고 그의 내적 가치에서 더 멀어졌다는 점입니다. 그런데 서클에서 자기 발견 여정에 올라 내적 가치에 연결되자, 찰리는 새로운 삶을 꿈꾸게 되었지요. "이제 제 자신으로 돌아온 느낌이 들어요. 제 이득을 위해 사람들을 이용하지 않고 그들과 바람직하게 이어지길 늘 원했는데 이제야 다른 사람들에게 베풀고 그들을 돕네요. 정말 기분이 좋아요."라고 찰리가 말했어요.

자신의 삶을 자신이 따르는 핵심 가치에 맞추려 애썼던 찰리의 행동은 많은 사람들에게 귀중한 본보기가 되었어요. 그는 이제 희망의 상징, 시도하면 안 될 것이 없다는 말을 증명하는 상징입니다. 마지막 서클에서 피해자, 사법 분야 전문 종사자, 공동체 지도자, 자원봉사자들, 우리 모두는 하나같이 자신을 믿고 남을 믿고 서로 이어짐에서 나오는 힘을 믿도록 영감을 준 찰리에게 감사했습니다.

행위를 바꾸겠다는 요량으로 수없이 엄한 처벌을 내리겠다고 위협하고 가벼운 처벌이라는 당근을 내밀었던 제 행동을 생각하면 몸이 떨립니다. 제가 무심코 그렇게 행동함으로써 얼마나 많은 사람들이 자신의 삶을 자신이 따르는 가치에 맞추길 단념했을까요?

서클을 거치면 단지 서클 안에서뿐만 아니라 모든 삶의 영역에서 자신의 행동을 자신이 따르는 가치에 맞추려는 용기가 생긴다. 로카에서는 모든 공동체 활동에 서클 특성을 반영하기에 서클은 단지 프로그램이 아닌 존재 방식으로 받아들여진다. 다음은 캐럴린 보이스 왓슨의 설명이다.

서클은 서클 가치를 따르는 삶을 실천하겠다는 약속을 의미합니다. 로카에서 사람들은 서클에 참여하면 할수록 서클이 단지 물리적 공간에 머무는 것을 의미하지 않고 서클이라는 물리적 공간을 벗어나 있어도 어떻게 하든 서클을 벗어나지 않으려는 것과 관련된다는 의미를 깨닫지요. 서클에 머문다는 의미는 더욱 커져 서클 방식으로 행동한다는 의미, 다시 말해서 다른 사람들 및 자기 자신과 관계 속에서 사리에 어긋나지 않고 굳건함을 유지한다는 의미를 가리키게 되었어요.[37]

한 발 더 나아가 캐릴린은 로카에서처럼 공동체나 조직에 도입된 서클 가치가 어떻게 집단 문화를 바꾸는지를 다음과 같이 밝혔다.

서클은 한 번 마치고 마는 절차가 아니라 바람직하게 자신이나 남과 함께하려고 끊임없이 애쓰는 삶의 방식이에요. 이런 교훈은 로카 조직 문화에 심오한 변화를 일으켰지요. 로카 직원들은 모두 이런 심오한 변화로 말미암아 대화에서 상대를 더욱 존중하고 이해하게 되었으며 대화가 더욱 즐겁게 변했다고 생각합니다. 또한 관련된 사람들은 서클에서 벗어나 있을 때도 애써 서클에 머물러 있다는 의식을 가지려는 사고가 생겼어요. 서클 가치를 따르려는 태도는 서클 과정이라는 물리적 공간을 훨씬 초월하여 뻗어나가죠.[38]

---

**37** 《로카 보고서》, 7.
**38** 위의 책, 26, 27.

**서클 과정은 책임을 인정하는 공간을 제공한다**

자신의 행동에 책임을 지지 못하면 특히나 치유의 길이 막히고 관계는 무너져 내리므로, 사람들은 가치에 따르며 행동하다 보면 당연히 자신의 행동에 책임을 지려고 한다. 서클에서 책임 인정은 책망하거나 비난하거나 죄를 묻는 것과는 상관이 없다. 서클은 모든 사람들을, 어떤 일을 저질렀든 간에, 가치를 가진 존재로 받아들인다. 모든 사람들은 똑같이 정중한 대접을 받기에 사람들 각자의 존엄성과 가치에 의문이 있을 수 없다. 사람들은 편안한 마음으로 자신이 저지른 행위에 대해 책임을 인정한다. 그렇게 하더라도 다른 사람들이 그것을 악용하지 않을 것이고, 자신들이 인격체로서 하찮은 대접을 받지 않으리라 믿기 때문이다.

이렇게 서로에게 유익한 맥락에서 책임을 인정하면 가해자뿐만 아니라 공동체 전체도 서로 더욱 존중하게 되고 관계도 더 나아진다. 예를 들어 어떤 사람이 일정 부분 관계를 망가뜨린 책임이 있다고 스스로 인정하면 다른 사람들도 똑같이 책임을 받아들이기가 쉬워진다. 평화 형성 서클에서 사람들은 그런 성찰을 주고받는 방향으로 나아간다. 참여자들은 자신들이 혹시라도 어떻게 오해를 증폭시켰는지, 심지어는 범죄 근본 원인에 불을 지폈는지 살펴본다. 목표는 서로를 비난하는 것이 아니며 미지의 힘unclaimed power이 존재하는 영역을 찾는 것이다. 서클이 통합적 접근법을 선택함으로써 더욱 넓은 시야가 확보되고, 이런 통합적 관점에서 사람들은 좀 더 수월하게 자신들이 책임질 부분을 알게 된다. 유익함을 이끌어내려는 의도에는 변함이 없다. 어떻게 서로서로 조금씩 책임을 나눌지 깨달으면 사람들은 이런저런 일들을 제자리로 돌려놓기 위해 어떻게 힘을 합칠지 실마리를 찾게 된다.

### 서클 과정은 혁신적 문제 해결을 촉진한다

혼자 고립되어 있을 때 사람들의 견해는 제한된다. 여러 대안들을 보지 못하고 겨우 몇 가지만 있다고 생각할 뿐이다. 그 반면에 관계 속에서 사람들은 매우 다른 행로를 따른다. 서클에서는 다양한 관점이 함께 모여서 창조적 문제 해결을 촉진한다. 따라서 위기의 상황에서 미처 상상하지 못했거나 불가능하다고 여겼을 대안들이 나온다. 양형 서클에서는 대부분 누구도 최종 결과를 예측할 수 없었다. 서클은 집단 상상력을 활용하여 법전에서 그 처방을 찾을 수 없는 방식으로 요구와 해악을 다루며, 양형을 내릴 때 참신한 접근법을 취한다. 이런 혁신적 형벌로 흔히 사람들은 서로 다른데도 연결되고 전혀 가망이 없어 보이게 갈라선 입장도 좁힌다. 이런 에너지와 상상력을 끌어내리면 안전한 공간이 필요한데, 바로 그래서 그런 창조적이고 개개인의 요구에 맞는 결과가 서클에서 나오는 것이다.

### 서클 과정은 치유와 변화를 불러온다

치유는 변화 수단일 뿐만 아니라 결과로서 서클 과정에서 핵심 위치를 차지한다. 서클이 바로 치유로 연결되지는 않더라도 서클 과정은 치유에 이바지한다. 예를 들어 사람들이 '함께 머리를 맞대었을 때 나오는 창조적 문제 해결 능력'을 몸소 느낌에 따라 삶 속에 어떤 가능성이 있는지를 놓고 그들에게 의식의 변화가 일어난다. 사람들은 자기 파괴적 굴레 속에 갇혀 옴짝달싹 못 하던 상황에서 벗어나 차츰 치유를 얻기 시작한다. 서로 고통을 나누고 자신들이 따르는 가치를 쫓아 행동하며 관계를 형성하고 책임을 받아들임에 따라 상처 난 자긍심이 아물기 시작한다.

상처는 범죄의 결과일 뿐만 아니라 흔히 범죄의 원인이기에, 진실로 범죄는 모든 방면에서 치유해야 한다. 범죄는 모두 '상처 입은 사람들 관계woundedness' 속에서 얽히고설켜 있다. 어떤 사례의 피해자가 다른 사례에서는 가해자이기도 하다. 해로운 행동은 흔히 학대를 당하거나 소홀한 취급을 받을 때 쌓이는 두려움과 부끄러움, 괴로움, 치밀어 오르는 분노라는 무거운 짐을 짊어진 사람에게서 나온다. 하지만 다른 사람에게 자신의 고통을 쏟아붓는 행동을 한다고 해도 자신의 상처만 더 커질 뿐이다. 다른 사람에게 해를 끼치면 자신의 영혼도 무너지기 때문이다. 서클이 범죄로 인해 직접 발생한 상처나 범죄를 일으킨 근본 상처를 받아들임으로써, 때로 '상처를 입히고 상처를 받는 순환 고리'를 끊어낼 수도 있다.

서클은 상처를 여러 면에서 다룬다. 균형을 추구하는 주술원 가르침에 바탕을 둔 서클 철학에서는 범죄의 상처는 몸, 정신, 마음, 영혼과 연관되어 있기에 이런 모든 차원에 주의를 기울여야 한다고 여긴다. 각각의 단계를 따르며 상처가 드러나고 씻겨지면서 상처는 아물기 시작한다. 이야기 주고받기, 평등 실천, 관계 형성, 자율 의식, 보살핌, 공감 분위기 등과 같은 서클의 여러 가지 특징으로 인해 서클에서는 감정이나 취약점을 정직하게 드러내더라도 덜 위협적이기에 치유가 촉진된다. "우리는 서로 상처를 주고받는 관계 속에서 만났어요." 서클 훈련 과정에서 어떤 참여자가 한 말이다. 약점이 드러나 치유 과정을 거치며 서로를 필요로 하는 공간에서 사람들이 연결되기에 사람들 사이에 깊은 유대 관계가 형성되고, 그런 유대 관계는 심오한 변화를 뒷받침할 수 있다.

치유 과정이 진행됨에 따라 상처에서 흘러나오던 분노, 공포, 수치심, 원한, 자기 방어 같은 부정적 에너지가 연결, 희망, 자신과 타인에 대한 연민, 공통의 비전에서 솟아나는 긍정적 에너지에 자리를 내준다. 서클은 인간관계 속 에너지 흐름을 바꾼다. 사람들이 여유를 가지고 서로의 말에 귀를 기울이고, 이를 통해 커다란 변화를 향한 문이 열린다. 다음은 이런 일이 변함없이 일어나는 이유에 대해 돈 존슨이 심사숙고한 내용이다.

> 서클이 효과가 있는 이유 중 하나는 우리가 서클에서 보내는 대부분의 시간 동안 침묵하기 때문입니다. 우리는 잠시 멈추어 서서 누군가 이야기할 때 애정을 가지고 귀 기울여 들을 수 있어요. 우리는 늘 습관에 따라 움직이잖아요. 그러니 귀 기울여 듣기 위해 멈추어 서면 우리의 행동 습관을 바꿀 기회를 얻지요. 서클에서 개인적 침묵이 이어지면 어느새 변화가 일어나는 순간이 다가오기도 한답니다.

사람들은 서클을 마치며 종종 자신이 이전과 달라졌다는 느낌을 받는다. 다른 사람들과 소통할 때 다른 사람들이 자신을 대하는 방식에서나 자신이 다른 사람에게 대응하는 방식에서 아마도 이전에는 알지 못했을 능력을 발견한다. 다음은 로카의 직원인 제임스 로슈가 자신에게 치유를 가져다준 이런 변화에 대해 언급한 내용이다.

> 2, 3년 전 제 모습을 되돌아보면 지금은 제 자신을 더 잘 다스리고 있다고 생각해요. 모두 서클 덕분이죠. 이제는 살아볼 가치가 있다는 생각이 들어요. 삶이 긍정적으로 바뀌어 괜찮아질 수 있으니까요. 실수하고 자신을 용서하고 또 용서해도 문제 될 게 없어요. 결국, 변화시킬 수 있는 대상은 오직 자신뿐이잖아요. 이런 깨달음은 서클 덕분이 아니겠어요? 39

한편 이런 변화 과정이 단지 위기에 처한 사람들에게만 해당되는 것은 아니다. 범죄의 상처는 여러 방향으로 뻗어나가 피해자, 피해자의 가족과 친구, 공동체, 가해자의 가족과 친구에게 그 영향을 미치기 때문이다. 서클은 관련된 모든 사람들의 치유 여정을 뒷받침하는 공간이 되어준다. 여러 원주민 문화의 지혜와도 일치하지만, 경험으로 볼 때 누군가 고통받으면 모두가 그 영향을 받는다. 고통은 공동체 안에서 불균형을 낳고 그런 불균형으로 인해 모두는 치유를 필요로 한다. 사실 공동체나 사회 전체는 대부분 해로운 행태를 안고 있게 마련이고, 그런 행태는 고통에 의해 그 모습을 세상에 드러낸다. 서클에서 사람들이 어떤 범죄와 관련된 특정 상처를 치유하려 할 때 실제로는 공동체를 치유하는 과정에 들어가는 것이다.

---

**39** 위의 책, 25.

### 서클 과정은 갈등의 근본 원인을 다룬다

서클에서 사람들이 깊이 이어져 있다는 느낌을 받음에 따라 긴장 관계는 예측하지 못했던 방식으로 풀리기 시작한다. 참여자들은 범죄가 좀 더 심각한 문제의 증상이었다는 점을 깨닫는다. 이런 깨달음을 얻고 무엇인가 하려고 머리를 맞대며 사회, 경제, 교육, 정치, 인종, 철학, 제도, 정부, 종교와 관련된 좀 더 커다란 문제, 즉 불화의 원인이자 결국 범죄로 막을 내릴 수도 있는 문제에 부딪치기 시작한다. 이처럼 서클이 더 근본적인 범죄의 원인을 다루면 다룰수록 장기적 결과는 더욱 큰 효과를 나타낸다.

결과는 사람들이 자신들의 공동체를 되찾는 것이다. 사람들은 여러 가지 인간 요구의 뿌리까지 파고들어서 공동체가 어떻게 힘을 합쳐 요구를 충족할지 살펴본다. 또한 공동체가 안고 있는 병폐 뒤에 무엇이 있는지 들여다보고 좀 더 깊은 불균형의 원인을 해결할 수 있는 길을 찾는다. 서클은 참여자들에게 공동체가 자신들의 작품이며 사람들이 바람직한 방식으로 공동체 형성에 함께한다면 상상할 수 없을 정도로 큰 힘과 선택권을 가질 수 있다는 확신을 심어준다. 그렇기에 서클은 온화하고 평화롭지만 한편 끈질기고 강력한 사회 변화의 힘으로 작용한다.

### 서클 과정에서는 체계 관점이 생겨난다

현대 생태학의 시대에서 사람들은 체계 안에서 사고하도록, 즉 전체 체계는 눈에 바로 보이는 것 이상으로 훨씬 뻗어나가는 양상을 띤다고 배웠다. 사업 상담가 business consultant 이자 체계 사상가 system thinker 인 피터 센지는 그의 책 《다섯 번째 학문 분야 The Fifth Discipline》에서 어떤 문제의 근본적인 해결책을 찾으려면 체계 관점 systemic view 을 취해야 한다고 다음과 같이 설파한다.

> 구름이 몰려오고 하늘이 어둑어둑해지고 바람결에 나뭇잎들이 흩날리면 우리는 비가 올 것임을 알지요. 또한 폭풍이 지나가면 빗물이 땅 밑으로 흘러들어가고 내일이면 날씨가 서서히 개리라는 것도 압니다. 이런 모든 사건은 멀리 떨어진 시공간에서 벌어지고 있지만 같은 양상 안에서 서로 연결되어 있어요. 각각의 현상은 다른 현상들에 영향을 미치고, 그런 영향은 숨겨져 있어 좀체 눈에 보이지 않지요. 폭풍우를 이해하려면 개별 부분 양태가 아닌 오직 전체를 파악해야 합니다. 사업이나 사람들의 노력이 들어가는 모든 일 또한 체계입니다. 상호 연관된 작용들이 마찬가지로 눈에 보이지 않는 구조로 묶여 있어서, 어떤 것의 영향이 다른 것에서 완전히 발현하는 데 흔히 몇 년이 걸리기도 합니다. 우리는 실타래처럼 얽히고설킨 체계의 일부분이라서, 전체 변화 양상을 읽어내기는 몇 배 더 어렵습니다. 전체를 보지 않은 채 우리는 체계의 한 부분을 따로 떼어내어 그 단편에만 집중하고는 왜 가장 깊은 문제는 풀릴 기미가 보이지 않는지 궁금해합니다.[40]

모든 이해관계를 존중하고 더 깊은 문제를 파헤치는 방식으로 범죄

---

40 Peter Senge, *The Fifth Discipline: The Art and Practice of the Learning Organization* (New York: Doubleday Currency, 1990), 6, 7.

를 해결하려면 전체 그림을 그려야 하지만 한 사람이 그것을 해낼 수는 없다. 범죄의 영향을 받은 모든 사람들이 한자리에 모이는 서클은 이런 한계를 바로잡는 수단이 된다. 모든 관점이 표출되고 존중받기 때문에, 사람들은 범죄가 사람들 각자에게 어떻게 영향을 미쳤는지를 더욱 폭넓게 이해하게 된다. 참여자들은 과거, 현재, 미래를 살펴보며 각자가 범죄 사건에 끌려들어갔던 이력과 현재 나타나는 범죄의 전체 영향, 그리고 사람들 각자의 미래상에 범죄가 어떻게 영향을 미치는지 깨닫는다. 보이든 보이지 않든 간에 폭풍우 전체 양상을 곰곰이 그려보는 것과 같다.

서클에서는 더 나아가 관점을 넓히기 위해 사법 제도에 몸담고 있는 사람들을 비롯하여 직접 영향을 받은 사람들뿐만 아니라 종교계, 학교, 재계, 관련 사회단체 등 각계각층의 사람들을 포용한다. 서클에서 여러 관점이 폭넓게 드러날수록 책임 공유 의식sense of shared responsibility은 더욱 높아지고, 어떤 일이 일어났고 무엇을 할 수 있을지에 대한 시야는 넓어지며, 변화를 만들어내기 위한 자원은 늘어나고, 따라서 더 많은 성과를 이끌어낼 수 있다.

사람들은 이런 체계 관점에 따라 자신들이 어떻게 '체계를 무너뜨리는' 데 일조했을지 생각해 보게 되며, 그래서 어떻게 힘을 모아 체계가 무너지지 않도록 미리 막고 공동체 공동 목표를 성취할 수 있을지 알아낼 수 있다. 최근 '국가 대 제이콥Regina vs Jacob' 재판 사례(2002년 유콘 준주準州 법원)는 선의를 가지고 있고 잘 훈련받은 많은 사람들이 서로 협력하는 데 실패했을 때 어떤 비극이 뒤따르는지 잘 보여준다. 마르셀 제이콥이라는 청년이 전혀 모르는 여인을 무참히 성폭행한 자신의 범죄를 인정했다. 국가 지원 제도 state care를 거친 그의 이력을 보면, 사회사업가, 위탁 부모 foster parents, 가족, 교사, 심리학자, 변호사, 판사, 공동체 등 모두가 각각 제 할 일을 했지만 명백히 적절하지 못한 마르셀의 성적 행동을 변화시키는 데 실패했고, 그 결과 흉악한 범죄에 이르게 되었다는 점이 잘 드러난다. 많은 사람들이 마르셀을 도우려고 애쓰다가 결국 완전히 지쳐버려 두 손 두 발 다 들고 말았다. 그들 대부분은 무서운 일이 일어나고 말 것임을 직감했다. 기본적으로 마르셀의 사례를 총괄하여 담당할 체계를 갖추지 못해서 끝내 마르셀과 피해 여성의 비극적 만남을 가로막지 못했다. 이와 같이 전문가와 공동체 협력이 없었기에 마르셀의 사례는 체계를 갖추어 처리할 수 없었고 그가 저지른 범죄의 근본 원인에도 손길이 닿지 못했다.

명백히 심각한 범죄를 향해 가고 있는 수많은 청소년 사례에서 청소년들의 삶에 개입하는 여러 전문가들은 각각 역할을 다할지도 모르지만 제대로 된 일, 다시 말해 효과적 개입은 이루어지지 못하고 있다. 제대로 일을 하려면 혼자서는 해낼 수 없기에 가족, 공동체, 전문가는 다 같이 체계 접근법 systemic approach을 따라야 한다. 이런 요구에 직접 대응하는 방식이 서클이다. 서클은 파괴적 상황에 효과적으로 개입하기 위해 필요한 사람들의 열정과 능력과 자원을 한데 모은다. 무엇보다 사람들은 서클에서 해야 할 더 크고 중요한 일에 대한 인식을 함께하고 그 일을 해내기 위한 수단을 동원하기 시작한다.

결국 이러한 체계 관점에 따라야만 사회가 추구하는 방식이자 치료와 예방 효과를 지닌 치유 방식으로 범죄에 대응할 수 있다. 다음은 1920년대 말 세상의 이목을 집중시킨 살인 사건 재판에서 저명한 변호사 클래런스 대로Clarence Darrow가 통합적 체계 접근법을 주장한 변론 내용이다.

> 존경하는 재판장님, 제가 알기로 이 세상 모든 생명체를 이루는 각각의 원자들은 서로 함께 묶여 있습니다. 바다에 조약돌을 던지면 바닷속 물 분자들은 요동치게 마련입니다. 어떤 것이든 영향력을 미쳤다면 의식적이든 무의식적이든 살아 있는 모든 유기체에 작용과 반작용을 일으킵니다. 그러니 누구라도 혼자 과오를 바로잡기는 불가능합니다.[41]

달리 표현하면, 범죄는 그저 표면에 드러난 흠집이 아니며 체계와 관련이 있는 실체다. 숨어 있던 사회 병폐는 범죄를 통해 이목을 집중시킨다. 범죄는 더 이상 간과할 수 없이 극적으로 드러난 사회 병폐다. 다음은 어떤 사법 분야 전문 종사자가 밝힌 의견이다. "교도소에 수감된 사람들을 살펴보면 사회 병폐가 무엇인지 금방 알 수 있어요."

범죄에 이르는 행위 양태나 범죄에서 비롯하는 행위 양태를 따로따로 변화시킬 수는 없다. 지금까지 좋은 의도와 상당한 자원을 들여 애써 보았지만 허사였다. 체계 관점을 따라, 모든 차원에서 범죄에 대응하기 위해 힘을 합쳐 공동체 역량을 최대로 활용하는 쪽으로 전략이 바뀌고 있다. 서클은 이러한 체계 접근법을 취하는 수단이 된다.

---

41 David La Chapelle, "Trusting the Web of Life," *IONS: Noetic Sciences Review: Exploring the Frontiers of Consciousness*, June-August 2001, Number 56, 17에서 인용.

**서클 과정을 거치며 참여자와 공동체는 힘을 갖게 된다**

이런 모든 서클 결과로 얻는 순수 효과는 바로 참여자들이 삶에서 변화를 겪으며 힘을 얻는다는 점이다. 참여자들은 필요한 지원을 받을 수 있음을 확신하기에 자신의 삶을 스스로 책임지고 새로운 방향으로 이끌 수 있다는 사실을 깨닫는다. 피해자, 가해자, 사법 분야 전문 종사자, 공동체는 이전에 가능하리라 생각했던 것보다 더욱 유익하게 문제를 해결할 수 있음을 알게 된다.

구체적으로 피해자는 범죄 여파로 홀로 고립되어 무기력하고 자신의 이해관계에 대한 통제력을 잃었다고 느낄지도 모른다. 서클은 피해자들의 의견과 요구를 존중하고 피해자들이 자율을 되찾는 공간이 되어준다. 가해자가 참여한다는 이유로 피해자가 서클에 참여하지 않기로 마음을 먹더라도 여전히 참여할 권리가 있음을 알기에 피해자는 존중받고 있다고 느낀다. 어떤 선택을 취하든 피해자는 서클 과정에서 힘을 얻어 개인적으로나 공적으로 공동체와 다시 관계를 맺고 이런 과정에서 그들이 필요로 하는 도움을 받을 수 있다.

가해자도 평화 형성 과정에서 자신의 목소리를 내고 자기 행동에 책임을 지기에 마찬가지로 힘을 얻는다. 서클에서는 가해자가 책임질 능력이 있다고 받아들이고, 그것이 격려가 되어 가해자들은 정말 책임을 진다. 서클의 지원을 받으며 가해자는 스스로 선택하고 행동으로 옮겨 결국 자부심을 얻어 공동체와 재통합한다.

로카에 몸담고 있는 사람들의 의견처럼, 전문가뿐만 아니라 공동체 구성원으로서 역할을 수행하는 국가, 법 집행 기관, 사법부 소속 공무원도 마찬가지로 서클에서 힘을 갖게 된다. 진심에서 우러나온 이야기를 함으로써 그들은 공동체의 일원으로 받아들여지고 전문가로 거리를 두고 있을 때에 비해 더 많은 존경을 받게 된다.

또한 공동체 사람들도 서클 과정을 거치며 힘을 얻는다. 서클에서 사람들은 공동 책임을 받아들이게 되고, 그 결과로 서로의 관점과 이해관계에 귀 기울이게 된다. 다음은 유색 인종 공동체의 자율성 향상을 위해 활동하고 있는 서클 강사 그웬 챈들러 리버스가 서클이 그가 몸담고 있는 공동체에 어떤 영향을 미쳤는지 되돌아본 내용이다.

> 유색 인종 공동체에는 외부에서 온 자원봉사자가 늘 있었지만 그들 스스로 자원봉사자가 되는 일은 전혀 없었습니다. 우리 서클은, 유색 인종 사람들이 힘을 가질 수 있도록 돕는 일을 하고 있어요. 그들이 그저 식탁에 앉아 있는 것이 아니라 식탁 위에 놓인 것들을 먹을 수 있도록 말이에요. 서클 과정은 가장 억압받는 사람들에게 가장 효과적이라고 생각해요. 서클 과정을 거치면서 그들에게 선택권이 생겨 공동체 내에서 스스로 큰 변화를 만들어냅니다. 서클은 치유가 시작되는 과정입니다.

다음은, 미국 흑인 가정과 공동체에 서클을 도입하는 일에 깊숙이 관여하고 있는 앨리스 린치 Alice Lynch가 자율성을 확립해 가는 공동체의 변화 과정을 기술한 내용이다.

> 우리를 보살펴준다는 명목 아래 우리 공동체에 발을 들이는 외부 사람들에게 너무 익숙한 나머지, 우리 자신을 스스로 돌보게

해주는 절차가 있다는 것을 알게 되면 일단 의심부터 들어요. 하지만 일단 이해하고 나면 그 일에 확 빠져들고 맙니다. 다시 말해서 이런 서클 과정 전체가 개인과 공동체, 즉 자신들을 위한 것이라는 사실을 명확히 인식하면 사람들은 완전히 서클에 대해 믿음을 갖게 됩니다. 그런 일은 실제로도 일어났고요. 무슨 일이 있어도 서클에 빠지지 않을 자원봉사자들이 이제 우리에게 생겼어요. 그분들은 가족뿐만 아니라 공동체에도 책임감을 가지니까요.

서클을 기회 삼아 격렬한 감정을 해소하고 서로 도우며 공동체 의식을 쌓아감으로써, 사람들은 서클의 도움을 받아 점점 더 큰 힘을 얻고 삶이 주는 다른 도전에도 맞서게 된다. 다음은 캐럴린이 어떤 청소년이 교통사고로 사망했을 때 로카에서 일어난 일을 들려준 내용이다.

로카 직원들 가슴이 가장 벅차오른 순간들 중 하나는 한 아이가 비극적 죽음을 맞이하자 뒤이어 청소년들이 스스로 서클을 열었을 때 일어났어요. 지난여름 데시라는 열두 살짜리 아이가 뺑소니 교통사고로 사망했어요. 로카와 인연을 맺은 사람들은 큰 충격을 받았고, 직원들은 상실감에 어쩔 줄을 몰랐어요. 직원들은 어른인데도 아이들을 위해 무엇을 해야 할지 속수무책이었죠. 아이들은 이미 많은 죽음을 보아왔거든요. 진이 빠질 대로 빠지고 몸과 마음이 지친 직원들은 데시의 영결식에 아이들이 많이 오지 않길 바랐고 그것이 최선이라고 생각했어요. 하지만 아이들은 하나도 빠짐없이 영결식에 참석했어요. 영결식이 끝나자 열세 살 여자아이들

이 데시에 대해 이야기를 하며 함께 슬픔을 나눌 수 있도록 서클을 열자고 요구했어요.[42]

12~14세 청소년 대상 방과 후 심화 프로그램인 빅토리 사업 간사인 안지 로드리게스는 뒤이어 열린 서클을 이렇게 설명했다.

데시가 그렇게 우리 곁을 떠났을 때, 빅토리 사업의 아이들은 살아생전에 감사를 표현하는 것과 죽음에 대하여, 그리고 임종 전에 어떻게 "당신을 사랑합니다."라고 말해야 할지를 놓고 233호실에 모여 서클을 열기로 마음먹었어요. 장례를 끝마치고 아이들은 곧장 로카로 가서 요청했어요. "세라, 안지, 서클을 열어야겠어요. 촛불도 있어야겠고, 어디가 좋을까요?" 세라는 승낙했지만 어른도 함께해야 한다고 조언했어요. 그러자 아이들은 말했어요. "안지, 우리와 함께해 주시겠어요?" 그래서 제가 말했죠. "당연하지, 너희들과 함께해야지." 그래서 아이들이 서클을 열게 된 거예요. 데시의 사진을 바닥에 놓고 다른 신성한 물건들도 놓았어요. 한 여자아이는 돌아가신 어머니가 남긴 특별한 물건을 놓았어요. 아이들은 그 물건을 대화 소품으로 사용했고요. 서클은 말로 표현할 수 없을 정도로 훌륭했어요. 열세 살짜리 어린아이들이 스스로 서클을 진행했다니 믿겨지지 않아요. 도표 위에 색색깔의 굵은 펜으로 지침을 써놓았고 데시의 사진 주위로 세이지를 놓고 불을 붙여 연기를 피웠어요. 그러고는 도입 의

---

[42] 《로카 보고서》, 20.

식을 치렀고 종결 의식도 빠뜨리지 않았어요. 제가 할 일이 없었죠. 아이들이 모두 했으니까요.[43]

## 서클 과정으로 참여 민주주의에 대한 새로운 이해가 생긴다

사람들은 서클에서 공동체 삶의 질을 형성하는 의사 결정에 참여하면서 민주주의 경험을 확고하게 얻는다. 서클에서 의견을 내고 책임도 지면서 얻는 민주주의 경험은 투표하고 여론 조사에 응답하는 추상적 경험의 수준을 훨씬 넘어선다. 서클에서 사람들은 참여 민주주의를 직접 체험하고 가치를 깨닫고 실천으로 옮기며 진정한 민주주의 기본을 경험한다. 즉, 사람들의 의견이 존중받고, 누구라도 빠지면 그가 이바지할 수 있는 중요한 어떤 것이 사라진다는 의미다. 서클은 지극히 민주적이기에 그 어떤 것보다 최대로 민주주의를 실천할 수 있는 길이 된다. 서클은 사람들에게 참여 민주주의 실천 능력을 보여줄 기회를 제공하여, 사람들은 경청 능력, 적극적이며 유익한 의사소통 능력, 집단 문제 해결 능력과 같이 민주주의에 꼭 필요한 능력을 키울 수 있다.

불행히도 사회의 의사 결정 과정이 점점 더 참여를 배제하고 서로 대립하는 성격으로 바뀜에 따라 사람들의 참여 역량도 위축되기에 이르렀다. 민주적 절차를 훼손하는 현재 시민 생활civic life에 대한 여러 가지 잘못된 통념 때문에 이러한 경향은 더 커지고 있다. 그중 하나는 개인은 의미 있는 성과를 만들어내지 못한다는 미신이고, 다른 하나는 공무원이 업무 효과를 내는 데 시민 참여가 필요 없다는 미신이다. 평범한 사람들이 보탬이 되기에는 도전 과제가 너무 복잡하다는 미신도 빼

---

[43] 위의 책, 20-21.

놓을 수 없다.

사람들이 서클에 참여하면서 얻은 성과는 이런 세 가지 미신이 틀렸음을 증명한다. 금방이라도 눈에 드러나는 일은 개인들이 서클에서 힘을 합쳐 의미 있는 성과를 만들어낼 수 있다는 것이다. 뿐만 아니라 공동체의 관여가 없다면 공공 의사 결정 과정을 거치더라도 꼭 필요한 의미 있는 성과는 결코 만들어낼 수 없다. 공동체 참여가 있어야 무슨 일이 일어나고 있는지, 또한 공동체 입장에서 실행 가능한 해결책, 다시 말해서 공동체가 원하고 믿고 이루기 위해 애쓰는 해결책이 무엇인지를 공무원이 알 수 있다.

복잡성 문제를 놓고 보자면, 마르셀 제이콥의 비극적인 사례가 보여준 것과 같이 전문가들이 각자 영역에서 따로 분리되어 일하고 있는 현재 제도는 복잡한 사례를 처리할 능력을 가지고 있지 못한 반면에, 서클은 통합적 체계 접근법을 통해 그런 능력을 갖추고 있다. 이런 미신에 젖어 있던 어느 서클 자원봉사자는 서클에 참여하여 활동하다가 이 사실을 간파했다. 다음은 그녀가 들려준 이야기다.

> 문제는 한없이 벅차 보였어요. 사법 제도는 너무 거대해서 이해조차 어려워 보였고요. 당신들 대부분은 대학을 나왔고 알아들을 수 없는 이상한 말들을 써가며 이야기했어요. 제게는 다들 정말 똑똑해 보였어요. 제가 끼어들거나 뭔가를 해낼 수 있다고는 생각이 들지 않더라고요.
>
> 그런데 서클을 몇 번 거치고 나니 이런저런 일들이 달리 보이기 시작하더군요. 각각의 문제를 한 번에 하나씩 다루니 처리하기

어렵지 않았어요. 기분 나쁘게 하려는 건 아니지만 당신들은 제가 생각했던 것만큼 똑똑하지는 않더군요. 사실 당신들의 어떤 행동이나 말은 정말 어리석었어요. 저 같은 사람도 필요하다고 봐요. 저 같은 사람들도 경찰관이나 보호관찰관, 심지어 판사들을 더 많이 끌어들이는 일처럼 뭔가 중요한 일을 해낼 수 있어요.

공동체 안녕을 확보하는 일에 관여함에 따라 사람들은 변화를 이루어내는 진정한 힘은 국가가 아니라 공동체가 가지고 있음을 서서히 깨닫게 된다. 위의 자원봉사자처럼 사람들은 국가가 자금과 자원을 쏟아부어도 잘못된 일들을 바로잡지는 못한다는 사실을 알아차린다. 필요한 것은 공동체가 힘을 합치는 일이다. 진정한 힘이 무엇인지, 그 힘으로 무엇을 이룩할 수 있는지 보여주는 연결을 이루어야 한다.

서클 안에서 진정한 효능감, 즉 중요한 무엇인가를 해냈다는 느낌을 얻으면 대부분 사람들에게는 더 많이 참여하려는 욕구가 생긴다. 공동체 구성원들은 일어난 일에 대해 어떻게 책임을 함께할지 깨닫고 그들에게 아픔의 고리를 끊을 힘이 있음을 발견한다. 서클에서 조성된 더욱 커다란 교감과 이해, 존경에 힘입어 공동체는 결국 차이를 인정하고 온전함 속에서 서로의 가치를 긍정하게 된다. 차이를 받아들이고 가치를 긍정하는 이런 능력은 그 어떤 통제 장치로도 불가능한 방식으로 공동체를 안전하게 만든다.

사법 서클<sup>justice Circle</sup> 경험에서 영감을 얻어 어떤 사람들은 삶의 다른 영역, 특히 가족 안에서 서클을 활용하기에 이른다. "서클에서 가정 폭력 사례를 다루고 나서 가족과 함께 서클을 열기 시작했어요." 어느 서클 자원봉사자의 말이다. 그웬 챈들러 리버스도 진행자 양성 훈련을 마치자마자 가족과 함께 서클 절차를 열어보았다.

    4년 전쯤에 전 시어머니, 즉 딸아이의 친할머니가 돌아가셨어요. 장례식에 참석하기 위해 차를 타고 시카고로 향하던 중에 딸아이는 몹시 화를 내며 제 아빠에 대해 제게 이런저런 질문을 던졌죠. 그때까지 둘은 관계가 소원했거든요. 그나마 인연이라고 할 만한 것이 있었다면 오로지 친할머니 덕분이었고요. 그렇다면 이제 무엇으로 둘 사이의 유대 관계를 키울 수 있을까요? 저는 딸아이에게 궁금하더라도 잠시 기다렸다가 시카고에 도착에서 아빠에게 직접 물어보라고 말했어요.

    장례식을 마치고 우리 모두는 시어머니 댁에 모여 마침내 식탁에 둘러앉았어요. 저는 제가 미네소타 주에서 배운 이 유용한 절차에 대해 이야기를 꺼냈죠. 다른 시선으로 사물을 바라보는, 마치 새로운 안경을 끼고 세상을 보는 것과 같은 방식이죠. 저는 제 안경을 벗어 그것을 활용해 새로운 눈으로 어떻게 바라봐야 할지 설명했어요. 제가 이야기를 할 때 주위에는 사람들이 열 명 가까이 있었어요. 그들은 제가 마치 달나라에서 온 듯 이상한 눈으로 저를 바라보았지요. 그런 새로운 절차는 미네소타 주에서 돌아가서 해보라고 하더군요. 어디 쉽게 흥미를 느꼈겠어요?

    그래서 "아니요. 제 말 좀 들어보세요."라고 말했어요. 우리가 시간을 내시 교감을 나누지 않는 바람에 어떻게 서로를 오해하는지 이야기를 꺼냈어요. 그 순간, 딸아이는 제게서 안경을 가져가 마이크인 양 거기에 입을 대고 제 아빠에게 말했어요. "아빠는 왜 제 삶에 한 번도 들어오지 않으셨어요?" 딸아이는 27년 동안 가슴에 담아놓고 꺼내지 못했던 모든 질문들을 쏟아내기 시작했어요.

그러자 전남편은 딸아이에게서 안경을 가져가서 자신과 자신의 감정에 대해서 말하지 않는 이유를 꺼내놓더군요. 그의 이야기는 끊이지 않고 45분간이나 이어졌어요. "저 사람은 자기가 지금 무슨 말을 하는지도 모른 채 꼭 해야 할 말을 하고 있는 거야." 저는 한 친구에게 귀엣말로 속삭였어요.

그렇게 해서 전남편은 딸아이의 질문에 답하기 시작했어요. 우리는 일곱 시간이나 식탁에 둘러앉아 있었고요. 그 사람은 주머니에 손을 넣어 돌아가신 어머니의 목걸이를 꺼냈어요. 그리고 그 목걸이를 딸아이 목에 걸어주고는 말했죠. "네 아빠이고 싶었다. 그런데 어떻게 해야 할지 모르겠더구나. 너무 늦어져 27년이 지나갔지만 이 방에 있는 사람들이 모두 도와준다면 오늘 바로 이 순간부터 시작할 수 있겠다는 생각이 든다. 너를 정말 사랑하기에 최선을 다해 멋진 아빠가 되어보련다." 저는 제 친구에게 다시 몸을 숙여 말했어요. "서클이 여기서 효과가 있다면 어디에서도 효과가 있겠는데?"

사람들은 서클을 활용하여 여러 가지 공동체 관심사를 다루기도 한다. 어떤 자원봉사자는 사법 서클 경험에 영감을 얻어 건강 문제에 좀 더 적극적으로 관여하기 시작했다.

사법 서클에는 참여하지 않는 편이에요. 최소한 예전처럼 많이 참석하지는 않아요. 지금은 건강 문제가 제 관심사죠. 하여튼 저같이 평범한 사람이 들어갔을 때에도 서클에서 어떤 일이 일어날 수 있는지 보지 못했다면 지금 일을 하지 않았을 거예요.

몇몇 단체에서는 이제 서클을 활용하여 내부에서 참여형 의사 결정을 내리도록 독려한다. 예를 들어 로카와 카크로스/타기시 부족은 대부분의 중요한 내부 의사 결정을 내릴 때 서클을 활용한다. 로카와 카크로스/타기시 부족이 모든 의견에 힘을 실어주겠다고 한 약속은 모임의 성격뿐만 아니라 전체 조직 문화도 완전히 바꿔놓았다. 다음은 그들 중 누군가가 언급한 내용이다.

저는 모임이 너무 싫었어요. 될 수 있으면 빠지려고 했죠. 참석하면 언제나 자리를 뜨고 싶은 생각뿐이었고요. 그런데 이제는 모임이 기다려집니다. 모임에서는 시간이 후딱 흘러버려 놀라기도 해요. 서클 형태로 모임을 열면 누구라도 의견을 말할 기회가 생겨요. 우리 모두는 늘 더 많이 배워요. 이야기를 나누다 보면 이런저런 것들이 나오는데, 그것들은 진실한 무엇인가를 시작하기 위해, 그러니까 서로 바람직한 방향으로 함께 힘을 합치기 위해 꼭 필요한 것들입니다. 안건이 있겠죠. 하지만 그것은 더 이상 중요하지 않아요. 정말 중요한 것은 이야기를 하다 보면 나와요. 그런 것들은 사무실에서 사람들의 수군거림 속에만 머물렀을 뿐이지 전에는 절대로 나오지 않았지요. 그 때문에 모임이 솔직하지 못하고 어려웠던 겁니다. 가끔 힘들기는 서클에서도 마찬가지입니다. 그러나 그 성격이 달라요. 안전한 서클에서는 사람들이 솔직하기에 어려움이 있더라도 전혀 나쁘지 않아요.

사람들은 정부에 대해 배우는 것과 함께 자치가 성장하고 있음도 배운다. 하지만 많은 청소년들에게 민주주의는 가정에서나 학교에서나 경험하지 못하는 것이다. 누구도 청소년들에게 자신들의 삶에 영향을 미치는 의사 결정을 내리는 데 한몫을 하라고 요구하지 않는다. 의사 결정과 규칙은 과할 정도로 위에서 정해져 내려오고, 청소년들은 단지 복종해야 한다는 강요만 있을 뿐이다. 이런 하향식 접근법은 청소년들에게서 민주적 참여 경험, 다시 말해 자치에 어울리는, 자율권을 가지고 책임지는 경험을 앗아간다.

서클은 청소년들이 실제로 민주주의를 실천할 수 있는 장이 되어준다. 다음은 청소년들과 함께 많은 서클 활동을 경험한 그웬의 견해다. "아이들은 눈 깜짝할 사이에 이런 절차에 쏙 빨려 들어가죠. 어른들은 따라잡을 수가 없어요. 다른 사람들의 마음을 풀어주는 것이 아이들 천성이고, 아이들은 다른 사람들에게 동등한 대우를 받고 그들을 동등하게 대해야 한다는 점도 잘 이해하기 때문입니다." 다음은 캐럴린이 더 자세히 들려준 내용이다.

자신이 말할 때 정중하게 끝까지 경청하는 사람들과 함께하는 경험이야말로 서클 과정에서 가장 심오하고 의미 있는 요소입니다. 어른들이 지배하는 세상에서 아이들은 주변으로 밀려나 목소리를 낼 수 없는 존재에 머물 뿐이죠. 불우한 청소년은 특히 가정에서나 학교에서 그리고 나아가 공동체 전체에서 목소리를 내지 못합니다. 청소년들은 다른 곳에서는 얻지 못할 동등한 참여 기회를 서클 과정에서 얻습니다. 참여와 자율은 상호 상승 작용을 일으킵니다. 서클에서 민주적 참여 공간이 열림에 따라 청소년들은 자신들의 요구에 집중하고 자신과 함께 공동체를 위해 꿈을 실현하는 건전하고 희망적인 방식으로 서클 과정을 받아들입니다.[44]

청소년들과 함께 일한 경험을 근거로, 비체이는 자기 이야기를 하고 싶어 하는 청소년들의 요구를 다음과 같이 강조한다.

가던 길을 멈추고 길거리를 헤매는 청소년들에 "어떻게 지내니?"라고 물어보는 사람들은 거의 없겠지요. 서클이 바로 그런 일을 합니다. 그 아이들은 삶 속에서 어느 한순간 원을 그리고 앉겠죠. 그리고 숨고르기 과정에 들어갑니다. "어떻게 지내고 있지?" "지금 기분은 어때?" 청소년들은 할 말이 무척 많은데, 그렇게 많은 시간 동안 방치되어 길거리를 떠돌았어요. 사람들이, 부모가 어떻게 그 아이들을 이해할 수 있겠어요? 그 아이들은 그냥 버려진 겁니다. 아이들은 사람들에게 말하고 싶어 하고 생각을 나누고 싶어 하는데 어떻게 올바르게 해야 할지를 몰라요. 바로 그 때문에 서클이 있는 겁니다.[45]

---

[44] 위의 책, 12.
[45] 위의 책, 13.

이런 모든 이득을 따져볼 때 가해자에게 어떤 일이 일어났는지를 바탕으로 해서 서클을 평가하자는 식의 생각은 핵심을 비켜 간다. 서클의 성공은 형사 사법 결과가 아닌, 개인과 공동체와 문화의 변화까지 포함하는 이런 장기 효과에 달려 있다. 서클은 공동체가 치유를 얻고 성장할 수 있도록 도움을 주며, 서클에서 사람들은 서로 교감을 나누며 바람직한 치유의 길을 가고, 그래서 시간이 흐를수록 범죄가 줄어든다. 따라서 서클은 범죄와 관련이 있는 만큼 공동체 형성과도 깊은 관련이 있다. 공동체는 서클을 통해 자신들의 운명에 책임지며 공동체 안녕을 지키기 위한 의사 결정을 내릴 수 있다. 서클을 주춧돌 삼아 공동체 의식이 자라난다. 범죄에 대응하고 예방하는 일뿐만 아니라 공동체를 강하고 건강하게 만드는, 눈에 보이지 않는 모든 것들을 촉진하는 일을 하자는 공동체 의식이 자라난다. 이것이 바로 사람들이 바라는 공동체의 모습이다.

# ❼
# 변화를 위해 사람들의 힘을 끌어내기

●● 우리 앞뒤에 놓인 문제는 우리 안에 있는 문제에 비하면 자그마한 문제일 뿐이다.

— 랄프 왈도 에머슨

●● 고통을 느낄 때 저는 잠시 멈춰 그것을 그대로 받아들이고 축하합니다. 고통은 새로운 방향을 가리키기 때문이죠. 이 일로 인해 우리 모두는 고통을 겪었습니다. 우리가 걷고 있는 이 길 위에서 잠시 여유를 가지고 서로의 고통을 그대로 받아들이고 축하하길 기대합니다. 바로 그 고통에서 우리가 성장할 수 있는 기회를 얻기 때문이죠.

— 어느 서클 참여자

### 오래된 상처 치유하기

상처는 생긴다. 그렇다면 어떻게 대처해야 최선일까? 가족이나 공동체는 그저 손 놓고 있을 수 없다. 가해자, 피해자, 그들의 가족, 친구, 공동체가 영원히 범죄의 상처를 안고 살아가도록 내버려둘 수는 없다. 자신이 상처를 입거나 다른 사람이 상처를 입고 힘들어하는 모습을 보면서 개인이든 공동체든 감정적 손상에 매달리면 건강하지 못하다는 사실을 깨닫는다. 사람들이 굳어진 마음의 문을 걸어 잠금에 따라 사람들 사이를 가로막은 벽은 높이 치솟고, 사람들이 가면을 벗지 않아서 오해는 점점 쌓여간다. 치료하지 않은 상처가 덧나서 생긴 악감정은 결국 사람들의 관계를 갉아먹고 무너뜨린다. 오래전 사도 도마는 이런 위험을 직감하고 도마복음에 이렇게 써놓았다. "네 마음속에 있는 것을 밖으로 꺼내지 못하면 그것이 결국 너를 무너뜨리리라."

가해자들의 삶은 흔히 이런 사실을 증명한다. 많은 고통을 겪었던 가해자들은 스스로 어떻게 치유해야 할지 모르고 자신들의 상처를 다른 사람들에게 행동으로 드러낸다. 치유받지 못한 정신적 외상은 해결하지 못한 갈등처럼 개인과 공동체의 안녕을 모두 위험에 빠뜨린다. 가해자들은 시한폭탄인 양 째깍째깍 소리를 내다가 세대를 거치며 주기적으로 폭발한다. 처벌을 통해 추가로 상처를 준다면, 이런 시한폭탄의 뇌관을 제거해 주거나 시한폭탄을 나르지 않게 해줄 수 있을까? 누군가 많은 폭탄을 안고 있어 어쩔 줄을 모를 때, 그 사람을 처벌한다고 해서 다른 사람들이 있는 방향으로 폭탄 몇 개를 던지는 행동을 막을 수 있을까? 아니면 스스로 약물 중독에 빠지거나 자신의 삶 속에 폭탄을 터뜨려 자멸하는 행동을 막을 수 있을까?

상처를 치유하지 않은 채 그대로 내버려두면 그 대가가 뒤따른다. 범죄는 공동체의 성격, 공동체에 깃든 정신과 영혼을 변화시키기 때문이다. 피해자와 가해자 가족은 괴로움 때문에 정상 생활을 영위할 힘을 잃고 무척이나 힘들어한다. 마음의 평화를 찾지 못해서 범죄를 완전히 뒤로 한 채 앞으로 나아가지 못하는 사람들도 많다. 피해자들은 삶이 산산이 부서지는 고통을 겪고, 살려는 의지 또한 속속들이 꺾일 수 있다. 가해자도 마찬가지로 자신이 저지른 범죄에 대한 막대한 대가를 치러야 한다. 고립과 수치심, 죄책감에 짓눌려 알코올이나 약물 중독으로 빠져들기도 하고, 깊은 실의와 절망감에서 헤어나오지 못하기도 한다.

이런 '대면 범죄' 이면에 가려져 있는 '형체 없는 범죄들' 역시 모든 것을 송두리째 파괴한다. 엔론Enron과 월드콤Worldcom은 사람들이 평생 모은 돈과 연금을 송두리째 빼앗아갔다. 자연환경과 사람들 몸에 쌓이고 있는 독소는 가늠하기조차 힘든 위험한 결과를 야기할 수 있다. 정부와 재계가 결탁하여 공익을 갉아먹는 바람에 사람들이 누리는 자유는 점점 축소되고 있다. 사도 도마가 옳았다. 사람들이 자신들 내면이나 제도 안에서 치유되지 않은 채 남겨진 것에 맞서지 않으면 그것들은 결국 사람들을 파괴로 몰고 갈 것이다.

### 내면에 있는 것을 끄집어내기

아물지 않은 상처를 숨긴 채 내버려두어 고통이 점점 더 심해진다면, 치료는 내면에 있는 것을 끄집어내야 가능하다. 서클은 안전하고 청결한 공간이 되어 치료가 가능하도록 한다. 서클에서 내면의 상처가 드러나고 깨끗이 소독되어 드디어 아물기 시작한다. 도마 복음에서 바로 이런 치료법을 제안하고 있다. "네 내면에 있는 것을 끄집어내면 네가 끄집어낸 그것이 너를 구원하리라."

내면에 있는 것을 드러내기 위해 서클에서는 인간의 외적 차원과 내적 차원을 모두 끌어들인다. 외적 차원에서 볼 때, 같은 범죄에 가해자와 피해자라는 서로 반대되는 입장으로 연루된 사람들이 동등하게 서클에 참여한다. 서클은 사람들이 서로 연결되어 있다는 진실을 바탕으로 한다. 누구도 고립되어 존재하지 못한다. 그리고 그것은 폭력과 범죄로 고통을 받으면 선명하게 드러나는 사실이다.

고통은 사람들의 관계를 개선할 필요가 있다는 가르침을 준다. 개인이든 가족이든 공동체든 상관없이 사람들의 연결 관계에서 무엇인가가 제대로 작동하지 않을 때 무엇이 잘못되었는지 찾아내기 위해서는 무너진 관계의 표면만 볼 것이 아니라 좀 더 깊숙한 곳까지 들여다봐야 한다. 사람들을 교도소에 보내고 범죄 때문에 제기되는 어려운 도덕적 결정을 정부의 몫으로 돌려 사람들 사이의 연결 관계를 약하게 만드는 대신에, 공동체는 범죄를 계기로 결속을 더 튼튼하게 할 수 있다. 공동체 사람들이 함께 모여 올바르게 문제를 해결할 수 있다.

서클에서는 이런 노력을 기울이며 재판에서는 불가능한 일을 할 수 있다. 재판에서는 사례와 관련된 사실과 상황, 즉 외적 측면에 초점을 맞춘다. 하지만 이런 외적 사실은 바뀔 수 없다. 일어난 일은 일어난 일이다. 치유와 변화 과정에서 가장 큰 차이를 만들어내는 것은 사람들의 내적 경험에서 일어나는 변화다. 서클은 그런 변화가 일어날 수 있도록 의도적으로 만들어진 공간이다. 사람들은 서클에서 진심에서 우러나오는 서로의 이야기를 주의 깊게 경청하고, 그리하여 상호 존중과 이해가 싹튼다. 또한 주의 깊게 들을수록 더욱 깊은 수준의 감정 처리가 가능하며, 자신에 대한 연민과 상대에 대한 공감을 경험한다. 그러면 사람들은 가능한 범위에서 잘못을 바로잡을 수 있게 된다. 사람들의 내면에 있는 것을 이끌어냄으로써 서클은 사람들이 앞으로 나아가고 변화하며 적응하는 공간이 되고, 그 모든 과정을 거치면서 성장하는 공간이 된다. 아울러 사람들에게 삶의 의미가 점차 넓어지고 공동체 의식도 자라난다.

서클에서 사람들이 내면으로 초점을 옮김으로써 치유와 변화를 이루어내는 인간 잠재 능력에 대한 신뢰가 생겨난다. 사람들은 내면에 선함을 발현할 수 있는 능력을 가지고 있다. 고통은 사람들이 가장 강력한 힘이 있는 내면을 보게 함으로써 그 능력을 발휘할 수 있게 한다. 서클은 사람들이 서로 고통과 경험을 더욱 깊고 더욱 폭넓게 공유할 수 있는 공간이 되며, 이렇게 폭넓고 깊은 나눔을 통해 심오한 치유와 변화 효과가 일어난다.

사람들의 관계에서 고통이 생겨났듯이, 이 관계를 다른 방식으로 경험해야 치유와 변화도 일어난다. 치유와 변화는 어쩌면 사람들이 홀로 이루기 힘든 과정이다. 다시 한 번 온전히 살아 있음을 몸소 느끼며 가슴을 활짝 펴고 고통 속에서 다시 호흡을 시작할 수 있으려면 도움이 필요하다. 사람들은 함께해야만 내면에 있는 것을 안전하게 더욱 잘 끌어낼 수 있다. 쓰라리고 비통하더라도 무엇을 느끼고 있는지 표현할 수 있다. 서클 공간에서 힘을 얻어 사람들은 상처를 되돌려주겠다는 의도를 버리고 어떻게 마음을 터놓고 상처를 나눌지 깨닫는다. 사람들은 다른 사람들이 자신의 내면을 들여다보도록 하는 과정에서 스스로도 자신의 내면을 들여다보게 된다. 서클에서는 모든 참여자들의 내면의 삶이 바람직한 방식으로, 즉 정중하고 따뜻한 방식으로 동등하게 받아들여지며 이로 인해 사람들은 미처 알지 못했던 내면의 능력에 다가갈 수 있다.

## 공적 대안 공간의 형성

누군가의 잠재 능력이 나타나지 않고 발휘되지 못했다면, 그것은 사람들이 그 능력을 발현시키지 못했기 때문이다. 학교, 직장, 사법 제도, 때로는 심지어 결혼 제도, 가족 제도, 종교 등의 주류 문화 안에서 사람들은 줄곧 평가와 처벌의 대상이었을 뿐 존경과 연민의 대상은 아니었다. 사람들은 어린 시절부터 심판-처벌 모형judge-and-punish model 아래서 살았고, 그것은 실천이자 철학으로 자리 잡고 있다. 문화 전반에 걸쳐 고정된 틀은 인간의 고유 가치를 존중하는 것이 아니라 부정적 낙인이나 배제 위협을 통해 외부 통제를 휘두른다. 기준에 미치지 못하는 사람은 가치를 인정받지 못한다.

사람들은 이런 위협적 틀에 갇혀 있어서 방어벽을 세워 내면을 숨긴다. 심판이나 처벌이 두렵기 때문에 활짝 열려 있고 가장 너그러운 본모습으로 행동할 수 있는 온전한 힘을 끌어내지 못한다. 너그럽고 열린 마음으로 하는 행동은 최선의 선택이 되지 못한다. 사람들의 행동은 제도가 어떻게 작동하고 그 안에 있는 사람들이 어떻게 받아들이느냐에 따라 달라진다. 껍질 속으로 몸을 숨기는 것이 사람들이 깨달은 살아남는 방식이다.

서클은 그와는 다른 메시지를 제시한다. 서클 공간에서 사람들은 심판 지벌 모형에 의해 주입된 두려움 없이, 방어막을 세우지도 않은 채, 어떻게 이전과 달리 새롭게 서로 함께할 수 있을지 경험하게 된다. 서로에게 비통함, 혼란스러움, 날카로움 대신에 최선의 에너지를 발산할 수 있음을 깨닫는다. 서클 방식으로 서로 함께하는 경험을 통해, 무엇보다 상처와 갈등을 둘러싸고 인간관계가 더욱 풍요로워질 수 있다는 희망을 얻는다. 사람들은 갈등을 두려워하는 대신에 치유를 얻고 서로에게 보탬이 되는 방식으로 문제를 해결할 수 있다는 확신을 가지게 된다.

서클이 모든 사례에 효과가 있다는 말은 아니다. 처음부터 밝혔지만 서클은 만병통치약이 아니다. 어떤 사람들은 상처가 너무 깊어 서클을 거치더라도 자신의 더 나은 본모습에 접근하지 못한다. 몇 번 서클 모임을 가진다고 해서 심각하게 병든 관계나 가족, 사회에서 몇십 년 또는 몇 세대에 걸쳐 사람들이 받은 영향을 원상태로 되돌리지는 못한다. 다만 서클은 사람들이 서로 함께할 수 있는 대안이 될 수 있으며, 수많은 사람들이 이런 대안을 경험함으로써 가능성이 열리고 희망이 싹튼다.

## 글을 마치며

누구나 내면의 상처를 안고 산다. 그리고 그런 삶은 인간 본성의 한 부분이다. 사람들은 일상의 삶 속에서 서로 손잡고 걷길 원하지만 몸통에 팔이 묶여 있는 느낌이 들기도 한다. 사람들은 어떤 경험, 특히 고통스러운 경험 때문에 진심으로 원하는 방식으로 서로에게 다가서지 못한다.

하지만 서클에서는 종종 범죄나 심각한 갈등에서 촉발된 위기가 이런 제한을 풀어버리기도 한다. 그래서 사람들은 처음에는 망설이고 어색하게 쭈뼛쭈뼛할 수도 있겠지만 점차 진실하게 서로에게 다가설 수 있다. 서클은 사람들이 자신을 드러내고, 인간의 핵심 측면을 발견하고, 서로가 서로를 느끼고 접촉할 수 있는 공간이 된다. 서클이라는 성스러운 공간에서 여정을 마쳤으면 예전과 다른 새로운 모습으로 바뀌게 마련이다. 사람들은 내면의 깊이가 더욱 깊어지고 그로 인해 서로 함께 새로운 세상을 만들어갈 힘을 얻게 된다.

> 누군가 이야기를 꺼내놓으니,
> 그에게 붙인 낙인이 떨어져 나갔네.
> 뒤섞이는 눈물 속에서,
> 타인은 이제 우리 중 하나가 되었네.
> 우리 서로가 서로를 떼어놓을 수 없음은,
> 하나로 모인 이야기 속에서
> 우리는 불가분 얽혀 있기 때문이라네.

**부록**

# 공동체 계획 지원: 자금 지원에 대한 배리의 생각

### 공동체가 주도하는 사법 계획의 필요성

내가 처음 판사로서 공동체 사람들에게 범죄 책임을 분담하는 일에 동참하자고 요청했을 때 무엇보다 두 가지 커다란 실수를 저질렀다. 첫 번째, 나는 어떻게든 공동체를 사법 제도 안으로 끌어들이려고만 했다. 이는 어느 선까지는 좋은 변화다. 그러나 더욱 중요한 움직임은 사법 제도를 공동체 안으로 끌어들이는 것이다. 말하자면, 공동체가 사법 제도 요구에 응하도록 청할 것이 아니라 공동체 요구에 응하도록 사법 제도를 끌어들여야 한다는 의미다. 사법 제도는 자신들이 꺼리는 일을 그저 공동체에 떠넘길 것이 아니라 공동체가 어찌지 못하거나 꺼리는 일을 해야 한다.

공동체에 기반을 두거나 공동체가 주도하는 공동체 사법 계획은 극히 드물다. 대부분의 사법 계획은 사법 제도 내에 기반을 두거나 사법 제도가 주도한다. 따라서 이런 상황에서는 공동체가 사법 제도 안으로 끌려 들어오게 마련이므로 사법 기관이 요구하는 가치와 목표만이 우세할 뿐이다. 이런 현상이 반드시 나쁘다고 탓할 수만은 없겠지만 우리가 범죄에 대응하는 방식을 완전히 바꾸기에는 그야말로 역부족이다.

공동체 사법 계획이 사법 제도가 요구하는 가치에 바탕을 두고 사법 전문가들이 그 계획을 주도한다면, 공동체는 사법 제도가 요구하는 목표를 추구하기 위한 대안을 내놓는 역할을 한다. 이런 배합이라면 어느 쪽에서도 완전히 다른 목표, 다시 말해서 공동체가 원하는 목표를 실현하기 위한 대안을 내놓지 못한다. 사법 전문가들이 계획을 주도하면 공동체가 많은 기여를 할 수 있는데도 흔히 그저 일부만 받아들여지거나 귀중한 공헌을 하더라도 존중받지 못한다.

서클이 효과를 십분 발휘하려면, 공동체 안에 기반을 두고 공동체가 서클을 주도해야 한다. 서클은 모든 국가 기관과 공동체 사이에 진정한 동반자 관계를 형성하기 위한 토대가 된다. 그리고 그런 동반자 관계는 공동체가 추구하는 가치와 목표 위에서 작동한다. 일찍이 내가 추진했던 수많은 계획들은 법원이 주도했고 제도가 요구하는 가치에 바탕을 두었다. 이것이 내 첫 번째 실수다.

### 충분한 자금 지원의 필요성

이런 첫 번째 실수는 두 번째 실수를 불러왔다. 공동체가 주도하는 절차를 지원하는 쪽으로 옮겨 갔을 때 모든 짐을 자원봉사자들이 지고 가리라 기대했다. 실수였다. 공동체 절차는 자금이 확보되고 훈련을 받은 인력을 갖추어야 제대로 작동한다. 자원봉사자들이 절차를 주도해 가겠지만 서클에 관련된 일거리를 하면서 모든 책임을 감당할 수는 없다. 자원봉사자들이 역량을 강화하고 중요한 책임을 맡으려면 충분한 인력과 자원, 훈련이 필요하다. 이런 지원을 받지 못한다면 자원봉사자들은 겉으로는 그럴싸해 보이지만 사법 전문가들을 위해 일하는 심부

름꾼으로 전락하고 만다. 게다가 지원이 무엇보다 중요한 이유는, 지원이 없다면 서클 또는 그와 비슷한 공동체 계획은 실패를 안고 출발하는 것이나 다름없기 때문이다.

성공적 공동체 사법 계획이 지원 부족으로 어쩔 수 없이 막을 내리는 반면에, 수많은 주류 사법 프로그램은 명확히 실패라는 평가를 받으면서도 계속 자금 지원을 받는 일을 나는 도저히 납득할 수 없다. 하지만 사법 제도 안에서 성공은 자금 지원을 확보하는 근거가 아니다. 주류 관행은 새로 등장한 성공적 공동체 계획보다 우위를 차지한다. 예산 편성 절차에서 공동체를 위해 의견을 내줄 사람이 없으며 기존 관행에 빌붙어 사는 수많은 기득권층이 줄곧 자금 지원 양상을 좌지우지하기 때문이다. 그런 관행이 이미 오래전부터 실패라고 증명되었는데도 문제가 되지 않는다.

형사 사법에 더 이상의 공적 자금을 사용할 필요가 없다. 이제는 철 지난 관행이 아닌 새로운 기준에 맞춰 공적 자금을 투자해야 한다. 실제로 변화를 몰고 오는 일에 현명하게 투자해야 한다. 이는 공적 사법 기관 단독으로 하는 일에는 자금 지원을 대폭 줄이고 그 대신 사법 기관과 공동체가 함께하는 일이나 공동체가 단독으로 하는 일에 상당한 정도로 투자해야 한다는 의미다.

전 세계에서 보고되고 있는 공동체 활동 내용을 보면 이런 변화가 타당하다는 것을 쉽게 알 수 있다. 공동체 관여가 적을수록 전문가에게 더 많이 의존하여 범죄에 대응할 수밖에 없다. 이런 대응 방식은 비용이 많이 들어가고 그 효과도 미심쩍다. 반면에 공동체에 의한 비공식 통제informal community control는 일관되게 비용이 적게 들지만 효과는 비할 수 없이 크다. 공동체가 스스로의 힘을 발견하고 조직력을 갖추어감에 따라 이런 공동체 중심 활동community-based effort을 지원할 기회가 나온다. 다만 그러려면 공공 투자 흐름을 바꿔야 하는데, 이것이 만만한 일은 아니다.

**자금 지원 확보 방안**

이 책에서 소개한 서클 절차는 여러 곳에서 자금 지원이 전혀 없거나 약간 있는 상태에서 진행되었다. 최일선에서 수많은 성공을 거두었는데도 이런 계획 중 몇몇은 자금 부족 때문에 어쩔 수 없이 활동을 줄이거나 아예 막을 내려야 했다. 이제 이런 일을 겪은 여러 공동체에서는 자금 지원 양태를 바꾸고자 창의적 방법들을 고안해 내고 있다. 내 생각에 효과가 있고 독자들도 공동체를 위해 고려해 볼 수도 있는 몇 가지 방안을 소개하고자 한다.

**교도소에서 보낼 시간을 공동체와 함께하는 시간으로 대체하기: 교도소 생활 대신 착한 일을 하기**  오리건 주의 벤드Bend에서는 공동체 프로그램 덕택에 교도소에 수감되는 청소년이 줄어들면 청소년 수감에 사용될 자금이 지역 사법 프로그램에 대신 투입된다. 청소년들은 교도소에서 가지 않고 착한 일을 한다. 말하자면 청소년들은 감옥에서 지내는 것이 아니라 중요하고 유익한 공동체 사업에 적극 참여하게 된다. 그리하여 청소년들은 공동체에 빚을 갚을 기회를 얻고, 자부심을 되찾으며, 어쩌면 자신을 고용할지도 모르는 사람과 일하고 고용 가능성이 높은 기술을 배울 수 있다. 이 프로그램의 도입에 앞장선 데니스 멜로니Dennis Maloney는 이 덕택에 이 지역에서 교도소에 수감되는 청소년이 72퍼센트 감소했다고 전한다.

**자립하기** 공동체 사법 계획 덕택에 범죄가 줄고 연관된 사회 비용이 줄면, 정부는 그런 공로를 인정하기는커녕 절약된 비용을 소리 소문 없이 고스란히 회수한다. 공동체가 절약된 금액을 산정하려면 공동체 사법 계획을 시작하기 1년 전을 기준으로 삼아 범죄가 원인이 되어 직 간접적으로 발생하는 1인당 사법 업무 및 연관 업무 실행 비용, 다른 사회 비용을 계산하면 된다. 그다음 2년이 흐른 후에 비용이 줄어들었다면, 절약한 금액 전액이나 최소한 그 반이라도 비용 절약을 유도한 공동체 서클 계획으로 돌릴 수 있다. 이렇게 하면 공동체 사법위원회는 유지비를 확보하고 명확한 수치로 활동 영향을 평가받으며 공동체 목표를 증진하기 위해 추가 계획을 실행하기 위한 자금을 보유하게 된다.

**세금 감면 혜택** 시민 누구라도 자선 단체에 기부하면 세금 감면을 받는다. 공동체 서클 계획에 시민들이 시간을 바친다면 세금 감면을 받지 말라는 법이 어디 있는가?

**기업 업무 유인책** 기업은 자선 및 공동체 원조 프로그램의 한 부분으로 피고용인들이 보수를 받는 업무 시간을 공동체 사법 계획에 어느 정도 쓸 수 있도록 허락하면 된다.

**국가 기관 공인** 사법 기관 내부에서 채용 우대, 승급, 승진을 결정할 때, 공무원이 공동체 사법 계획 관련 업무에 들인 시간을 충분히 인정해 주어야 한다. 공무원 실적 평가에 공동체 사법위원의 의견을 반영하면 어떨까? 정부가 공무원을 공동체 사법 계획에 파견하여 어느 정도 인원을 지원해 주면 어떨까?

고정관념을 벗어나 공동체 사법 계획을 지원할 방안은 많다. 다만 내 의견은, 이런 방안에 직접적이고 상당한 정도로 정부 자금 지원이 포함되어야 한다는 것이다. 상당 부분 이런 자금 지원은, 국가 기관에 과도하게 의존하지 않는다면 얼마든지 나올 수 있다. 공동체 참여를 원한다면 여기에 공적 자금 투입을 망설이면 안 된다. 여기에서 나오는 이득은 여러모로 가늠할 수조차 없다.

### 갈등과 범죄 해결 방식에 관해 시민들이 가진 선택권 행사하기

이런 쟁점의 핵심에는 민주주의 근본 권리fundamental democratic right, 다시 말해 갈등과 범죄에 어떻게 대응할지 선택할 권리가 있다. 시민들은 각자 국가 기관이 제공하는 편익state service이나 공동체에 기반을 둔 편익community-based service 중 어느 하나를 선택할 수 있어야 한다. 공동체가 헌법으로 보장하는 법익을 존중하고 더욱 커다란 공적 목표를 수용하는 방식으로 범죄에 대응할 수 있도록 안전한 장소를 제공한다면 공동체 사법 계획은 공동체 절차community process를 선택한 시민 누구에게라도 편익을 제공할 수 있는 권리로서 운영되어야 한다.

시민들이 어떻게 범죄에 대응할지 결정할 수 없는 것이 현실이다. 경찰이나 보호관찰관, 판사가 임의로 범죄 사례를 공동체에게 맡겨야 공동체 사법위원회는 일할 사례를 얻게 된다. 더욱이 사법 계획에 자금을 지원하는 문제는 지역 사법 기관 임의에 달려 있어, 공동체 사법 위원회는 그럴 경우에나 자원을 확보하여 국가가 허락하는 일을 하게 된다. 왜 공동체 사법 계획이 국가의 임의에 달려 있어야 하는가? 사법 제도와 협력하여 범죄를 해결할 수 있도록 공동체에 자원과 함께 권한을 주어야 한다.

국가가 갈등과 범죄를 해결하는 방법을 놓고 독점력을 행사한다면, 그것은 민주주의에 반하는 일이다. 그런데 뿌리 깊은 양상은 정확히 국가가 독점력을 행사하는 모습으로 자리 잡고 있다. 국가 사법 기관과 법원은 막대한 공적 자금 지원을 보장받는 반면 공동체 사법 계획에 필요한 자금을 몇 푼이라도 모으기 위해서는 매년 온갖 애를 써야 한다. 이런 불공평한 격차는 범죄 대응 방식에 대한 공식 제도의 실질적 독점력을 공고화한다.

서클은 시민들이 대안을 넓혀 이런 독점에 맞서기 위해 꼭 필요한 직접적 수단이 된다. 사람들은 서클을 통해 민주주의 시민권에 따르는 책임을 받아들인다. 민주주의 안녕과 더불어 공동체 안녕도 참여에 달려 있다. 그렇기에 공동체 사법에 자금을 대기 위한 수단을 찾아내야 한다. 그래야 우리 시민의 손으로 만들어낸 대안이 사라지지 않고 성장할 수 있다.

**저자 후기**

# 지난날을 되돌아보고 앞날을 내다보며

2003년 이 책이 출간된 이래로 세대 사이의 문제를 다루는 서클, 노인 공동체 안에서 열리는 서클, 환경 문제로 불거진 갈등 해결을 위한 서클, 공동체 계획을 위한 서클, 새로운 이민자들을 위한 서클, 가족을 위한 서클, 어려운 순간을 헤쳐 나가기 위한 서클, 축하와 기념을 위한 서클, 직장 문제를 다루는 서클, 교도관 사이의 갈등을 다루는 서클, 교회와 비영리 단체에서 공동체를 형성하고 갈등을 해결하기 위한 서클 등, 삶의 모든 영역에 걸쳐 서클의 활용은 꾸준한 성장세를 보였다. 저자들은 주기적으로 현장에서 즉시 서클 절차를 활용하는 이야기를 들었다. 저자들은 책을 쓰며 그런 활용 방식이 나올 줄 전혀 상상하지 못했다.

해를 거듭할수록 이 책의 저자들에 대한 사람들의 신뢰는 커져갔다. 서클은 공동 지혜를 활용하는 강력한 매개체 역할을 하다. 사람들은 가끔 저자들에게 어떤 통제도 없이 이렇게 서클을 신행하는 법을 배웠는지 묻곤 한다. 저자들이 통제 없이도 서클을 진행할 수 있는 것은 개인들 각자가 가진 지혜와 앞날의 유익한 해결책을 찾아내는 집단 능력을 거듭 경험했기 때문이다. 이 책에서는 서클의 핵심 철학과 절차를 서술하지만 서클의 깊이는 각각의 서클에 참여해야 납득할 수 있다.

특히 다음 두 가지 적용 영역에서 서클은 사회적 변혁의 최일선에 위치한다.

첫째, 서클을 활용하여 인종차별과 그 역사적 해악 문제를 다루고 있다. 유색 인종 공동체와 경찰의 관계가 불평등하다는 대중 인식은 2014년부터 변화의 압력으로 작용하고 있다. 많은 활동가들은 서클을 중대한 대화에 매우 효과가 높은 절차로 받아들이고 있다. 다양한 공동체에서 서클을 활용하여 경찰관과 청소년이 대화를 시작했다. 이외에도 시민들 사이에서는 인종과 평등의 문제를 놓고 서클을 활용하여 대화가 오고가고 있다. 서클은 고통스럽고 불편한 주제를 이야기할 수 있는 안전한 수단이 된다. 이 책이 주춧돌이 되어 서클 절차가 하나의 문화로 자리 잡아 인종을 바탕으로 불거진 해악을 바로잡고 그런 해악에 원인을 제공하는 제도를 바꾸는 데 기여한다니 저자들은 감격할 따름이다.

둘째, 학교에서의 서클 활용이 기하급수적으로 늘어나고 있다. 이제 서클은 학교와 교도소의 연결을 끊는 주요 전략으로 받아들여지고 있다. 정신적 충격을 주는 환경에서 벗어난 청소년들은 서클 절차에 매우 긍정적인 반응을 보이며 자신들의 삶에서 서클을 활용하는 법을 익혔다.

또한 서클은 학습을 촉진하고 학교 환경을 긍정적으로 바꾸는 데 기여한다. 예를 들어 보자. 대도시의 어떤 대안 학교에서 교직원과 학생들이 함께 서클 훈련을 받았다. 얼마 지나지 않아 수학 시간에 학생들은 수업 내용을 이해하지 못해 힘들어하고 있었다. 그 때 한 아이가 "서클을 진행해야겠어요."라고 말했다. 그러자 "서클을 어떻게 진행하는지 모르겠는데."라고 선생님이 대답했다. 선생님의 말에 학생은 "제가 할 수 있어요."라고 대꾸했다. 그래서 선생님은 그 학생이 교실에서 서클을 진행하도록 허락했다. 서클에서 나온 이야기를 들은 결과, 선생님은 주말에 자신이 진행하는 수학 학습 과정이 교육 효과가 좀 더 높다는 사실을 알게 되었다. 이 이야기가 매우 중요한 이유는, 이 이야기로 서클이 어떻게 학습 효과를 높일 수 있는지 드러나기 때문이다. 서클을 진행하면서 학생들은 무엇이 제대로 작동하지 않았는지 스스로 이해하게 되었다.

아이들이 직접 서클 절차를 진행하고, 집에서도 가족과 함께 서클을 진행하며, 서클을 진행하겠다고 서로 나서는 모습을 보면 희망이 절로 솟는다. 서클로 관계를 형성하며 문제를 해결하는 인간 고유의 능력이 육성된다. 청소년들의 삶에 이런 지식이 녹아들어갈수록 그들에게는 다른 미래가 찾아올 것이다.

주류 사회에서 서클을 활용하는 것은 범죄 사법 맥락에서 발전했고, 이 책의 최초 부제목(*From Crime to Community*)은 그것을 반영했다. 그러나 저자들은 늘 서클 절차가 삶의 모든 측면과 연관을 맺고 있다고 이해하고 있었다. 실제로 이 책의 오직 한 단원만 서클의 범죄 사법적 적용을 다루고 있다. 서클은 사람들이 자신과 타인에게서 최선의 측면을 발견하는 데 도움을 준다. 바로 그 순간부터 어떤 갈등이 어떤 삶의 영역과 관련되든 사람들은 언제나 미래로 향한 긍정적인 길을 찾아낼 수 있다.

**역자 후기**

# 평화 형성 서클, 회복적 사법의 가능성

평화 형성 서클peacemaking Circle 또는 양형 서클sentencing Circle, Circle sentencing을 본격적으로 다루는 이 책을 국내에 소개하게 된 것을 매우 영광스럽게 생각한다. 선뜻 번역 제의를 수락하고 도와주신 김복기 목사님과 한국 아나뱁티스트 출판사에 감사드린다.

평화 형성 서클은 1991년 캐나다 유콘 주에서 시작되어 서스캐처원 주, 매니토바 주에서 광범위하게 활용되어 왔으며, 1996년에는 미국 미네소타 주에서 평화 형성 서클 시범 사업이 출발하기에 이르렀다.

먼저 짚고 넘어가야 할 점은, 평화 형성 서클은 전환 조치가 아니라 정식 사법 절차의 일부라는 사실이다. 서클에서 내려진 의사 결정을 바탕으로 판사가 최종 판결을 내리면 가해자는 정식 재판을 받을 때와 마찬가지로 전과를 가지게 된다. 이는 경미 범죄에 집중해 회복적 사법을 전환 조치의 일부로만 한정하고 성범죄, 가정폭력 등 심각한 범죄와 그런 범죄의 배경이 되는 근본 사회 문제를 해결할 수 있는 회복적 사법의 가능성을 간과하는 현재의 풍토에 경종을 울리기에 충분하다.

국내에서도 일반적으로 회복적 사법restorative justice을 전환 사법diversionary justice으로 이해했기에 '가해자·피해자 조정victim-offender mediation'은

오래전 도입되어 여러 민간단체에서 진행자 교육 프로그램을 운영하고 있거나 사법 기관과 연계하여 몇몇 시범 사업들이 진행되기도 했다. 하지만 서클이 정식 사법 절차의 일부로 자리 잡을 수 있다고 생각한 사람을 찾아보기는 힘들다.

이 책을 통해 회복적 사법을 바라보는 좁은 시야에서 벗어나 좀 더 큰 시야가 형성되길 간절히 기대해 본다.

역자는 현직 경찰관으로 우연한 기회에 회복적 사법을 접하고 매료되어 경찰관이 진행하는 서클 프로그램을 도입하고 운영해 본 경험이 있다. 객관적 평가를 거치지 않아 수치를 제시할 수 없으나 서클 사례를 통해 회복적 사법에서 추구하는 여러 목표가 실질적으로 이루어지는 모습을 직접 목격하며 감격하기도 했지만 여러 현실적 한계에 부딪히며 현재의 심정은 우울하기만 하다.

'일반 예방general deterrence'이라는 사법적 틀에서 범죄에 대응하는 방식은 늘 처벌 강화로 결말을 맺는다. 어떤 문제가 언론에 보도되고 사람들이 관심을 보이면 결국 정치가들이나 자칭 전문가라고 하는 사람들은 더욱 강력한 처벌을 약속하는 것 외에는 별다른 대안을 찾지 못한다. 일반 형법 이외에 존재하는 수많은 특별 형법을 보라. 그 명칭을 일일이 외우기조차 힘들다. 강력한 처벌로 범죄율이나 재범률이 낮아졌다면 가장 강력한 처벌을 자랑하는 미국에서 교도소 수용자 인구 비율이 그렇게 높을 이유가 없지 않은가?

한편, 문제가 생기면 사람들은 대개 전문가를 찾는다. 범죄 분석 전문가, 심리 상담 전문가, 가족 문제 전문가 등, 이런저런 전문가 집단이 이미 존재하고, 시간이 지날수록 전문분야는 세분화되며 전문가의 종류와 숫자는 줄어들 기미가 보이지 않는다. 그러나 그들이 제시하는 해결책은 전체 문제의 일부에 미칠 뿐이고 전문가의 서비스를 받기 위해서는 만만치 않은 비용도 지불해야 한다.

누구도 "네 문제는 네가 해결할 수 있어."라고 말하지 않는다. 개인이나 공동체는 근본 문제가 무엇인지도 알지도 못한 채 누군가의 제한된 의견을 따르기만 하는 수동적 존재에 머물며 슬프게도 그것을 당연하게 받아들인다. 이전에 비해 더욱 많은 전문가들이 활동하는데도 우리 사회가 심각한 사회 문제에 대처할 때에 좀 더 균형 잡히고 통합을 이끌어내는 방식으로 접근하고 있다는 이야기를 아직까지 듣지 못했다.

이렇게 견고하게 뿌리 내린 처벌 강화, 전문가 의존 문제 해결 방식을 과감하게 탈피해야 한다. 그리고 개인과 공동체가 스스로에게 어떤 힘이 있는지 깨닫도록 해야 한다. 그래야 근본 문제를 해결할 수 있는 길이 열린다. 바로 그것이 '도미니크 바터Dominic Barter'가 브라질 상파울루 빈민가에서 회복적 대화 모임을 진행하며 얻은 깨달음이고, 이 책의 저자인 케이 프라니스와 마크 웨지, 배리 스튜어트가 각각 활동가로, 원주민 공동체 지도자로, 판사로 평화 형성 서클을 현실 문제에 적용하며 얻은 깨달음이 아닐까 생각한다.

첫머리에서도 말했듯이 이 책을 통해 단 한 사람이라도 같은 깨달음을 함께한다면 번역을 위해 1년이라는 짧지 않은 시간에 걸쳐 쏟아부은 노력이 헛되지 않을 것이다. 그리고 그 한 사람이 동료 경찰관, 검사, 판사, 교사, 변호사, 시장, 국회의원, 대통령이라면 가슴이 벅차오를 것이다.

오역이 있다거나 혹시 번역에 개인 편견이 개입되었다면 그것은 오로지 역자의 과오다. 독자들이여! 새로운 세계로 들어온 것을 환영한다. Bon Voyage!

2016년 여름

백두용

# 참고문헌

Arrien, Angeles. *The Four-Fold Way: Walking the Paths of the Warrior, Teacher, Healer, and Visionary.* New York: Harper Collins, 1993.

Baldwin, Christina. *Calling The Circle: The First and Future Culture.* Newberg, Or.: Swan-Raven Company, 1994; reprint New York: Bantam Doubleday Dell, 1998.

Bolen, Jean Shinoda. *The Millionth Circle—How to Change Ourselves and the World: The Essential Guide to Women's Circles.* Berkeley, Calif.: Conari Press, 1999.

Bopp, Judie, Michael Bopp, Lee Brown, and Phil Lane Jr. *The Sacred Tree: Reflections on Native American Spirituality.* Lethbridge, Alberta, Canada: Four Worlds International Institute, 1984.

Boyes-Watson, Carolyn. *Holding the Space: The Journey of Circles at Roca.* Boston, Mass.: The Center for Restorative Justice at Suffolk University, 2002.

Breton, Denise, and Stephen Lehman. *The Mystic Heart of Justice: Restoring Wholeness in a Broken World.* West Chester, Pa.: Chrysalis Books, Swedenborg Foundation, 2001.

Casarjian, Robin. *Houses of Healing: A Prisoner's Guide to Inner Power and Freedom.* Boston: The Lionheart Foundation, 1995.

The Dalai Lama. *Ethics for the New Millennium.* New York: Riverhead Books, Penguin Putnam, 1999.

Engel, Beverly. *Women Circling the Earth: A Guide to Fostering Community, Healing, and Empowerment.* Deerfield Beach, Fla.: Health Communications, 2000.

Garfield, Charles, Cindy Spring, and Sedonia Cahill. *Wisdom Circles: A Guide to Self-Discovery and Community Building in Small Groups.* New York: Hyperion, 1998.

Herman, Judith. *Trauma and Recovery: The Aftermath of Violence — From Domestic Abuse to Political Terror.* New York: Basic Books, 1992.

Hooks, Bell. *All About Love: New Visions.* New York: William Morrow and Company, 2000.

Isaacs, William. *Dialogue and the Art of Thinking Together: A Pioneering Approach to Communicating in Business and in Life.* New York: Doubleday Currency, 1999.

Kohn, Alfie. *Punished by Rewards: The Trouble with Gold Stars, Incentive Plans, A's, Praise, and Other Bribes.* Boston and New York: Houghton Mifflin Company, 1993.

_____. *No Contest: The Case Against Competition.* Boston: Houghton Mifflin Company, 1987.

Lucado, Max. *You Are Special.* Illustrations by Sergio Martinez. Wheaton, Ill.: Crossway Books, a Division of Good News Publishers, 1997.

McKnight, John. *The Careless Society: Community and Its Counterfeits.* New York: Basic Books, 1996.

Miller, Rhea Y. *Cloudhand Clenched Fist: Chaos, Crisis, and the Emergence of Community.* San Diego, Calif.: LuraMedia, 1996.

Mohr, Hans. *Atonement: At-one-ment.* Howe Island, Ontario, Canada: Howe Island Writings, unpublished, completed 1996, revised 2002.

Mountain Dreamer, Oriah. *The Invitation.* New York: Harper Collins, 1999.

Nhat Hanh, Thich. *Peace Is Every Step: The Path of Mindfitlness in Everyday Life.* New York: Bantam Books, 1991.

———. *Anger: Wisdom for Cooling the Flames.* New York: Riverhead Books, Penguin Putnam, 2001.

Putnam, Robert D. *Bowling Alone: The Collapse and Revival of American Community.* Carmichael, Calif.: Touchstone Books, 2001.

Ross, Rupert. *Returning to the Teachings: Exploring Aboriginal Justice.* Toronto, Ontario, Canada: Penguin Books Canada, 1996.

Senge, Peter. *The Fifth Discipline: The Art and Practice of the Learning Organization.* New York: Doubleday Currency, 1990.

Stone, Douglas, Bruce Patton, and Sheila Heen. *Difficult Conversa-

*tions: How to Discuss What Matters Most*. New York: Viking Penguin, 1999.

Sullivan, Dennis, and Larry Tifft. *Restorative Justice: Healing the Foundations of Our Everyday Lives*. Monsey, N.Y.: Willow Tree Press, 2001.

Van Ness, Daniel, and Karen Heetderks Strong. *Restoring Justice*. Cincinnati, Ohio: Anderson Publishing Company, 1997.

Weeks, Dudley. *The Eight Essential Steps of Conflict Resolution: Preserving Relationships at Work, at Home, and in the Community*. New York: Tarcher/ Putnam, 1992.

Wheatley, Margaret J. *Turning to One Another: Simple Conversations to Restore Hope to the Future*. San Francisco, Calif.: Berrett-Koehler, 2002.

White Deer of Autumn. *Ceremony: In the Circle of Life*. Illustrations by Daniel San Souci. Hillsboro, Oreg.: Beyond Words Publishing, 1983.

Zehr, Howard. *Changing Lenses: A New Focus for Crime and Justice*. Scottdale, Pa.: Herald Press, 1990.

_____. *The Little Book of Restorative Justice*. Intercourse, Pa.: Good Books, 2002.

Zimmerman, Jack, in collaboration with Virginia Coyle. *The Way of Council*. Las Vegas, Nev.: Bramble Books, 1996.

갈등을 극복하고 공동체를 세우는 **평화 형성 서클**

지은이     케이 프라니스 · 배리 스튜어트 · 마크 웨지
옮긴이     백두용

초판발행    2016년 9월 20일
펴낸이     김복기
제작     대장간
등록     제364호
펴낸곳     Korea Anabaptist Press    www.kapbooks.com
주소     강원도 춘천시 춘천로 34, 3층
전화     (033) 242-9615
영업     전화 (042) 673-1424   선송 (042) 623-1424
분류     평화 | 갈등해결
ISBN     978-89-92865-26-5    03330

값 20,000원

이 도서의 국립중앙도서관 출판시도서목록(CIP)은 서지정보유통지원시스템(http://seoji.nl.go.kr)과
국가자료공동목록시스템(http://nl.go.kr/kolisnet)에서 이용하실 수 있습니다. (CIP제어번호: 2016020928)